完全版

「てんぷら近藤」主人の
やさしく教える
天ぷらのきほん

近藤文夫

目次

第一章 野菜ときのこの天ぷら

第二章 魚介の天ぷら

第三章 かき揚げ

第四章 天ぷらにひと工夫

てんぷら
近藤

天ぷらに大切なのは、イメージである。

——近藤文夫

天ぷらを作ることは楽しい。そしておもしろい。

50年以上、毎日天ぷらを揚げ続けていますが、しみじみそう思います。最近は、油ものの料理をしない家庭が多いと聞きますが、もったいないですね。本書をご覧になれば、楽しさに納得し、絶対に作りたくなることでしょう。

私がいちばんにお伝えしたいのは、「素材ありき」という考え方。天ぷらというと、みなさんすぐに「ころも」のことで頭がいっぱいになる。ころもをどう作るか、どうやったらサクッと揚げられるのか……。そう考えるばかりで、肝心な「素材をおいしくする」のが目的だということ、すっかり忘れていませんか？

この素材のおいしさは何か、どうすればおいしさを生かせるか、そのためのころもの作り方であり、油の扱い方、揚げ方を工夫するのが正しい道筋です。

ご家庭で良質な素材が豊富に手に入る時代になり、天ぷらにもますます「素材を生かす」考え方が求められています。それには、素材ごとに「こう揚げたい」という目指す天ぷらのイメージをはっきりともつことが大事です。美しい色を生かす。みずみずしさを保つ。旨みや香りを引き出す。食感を生かす。——つまり「素材の本性を引き出す」、そうしたイメージをもつだけで、軽やかで、素材のおいしさが引き立つ天ぷらができ上がるはずです。

この本では、家庭で天ぷらをおいしく作ることを主眼に、フライパンを使ってお教えします。作り方はプロセス写真を多用し、素材ごとのイメージやコツをお話ししながら、わかりやすくご紹介していきます。

まずはじめに、家庭で作れる極上天ぷらの基本をお伝えしましょう。

←

天ぷらとは〝蒸し料理〟である。

天ぷらは、油で揚げて作りますね。それはその通りです。でも、「何料理ですか？」と聞かれたら、自信をもって「蒸し料理」と答えます。これが私の持論です。

天ぷらは、ころもという膜で素材を包み、熱い油の中で「素材自身の水分で蒸すように火を入れる」料理だからです。私の天ぷらは、まず薄力粉をまぶし、その上にころもをつけてから油に入れるのが基本。これが、蒸し料理にするための必要なプロセスです。素材を薄力粉で覆うことで、ころもとの間にすき間ができるため、理想的な蒸し空間になるのです。

もうひとつ、天ぷらを「蒸し料理」として完成させるのに必要なのが、余熱調理です。油から取り出した時は、まだでき上がりではありません。紙にのせ、油をきる1～2分の間に余熱で蒸らします。これが最終の火入れであり、完成形です。油でレアに揚げ、余熱の蒸らしでミディアムレアに仕上げるイメージですね。

この余熱調理が前提なら、完全に火が入る一歩手前で油から引き上げるので、素材の水分をよいバランスで残すことができます。揚げてなお、みずみずしく、香り高く、素材の持ち味も存分に味わえる天ぷらになるというわけです。ぜひ、みなさんも切って観察してみてください。切り口から湯気がふんわりと上がり、断面が水分で潤っていればきちんと蒸された証。水分の多い素材なら、滴り落ちるのがわかるでしょう。これまでの天ぷらとは、まるで違う仕上がりになりますよ。

家庭ではフライパンがいいんです。

まずは道具から。

家庭で天ぷらを作るなら、フライパンがいちばんです。専門店では両手付きの天ぷら専用鍋を使いますが、それに代わる使い勝手のよいものが、実はフライパンなのです。縁の高さが足りないのでは？　と思うかもしれませんが、油は3㎝の深さがあれば充分。フライパンの高さで問題ありません。

フライパンのすぐれたところは、厚手で底がフラットなので、油全体の温度がほぼ同じになること（薄手のアルミ製は適しません）。これはきれいに揚げるための大事な条件です。面積が広いので、一度にたくさん揚げられて便利で、使う油の量も3㎝深さなので経済的です。高さのあるたねの場合は、フライパンの柄を少し持ち上げ、奥のほうを深くすればいいのです。すり鉢状の中華鍋は向きません。

フライパンで注意したいことはひとつだけ。専用鍋に比べて油の全体量が少ないので、温度の変動が大きいこと。一度に数人分を揚げる時は、油を揚げる適温より10℃高めに熱してスタートし、たねを揚げている間は適温をキープします。時間がたったりたねの量が多かったりすると温度が下がってくるので、揚げている間も適宜火を強めるなどして、調整しましょう。

油の深さは3cmがベスト！

次は油の準備です。

私の店では、2種類のごま油をブレンドして使っています。生搾りの「太白《たいはく》ごま油」*と、炒って香ばしい香りをつけた「焙煎ごま油」*。これらを3：1で合わせるのが、揚がり具合や香りの点でちょうどよいバランスです。

ごま油は熱酸化に強いので高温で揚げても劣化が少なく、カラリと揚がります。香りがよく、旨みもあって、揚げものに向いている油ですね。アクのある素材も、油がアクを抜き、色を保ち、おいしくしてくれると思います。

ただ、太白ごま油は少々高価です。日常の食事ならサラダ油でかまいません。サラダ油と焙煎ごま油を、同じように3：1で混ぜてください。直径26～28cmのフライパンなら、およそサラダ油1・2kgと焙煎ごま油400g。これで深さ3cm前後になるはずです。

この3cmは、天ぷらを揚げるのにベストな深さです。油が少ないと、フライパンの底に素材がくっついたり、油の上に出ている部分が増えたりして、きれいに揚がりません。逆に油が多すぎても、たねを入れた後に下がった温度が元に戻るまでに時間がかかり、適温で揚げられないというむずかしさがあります。

「フライパンに3cm深さの油」と覚えておきましょう。

*太白ごま油は「太白胡麻油」、焙煎ごま油は「太香胡麻油」（ともに竹本油脂株式会社）を使用。

3
4
5
6
7
8

サラダ油
焙煎ごま油
500ml
400
300
200
METRIC
100
cc
3：1

ころも作りは まず、 水に卵を入れる。

① 高さのある容器に水1.6ℓを入れ、卵4個を入れる。容器いっぱいに水が入ると混ぜる際にこぼれるので、縦長の容器を使って高さに余裕をもたせる。

いよいよ、ころも作りです。

ころもの材料は〈薄力粉、水、卵〉の3つですが、これらを混ぜる順番が大事。ここを間違えるとよいころもができず、天ぷらがうまく揚がりません。

最初に混ぜるのは、水と卵です。まず、ふたつだけを混ぜて「卵水」を作ります。

ポイントは「水に卵を入れる」こと。卵白は水溶性なので、水の中に卵を落とすと、卵黄が崩れる前に卵白が水に溶け始めます。底のほうに沈んだ卵白をよく溶きほぐし、次第に卵黄を崩して混ぜていけば、卵白のどろっとしたかたまりがなくなり、サラサラで均一な卵水になります。誤って逆の順序——卵に水を注ぐと、卵黄がすぐに崩れて卵白が溶けにくく、ダマになりやすくなります。

卵水は、少し多めに作っておくと重宝します。本書でご紹介する方法は素材に薄力粉をまぶしてからころもに通すので、ころもに少しずつ薄力粉が加わり、濃くなっていきます。それを薄めるのに、卵水の残りがあると簡単です。ころもが足りなくなって、追加で作る必要が出た時にも、卵水があれば簡単ですね。

よく〝ころもに氷を入れて冷たくすると軽く揚がる〟といわれますが、そんなことはありません。ころもと油の温度差が広がり、かえって揚げにくくなります。普通に冷たい水で充分です。

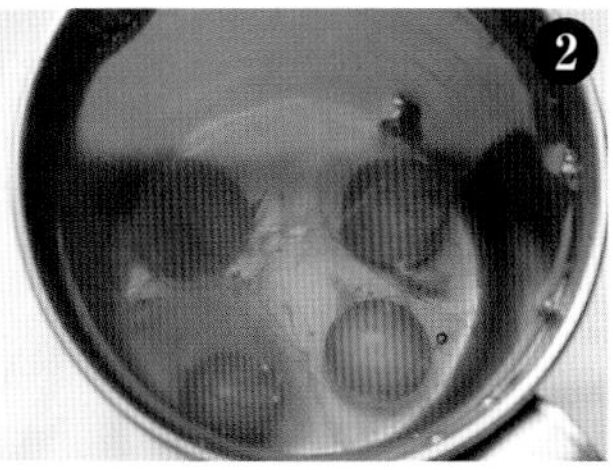

水の中に卵を入れることで、まず水溶性の卵白が自然に水に溶け始める。

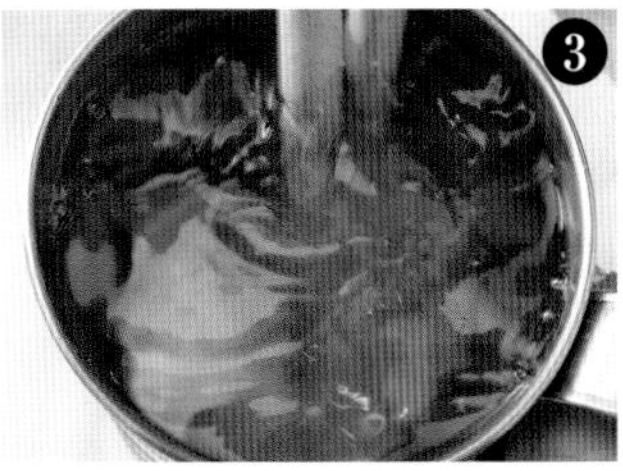

太い粉箸を容器の底にあて、力強く、小刻みに回して卵白を溶きほぐす。

少しずつ卵黄を混ぜながら溶いていく。徐々に細かい泡が出てくる。

泡が増え、水面が上がってくると容器からこぼれやすくなるので、容器ごとボウルに入れてかき混ぜる。

充分に混ざったところで、表面に浮いた泡をボウルにあける（この泡は使わない）。

サラサラの卵水のでき上がり。

ころもの配合は
粉1：卵水1。

卵水（13ページ）ができたところで、薄力粉を混ぜてころもを仕上げましょう。

薄力粉は必ずふるいにかけます。ダマをなくす目的もありますが、空気を含んでサラサラになるので、卵水と混ぜた時に溶けやすく、結果としてふわりとした軽いころもができます。ふるうのは1回で充分で、直前でなくても問題ありません。ふるった粉をポリ袋に入れ、冷蔵しておけばサラサラが持続します。

では、ふたつを混ぜます。卵水と薄力粉は体積比で1：1。卵水1カップなら、薄力粉も1カップ。水分が多く、薄ごろもです。天ぷらはころもを食べる料理ではありませんからね。

手順は、卵水に薄力粉を3回に分けて加えます。少量ずつのほうが短時間で混ざりやすいからで、一度に全量を入れると、混ぜ始めに薄力粉が舞い上がりボウルからあふれます。混ぜるには、箸よりも泡立て器が断然おすすめ。ひとかきの量が多く、少ない回数で混ぜられるのでグルテンが生成されにくく、粘りが出ません。ころもの中で8の字を描き、トントンと叩く工程を交互に数回ずつくり返せば素早く混ざります。

でき上がったころもは、すくうとすぐにタラーと流れる薄さです。こんなに薄くて大丈夫だろうかと思われるでしょうが、これが目指す状態。素材をうっすらと覆うだけの薄ごろもだからこそ、たねとなる素材の風味と色が生きてくるのです。

薄力粉をふるいにかける。目が細かすぎるとかえって粉同士が密着するので、一般的な目の粗さのザルで充分。ふるってから、ころもを作るまで時間があいてもよい。

体積が同量の卵水と薄力粉を用意。ボウルに卵水を入れ、薄力粉の約⅓量を加えて、泡立て器で8の字を6回ほど描いて混ぜる。粉は少量ずつ加えるほうが溶けやすい。

薄力粉が完全に溶ける前に、泡立て器でトントンと10回近く叩いて薄力粉を沈め、卵水となじませていく。

残りの薄力粉を2回に分けて加え、そのつど❷～❸と同様に、8の字とトントンと叩く作業をくり返す。

シャバシャバで薄いが、これがベスト。かき揚げなど、より薄いころもにする時は、基本のころも1カップに卵水大さじ3ほどを加える。

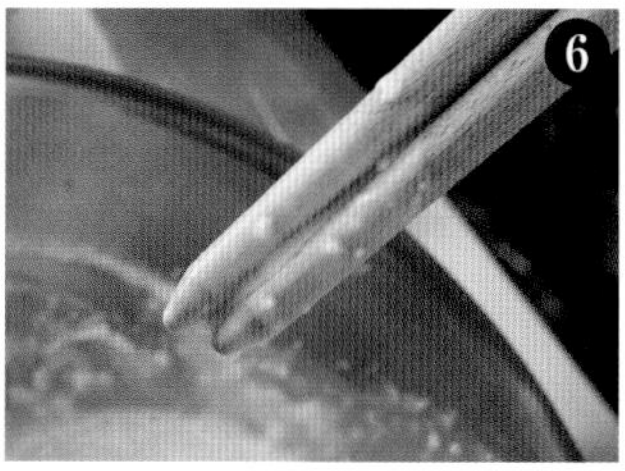

ころもをすくった時に、箸に多少のダマが残っても大丈夫。ダマがないようでは、むしろ混ぜすぎ。

粉をまぶしてから、ころもづけ。

いよいよ揚げる直前のころもづけです。

一般には、素材に天ぷらのころもをじかにつけますが、近藤流は薄力粉をまぶして粉の薄膜を作り、その上にころもをつけます。

理由はふたつ。ひとつめは、ころもの濃度がかなり薄く、部分的にはげることもあることから、均一にころもがつくよう接着剤的な役割をするため。ふたつめは、揚げている間に素材からにじみ出る水分を薄力粉が吸い取ってくれるため。その結果、ころもがベタつかずにカラッと揚がり、素材がみずみずしく、風味豊かに揚がるのです。気をつけたいのは、薄力粉を厚くまぶさないこと。厚化粧すると、ころもをつけた時に粉がダマになる可能性があるので、トントンと叩いて余分な粉を落とします。ご家庭では、一度にたくさん揚げることも多いでしょう。でも、最初にまとめて薄力粉をまぶすのはNG。素材からの水分で粉がベタつき、ころものつき方にむらが出てしまいます。そのつどまぶすほうが、絶対にうまく揚がります。

ほとんどの素材は、〈薄力粉→ころも〉の2層ですが、なかには〈ころも→薄力粉→ころも〉と3層にすることもあります。玉ねぎ、小玉ねぎ、葉しょうが。素材の表面がツルッとして薄力粉がつきにくかったり、表面がいびつな形だったりする場合です。はじめにころもを少量つけることで、二度目のころもがきれいにつきます。

揚げる温度は３通り。

天ぷらの揚げ油の適温は、素材、大きさ、一度に揚げる量によって微妙に違ってきますが、おおよそ次のように覚えておくと便利です。

〈野菜１７０℃、魚介一般１８０℃、穴子１９０℃〉

実際には油にたねを入れるとすぐに温度が下がります。１個ずつならあまり変化はありませんが、実際には３〜４個を同時に入れます。そうすると10℃は下がってしまう。１７０℃のつもりが１６０℃で揚げていることになるので、揚げ始めは10℃高く温めます。特にフライパンは温度が下がりやすいので、揚げている時が適温となるよう心がけましょう。ただ、素材が小片のかき揚げは、油が高温だとたねがバラバラに散る可能性があるので、10℃高く温めた油の火をいったん消し、たねを入れてから再度火をつけて、揚げながら適温に戻すのがコツです。

揚げ上がりは、泡の大きさと量、油のはねる音、素材の浮き方で判断するのがいちばん確実。泡は小さくたくさん出ていたものが、だんだん大きく少なくなる。音はころもの水分がはねる高い音から、素材の水分がはねる低い音になる。沈んでいた素材は、水分が抜けて軽くなり、浮いてくる——こうした変化が起きてくれば揚げ上がりのサインです。本書では素材ごとに揚げ時間の例を載せていますが、１個の大きさや水分量によって時間は変わるので、あくまで目安。ころもの状態に目を配り、油のはねる音に耳を澄ませましょう。

揚げ油の温度の見分け方

油の温度は、温度計で測らなくても、ころもを垂らした時の浮き上がる速度や広がり方、油のはねる音、泡の出方で確認できます。1個ずつなら適温で揚げ始めてもよいですが、数個分を一度に揚げることを前提に、適温より10℃高く温めてから揚げ始めましょう。

190℃の油

- ころもは沈まず、油の表面に素早く散る
- 油のはねる音はシャッ
- 泡は小さくたくさんの量が一気に出る

180℃の油

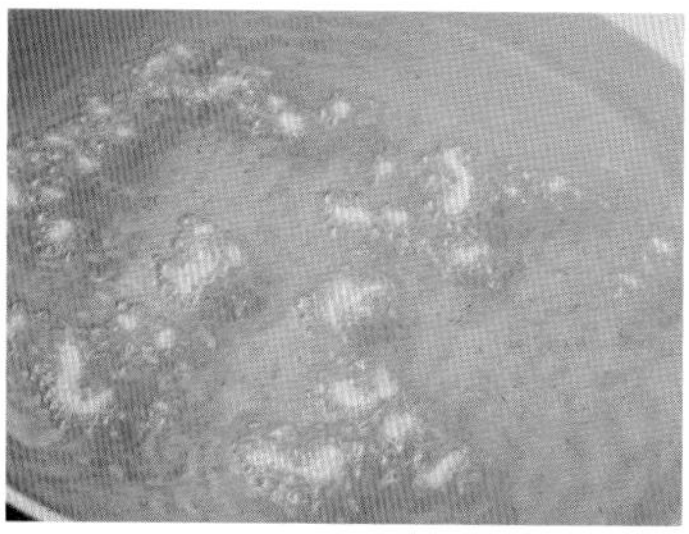

- ころもは油の深さの途中まで沈み、素早く浮く
- 油のはねる音はジャッ
- 泡は中くらいの大きさで、量が多くさっと広がる

170℃の油

- ころもはいったん鍋底に沈んでスッと浮く
- 油のはねる音はジュワジュワ
- 泡は中くらいの大きさ

揚げる手順（170℃でしいたけ3～4個を揚げる場合）

180℃の油に入れる

しいたけに薄力粉ところもをつけて、適温より10℃高い180℃の油へ。油に入れるところまでは太い粉箸、油に入れてからは細い盛り箸（ステンレス製）を使うとたねを持ちやすい。

170℃を保って揚げる

揚げている間はできるだけたねをさわらない。形が崩れたり、ころもがはげたりしやすい。裏に返す時も、大きくて重いもの以外は、箸で挟まず、箸先でポンとすくって返す。

油から取り出す

油から引き上げたら、すぐにペーパータオルにのせて油をきる。平らにねかせるより、縦長に立てるようにおいたほうが油きれがよい。紙にしみる油の量が少ないほど揚げ方がよい証。

長い余熱調理で仕上げる天ぷらもある。

天ぷらは揚げて終わり、と思っている方は多いでしょう。私たちが手を加える作業はたしかに終わり。でも、調理は続いています。余熱によって火が入っていくからです。

実際、油から引き上げた天ぷらは、余熱によって中心温度が上昇し、数分たった頃から下降していくことが科学的にわかっています。ある大学の実験によれば、するめいかの中心温度は揚げたてに40℃だったものが、余熱によって60℃まで上がり、数分後に再び40℃に下がっています。

どんな素材を揚げた場合でも、この余熱調理は起きています。その分を見越して、完全に火が入る1〜2分手前で油から引き上げるのがベストのタイミングです。本書で記した揚げ時間の目安も、その考え方に沿って実際に測ったものです。

店では、こうした通常の天ぷらとは別に、大きなブロックに切った野菜を、時間をかけて揚げた後、紙で包んで10分以上の余熱調理で仕上げる天ぷらも取り入れています。当店の看板料理となった厚切りのさつまいもや、かぼちゃに適した調理法です。ホクホク感が強調された食感や、濃い旨みと香りは、薄切り天ぷらでは得られない、大きなサイズと長い余熱時間を生かしてこその味わいです。

この本の使い方

きちんとおいしく作るために、本書レシピの使いこなし方をご紹介します。

プロの味により近づけるよう、目指す揚げ上がりのポイントを写真とともにご紹介。一級品の味を目指しましょう。

とくに大切なところには黄色いマーカーを引いていますので、ぜひ注意してご覧ください。

料理の盛りつけ例です。揚げ色やころもの薄さ、質感、つやなど、この写真の状態を目指しましょう。

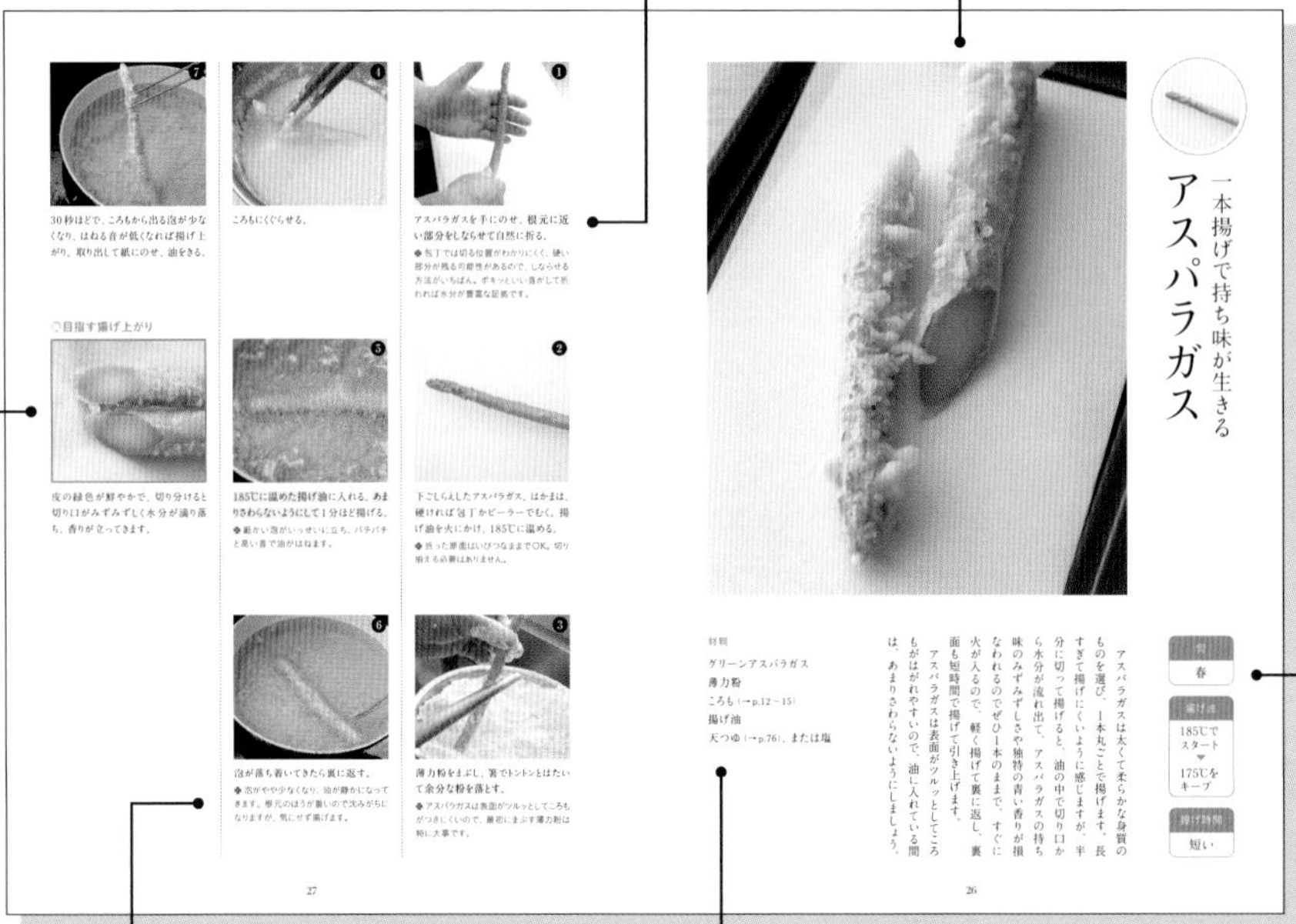

作り方は、写真の下に書いてあり、揚げ時間は実際に測ったもので、目安です。作り方の下には茶色の文字で、近藤さんからのアドバイスやコメントがあります。レシピには書かれていない大切なことがたくさん載っていますので、ぜひお役立てください。

料理を作るための材料表です。お好みの量を揚げていただきたいので、素材の分量はとくに表記していません。また、それによってころもの量も変わるので、同じように表記していません。加減をして作ってみてください。

近藤さんおすすめの旬、揚げ油の温度、揚げ時間の目安です。揚げ時間は、3分以内を「短い」、3～5分を「中くらい」、5分以上を「長い」としています。本文では味わい、作る時のコツ、食べ方提案などをご紹介しています。

【この本の決まりごと】

計量について

小さじ1=5mℓ、大さじ1=15mℓ、1カップ=200mℓです。

材料について

- とくにただし書きがなければ、砂糖は上白糖、塩はさらさらの自然海塩、酢は穀物酢、醤油は濃口醤油、酒は清酒、卵はM玉を使っています。

- 本書で使用した「太白ごま油」は「太白胡麻油」、「焙煎ごま油」は「太香胡麻油」（写真左）です。澄んだ琥珀色と穏やかな香り立ちが特徴で、重くなく素材の香りを生かしながらコク深い味わいになります。「天ぷら油 咲」（写真右）は、「てんぷら近藤」の揚げ油を参考に開発、近藤さんお墨付きの天ぷら専用ごま油です。
問い合わせ先／いずれも竹本油脂株式会社
☎0120-77-1150　http://www.gomaabura.jp

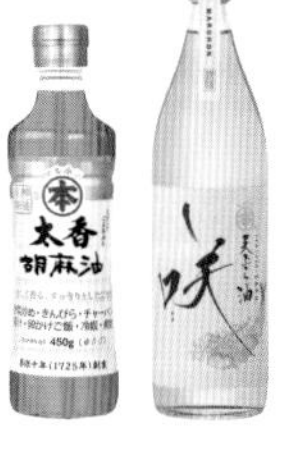

第一章

野菜ときのこの天ぷら

近藤文夫さん考案の
〝野菜天ぷら〟。
四季折々の素材を使って、
天ぷらで季節感を
味わうことができます。
身近なものから
その時季だけのものまで、
楽しみながら
作ってみましょう。

私の修業時代は、東京で天ぷらといえば魚介が当たり前。野菜を使ったものは「単なる〝惣菜《そうざい》〟」といわれたものです。江戸前天ぷらの歴史の中では野菜は新顔ですが、揚げ方次第で驚くほど上質な天ぷらになります。

近年は、一年中いつでも手に入る野菜が増えていますが、それでも限られた時季にしか出回らない季節野菜や、旬ならではの味わいを感じさせるものも健在です。天ぷらは、ころもをまとわせて揚げて、〝素材を蒸す〟ことで、水分や香りを逃がすことなくいただける料理。特に野菜天ぷらは、素材の持ち味がストレートに発揮されます。ぜひ四季の移り変わりを楽しんでみましょう。

この章では玉ねぎやなすなど、天ぷらにおなじみの野菜のほか、じゃがいも、栗、オクラ、菜の花、そして薬味野菜のみょうがやしょうがなど、天ぷらには珍しい種類もとり入れてご紹介します。季節の新鮮な素材を使って、存分に恵みを味わってください。

野菜の天ぷら作り 3つのコツ

一

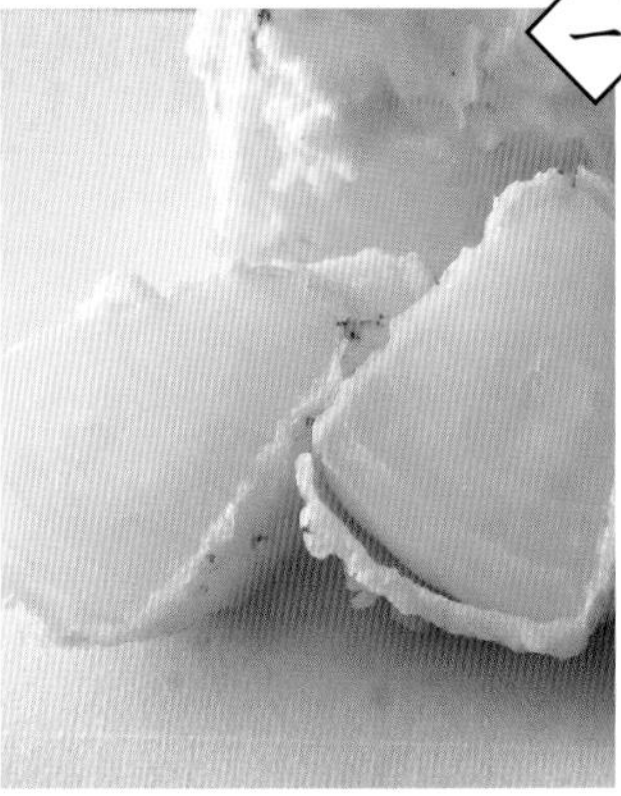

みずみずしさと香りが命！

私が目指すのは、食べた時に素材の香りがふわっと立ち、水分の多い素材なら、あふれるほどの水分がジュワッと口の中に広がる天ぷら。これこそが、野菜の天ぷらの醍醐味だと思っています。せっかく作るのですから、新鮮な野菜を選び、薄力粉→ころもをつけて揚げるという基本に忠実に。そして揚げすぎないこと。素材にやさしく接してあげましょう。

二

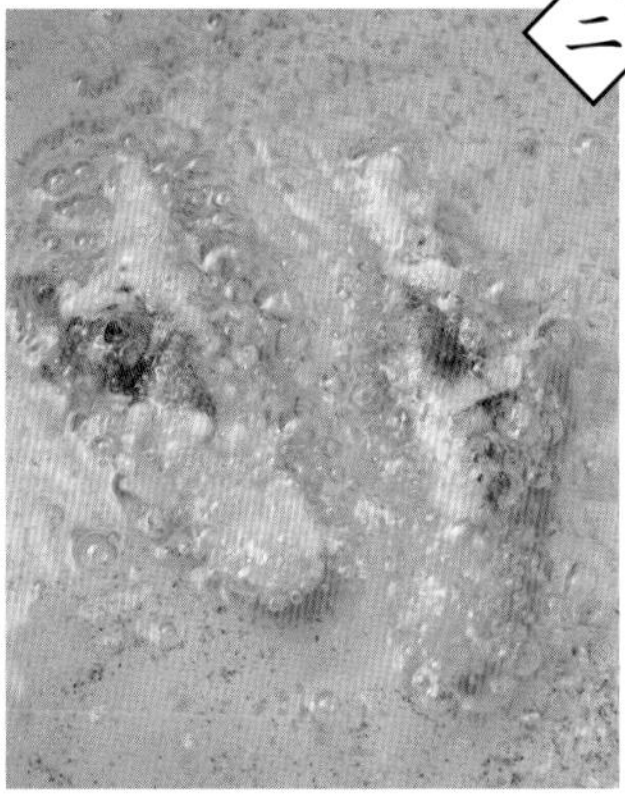

揚げる温度は170〜175℃が基本

天ぷらのコツは、揚げ油の温度を一定に保つこと。野菜の多くは魚介よりも少し低めの、170〜175℃で揚げます。ころもを通して間接的に火を入れることで、生では味わえないみずみずしさや歯ざわりを引き出します。魚介のようにたんぱく質を加熱するわけではないので、低めの温度で充分なのです。

三

アクは旨みに変わる

野菜もきのこも、基本的には水洗いはしません。また、れんこんのようにアクのある素材も水にさらしません。洗うと水分が残って油がはねやすくなりますし、野菜の旨みが流れることがあるので、汚れがあればぬれ布巾で拭きましょう。また、アクは油で揚げることで旨みや香りに変わります。素材の持ち味を生かす、それが天ぷらですから。

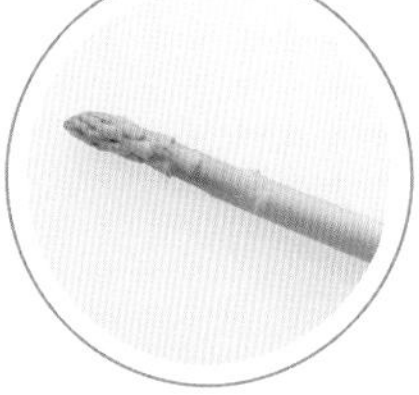

一本揚げで持ち味が生きる
アスパラガス

旬
春

揚げ油
185℃で
スタート
▼
175℃を
キープ

揚げ時間
短い

アスパラガスは太くて柔らかな身質のものを選び、1本丸ごとで揚げます。長すぎて揚げにくいように感じますが、半分に切って揚げると、油の中で切り口から水分が流れ出て、アスパラガスの持ち味のみずみずしさや独特の青い香りが損なわれるのでぜひ1本のままで。すぐに火が入るので、軽く揚げて裏に返し、裏面も短時間で揚げて引き上げます。

アスパラガスは表面がツルッとしてころもがはがれやすいので、油に入れている間は、あまりさわらないようにしましょう。

材料

グリーンアスパラガス
薄力粉
ころも（→p.12〜15）
揚げ油
天つゆ（→p.76）、または塩

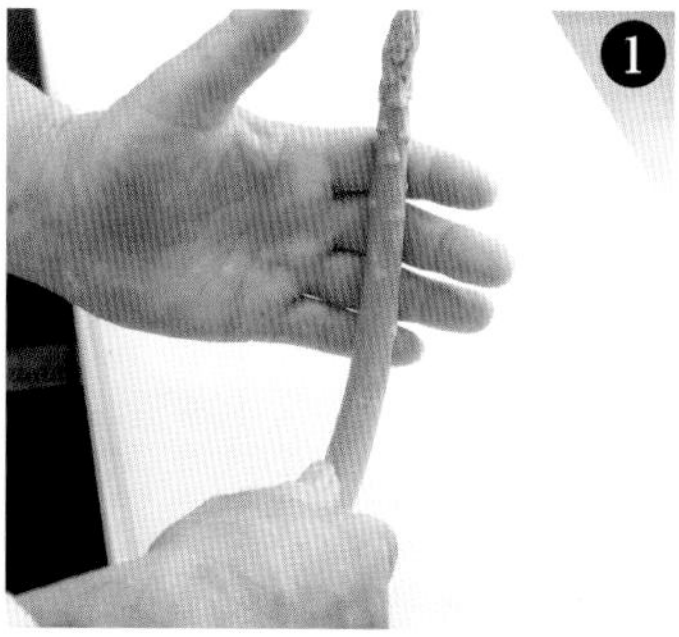

アスパラガスを手にのせ、根元に近い部分をしならせて自然に折る。

✽ 包丁では切る位置がわかりにくく、硬い部分が残る可能性があるので、しならせる方法がいちばん。ポキッといい音がして折れれば水分が豊富な証拠です。

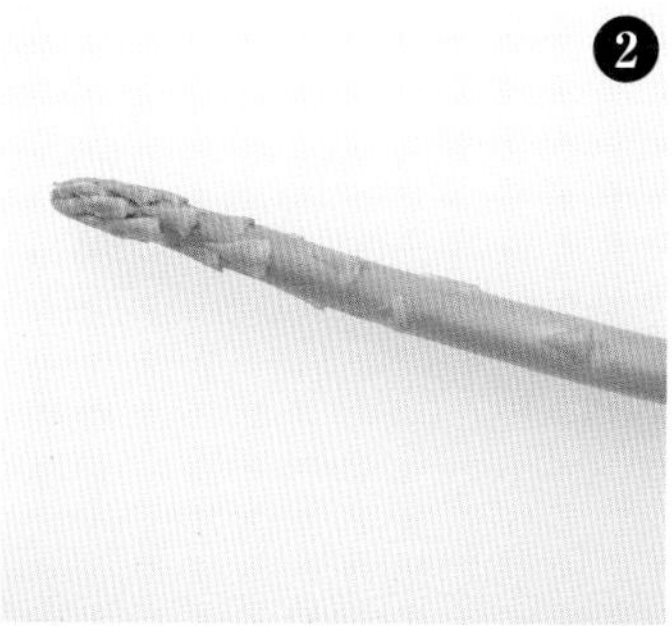

下ごしらえしたアスパラガス。はかまは、硬ければ包丁かピーラーでむく。揚げ油を火にかけ、185℃に温める。

✽ 折った断面はいびつなままでOK。切り揃える必要はありません。

薄力粉をまぶし、箸でトントンとはたいて余分な粉を落とす。

✽ アスパラガスは表面がツルッとしてころもがつきにくいので、最初にまぶす薄力粉は特に大事です。

ころもにくぐらせる。

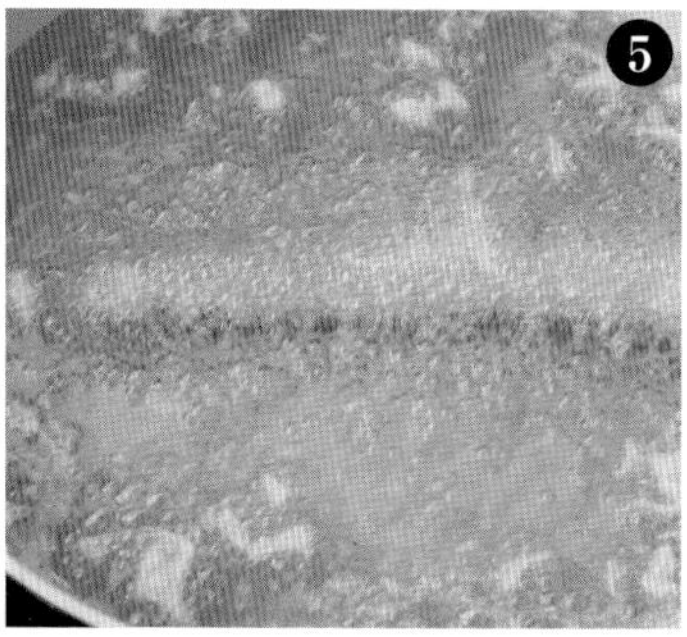

185℃に温めた揚げ油に入れる。あまりさわらないようにして1分ほど揚げる。

✽ 細かい泡がいっせいに立ち、パチパチと高い音で油がはねます。

泡が落ち着いてきたら裏に返す。

✽ 泡がやや少なくなり、油が静かになってきます。根元のほうが重いので沈みがちになりますが、気にせず揚げます。

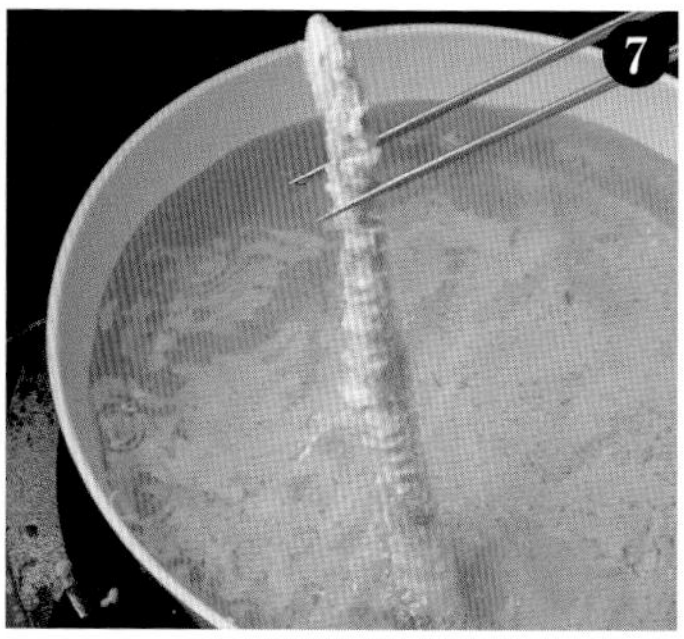

30秒ほどで、ころもから出る泡が少なくなり、はねる音が低くなれば揚げ上がり。取り出して紙にのせ、油をきる。

◎目指す揚げ上がり

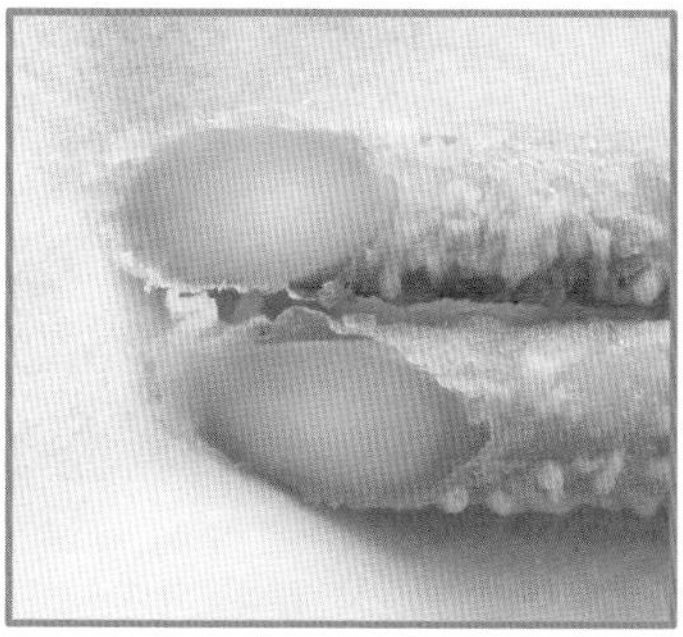

皮の緑色が鮮やかで、切り分けると切り口がみずみずしく水分が滴り落ち、香りが立ってきます。

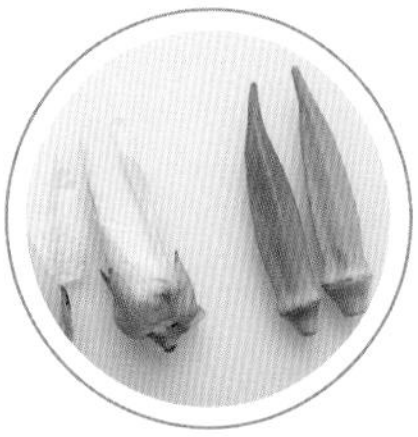

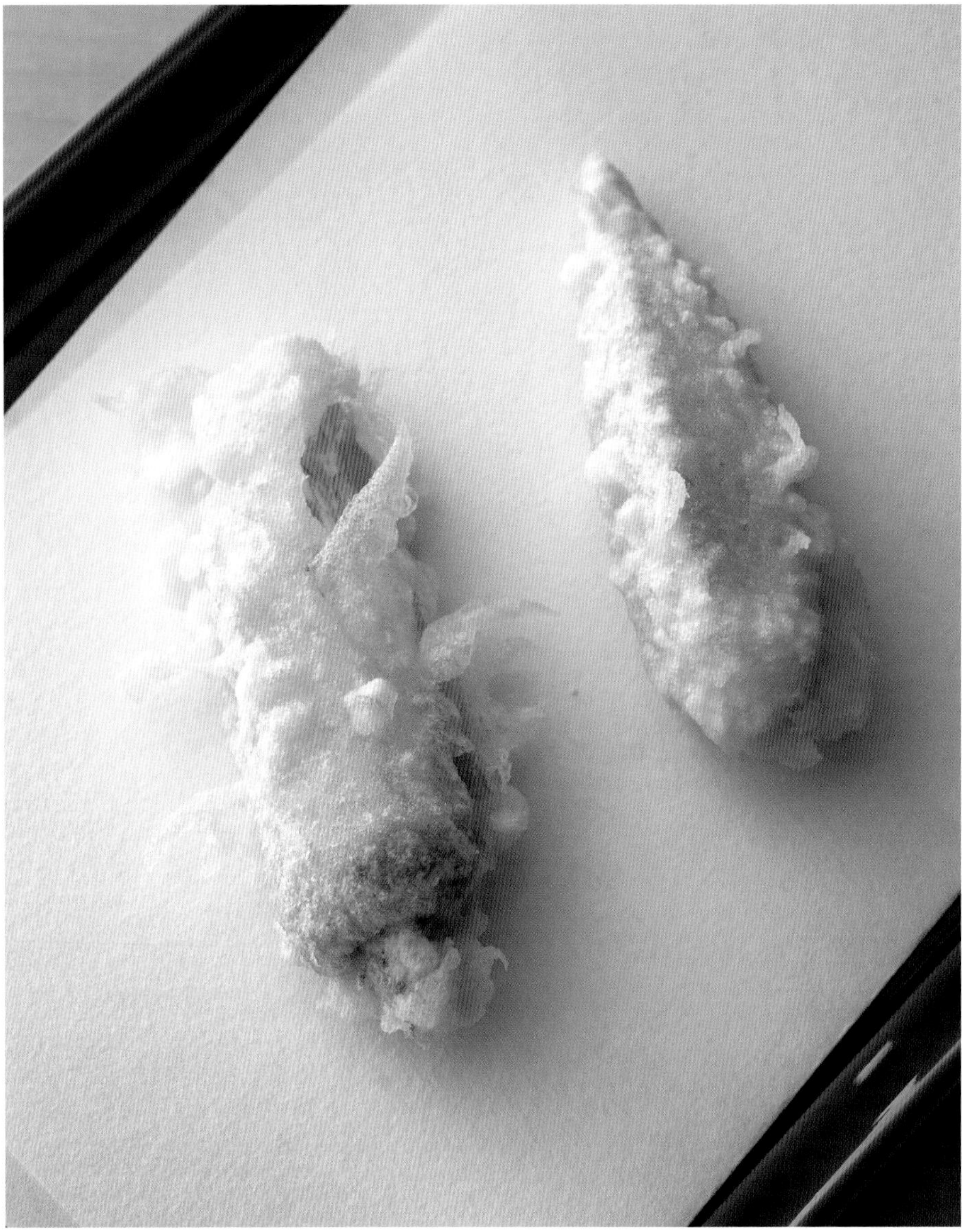

柔らかく香り高い オクラ

旬
夏

揚げ油
180℃でスタート
▼
170℃をキープ

揚げ時間
短い

オクラは、実も花も天ぷらにできます。イタリア料理などのズッキーニの花のころも揚げとオクラの花の天ぷらはまさに同じ。大型で黄色いオクラの花びらは可憐で美しく、食べればおいしい素材です。花びらが開く前の、ゆるく締まっているものを食用とします。旬の時季に手に入れば、ぜひおすすめ。実は、やや小ぶりの柔らかいものが天ぷら向きです。どちらも火はすぐに入るので、スピーディに揚げて取り出しましょう。花は1分以内、実は1分強を目安にします。

材料

- オクラ
- オクラの花
- 薄力粉
- ころも（→p.12～15）
- 揚げ油
- 天つゆ（→p.76）、または塩

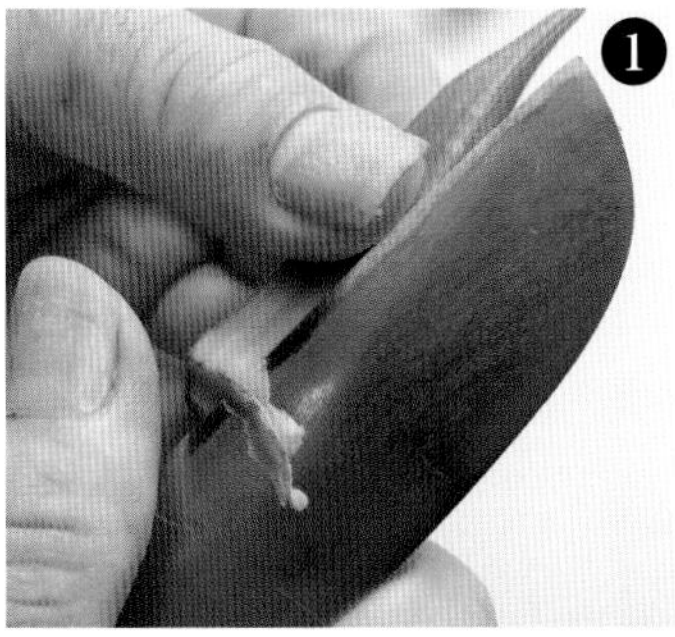

実のほうは、ヘタの先端をできるだけ短くなるように切り落とし、すぐ下にある硬く出っ張った部分を包丁でむき取る。

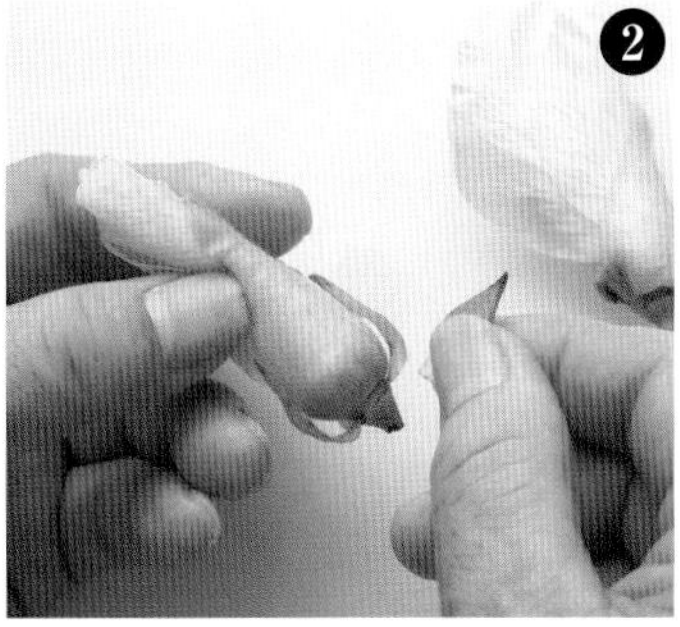

オクラの花はガクを手でむき取る。

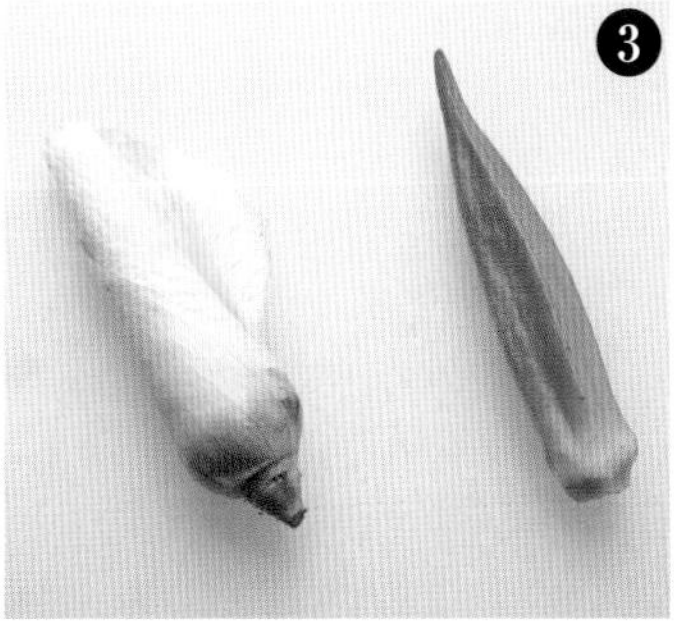

下ごしらえしたオクラの実（右）と花（左）。揚げ油を火にかけ、180℃に温める。

薄力粉をまぶし、箸でトントンとはたいて余分な粉を落とす。

ころもにくぐらせる。

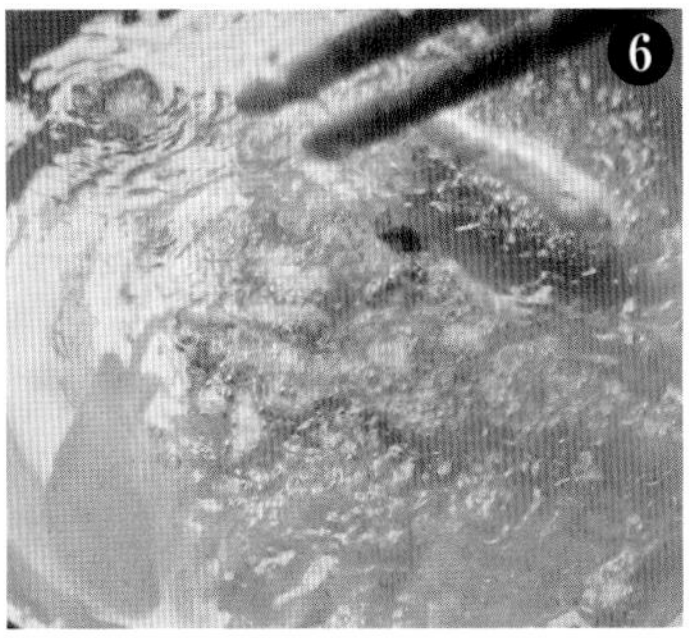

180℃に温めた揚げ油に入れる。あまりさわらないように揚げる。

❇ 細かい泡がいっせいに立ち、パチパチと高い音で油がはねます。

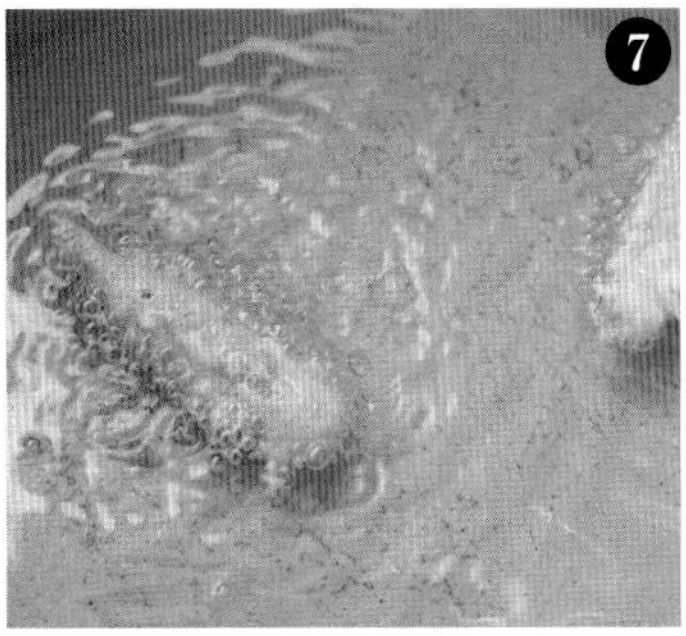

40秒くらいで少し泡が落ち着いたら裏に返す。

ころもから出る泡が少なくなり、はねる音が低くなれば揚げ上がり。目安は花が50秒、実は1分10秒ほど。取り出して紙にのせ、油をきる。

◎目指す揚げ上がり

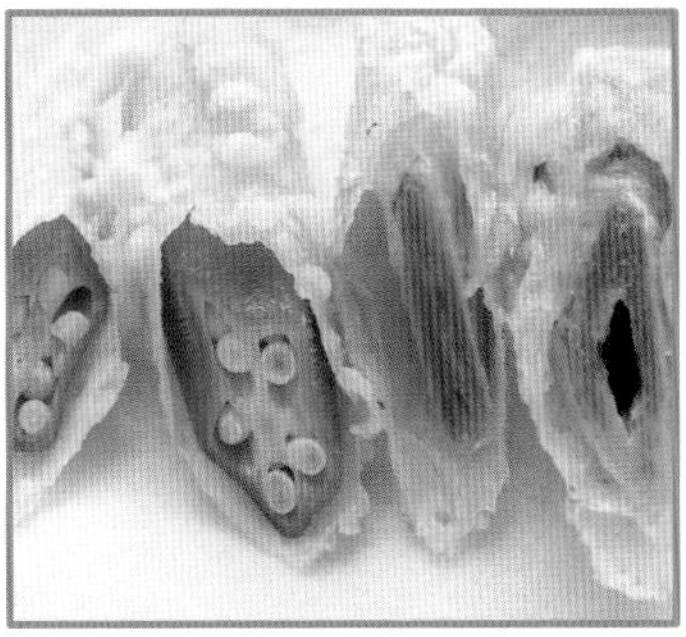

ころもはカリッとしていながら、内側は柔らかくしっとり。

火入れのグラデーションがおいしい
小玉ねぎ

旬
夏

揚げ油
180℃でスタート ▼ 170℃をキープ

揚げ時間
長い

小玉ねぎは1個丸ごとで揚げ、中心に少しだけ生の風味を残します。8割ウェルダン、2割レアのイメージで、グラデーションを作るわけです。レアの部分に辛みや苦みが少し残りますが、それがあるから、充分に火が通った表面近くの甘みが引き立ち、爽やかで切れ味のよい天ぷらになるのです。全体が甘いだけでは、最高レベルのおいしさに達しません。辛み、苦み、甘みのバランスがとれていてこそです。5分以上時間をかけて、ゆっくり蒸し焼きにするように揚げてください。

材料

小玉ねぎ
薄力粉
ころも（→p.12～15）
揚げ油
天つゆ（→p.76）、または塩

■楊枝

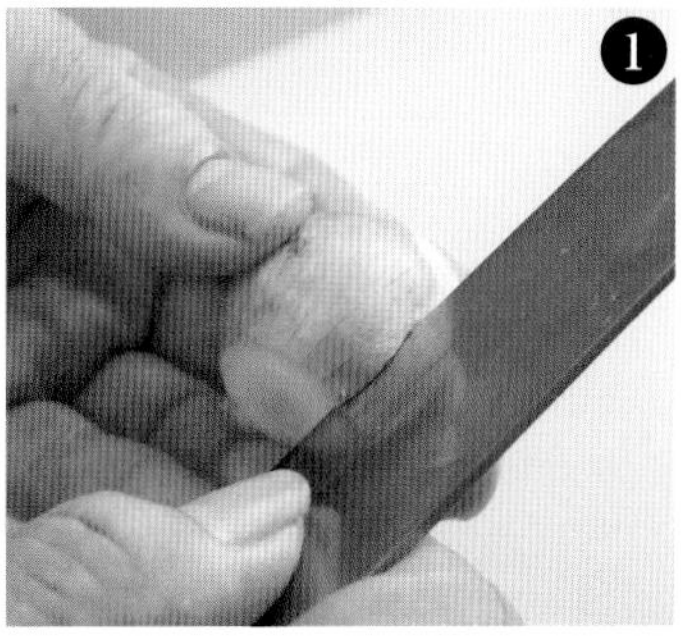

小玉ねぎの天地を切り落とし、側面に1か所浅く切り目を入れる。

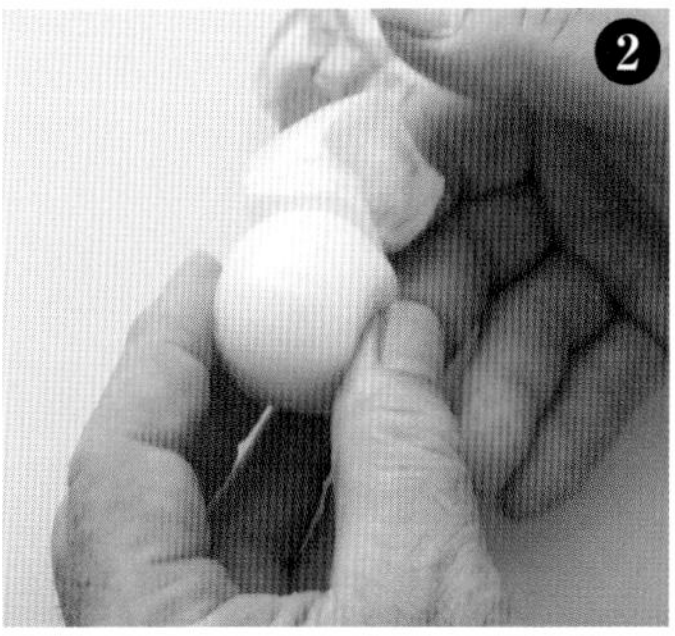

切り目から皮をむく。

✽途中で鱗片の一部が欠けてしまったら、その1枚は全部むいて、表面をなめらかに整えてください。また、上面に十字に切り目を入れると、上面に集中的に火が入りやすくなるので、切り目を入れないように。

楊枝を上面の縁から斜め下に刺し、先端が中心に届くようにする。揚げ油を火にかけ、180℃に温める。

✽楊枝を真上から刺すと抜けやすいので、斜めに。箸で持つとすべりやすい小玉ねぎも、楊枝を持って作業をすれば楽です。

まず、ころもにくぐらせる。

✽玉ねぎは特に表面がツルツルとしてすべりやすいので、ほかの天ぷらのように、直接薄力粉をまぶすとうまくつきません。まず最初にころもをつけて、薄力粉をまぶしやすくします。ころもの濃度を心持ち濃いめにしてもよいです。

薄力粉をまぶし、もう一度、ころもにくぐらせる。

✽2度づけすることで、ころもがほどよい厚みになります。

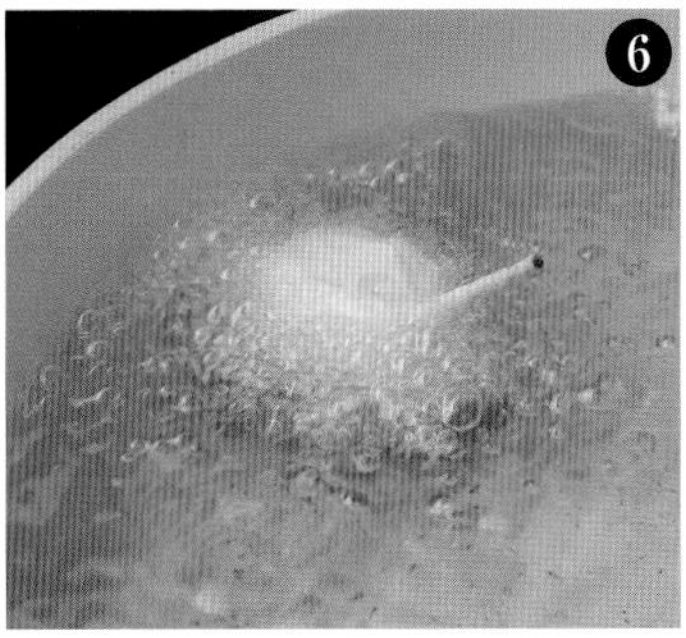

180℃に温めた揚げ油に入れる。あまりさわらないようにして1分ほど揚げる。

✽細かい泡がいっせいに立ち、パチパチと高い音で油がはねます。

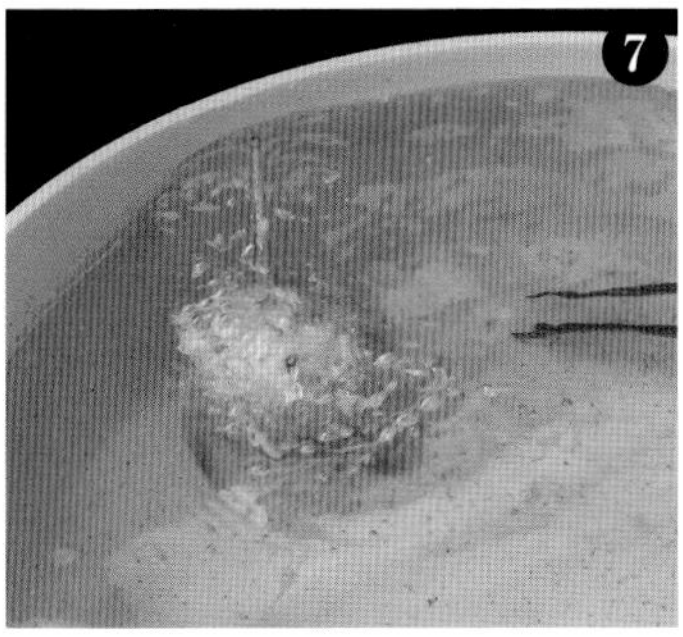

5～6回裏返しながら、さらに5分ほど揚げる。

✽だいたい1分に1回ほど裏返し、その間はあまりさわらず、状態を見るだけです。後半、フライパンを傾けて油に深さを出してみます。小玉ねぎが浮いて傾いてくれば、八分通り火が入っています。

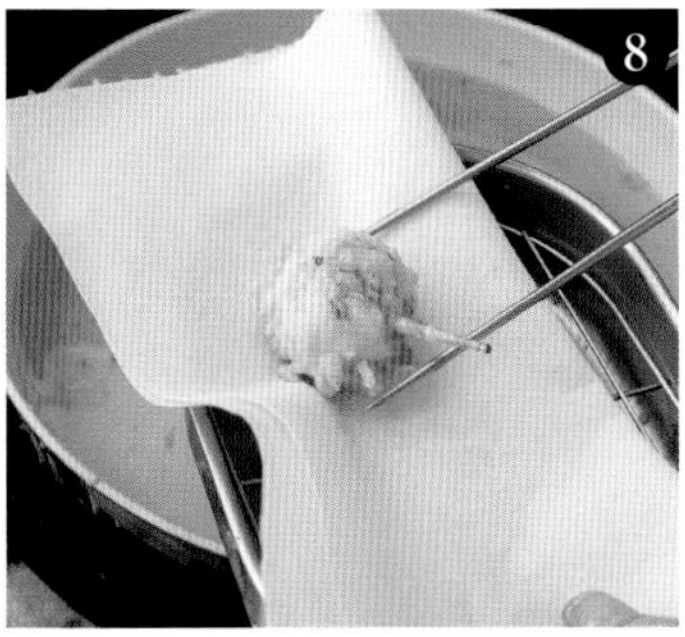

ころもから出る泡が少なくなり、はねる音が低くなるまで揚げる。取り出して紙にのせ、油をきる。

◎目指す揚げ上がり

切らずに盛りつけ、ぎりぎりまで余熱調理を。芯はわずかに乳白色が残り、爽やかな辛みが生きていますが、周りは透明で、甘みが出ています。

玉ねぎ

シャキッとした歯ごたえもおいしい

旬

春
（新玉ねぎ）
冬
（ひねの玉ねぎ）

揚げ油

180℃でスタート
▼
170℃をキープ

揚げ時間

短い

薄切りにしてかき揚げに使うことの多い玉ねぎですが、くし形切りにして楊枝を刺して揚げれば、見栄えがよく、ジューシーでシャキッとした玉ねぎの持ち味が存分に味わえます。小玉ねぎと同じように、外側はしっかり火を通し、中心にほんのり生っぽさを残す揚げ加減にして、甘みとかすかな辛みを同居させます。

春の新玉ねぎで作れば爽やかでさっぱり、冬のひねの玉ねぎなら甘みが濃くなります。それぞれに時季のおいしさを味わってください。

材料

- 玉ねぎ
- 薄力粉
- ころも（→p.12〜15）
- 揚げ油
- 天つゆ（→p.76）、または塩

■楊枝

玉ねぎの天地を厚めに切り落とし、皮をむく。縦6～8等分（幅約3cm）のくし形切りにする。

✽ 緑色がかった部分は少し硬いですが、ここもおいしく食べられます。中心の小片ははずれやすいので、かき揚げなどに利用するといいでしょう。

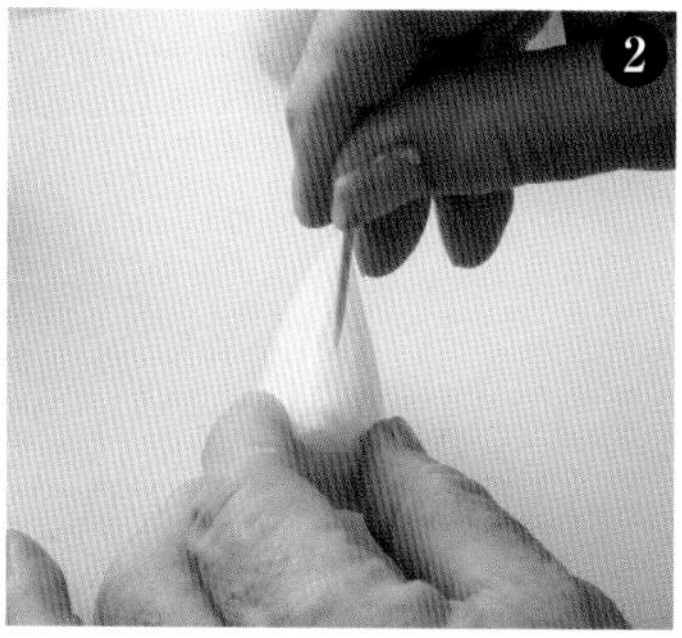

内側の中心に楊枝を深く刺す。

✽ 楊枝を下までしっかり刺すと、ばらけることがなく揚げやすいです。

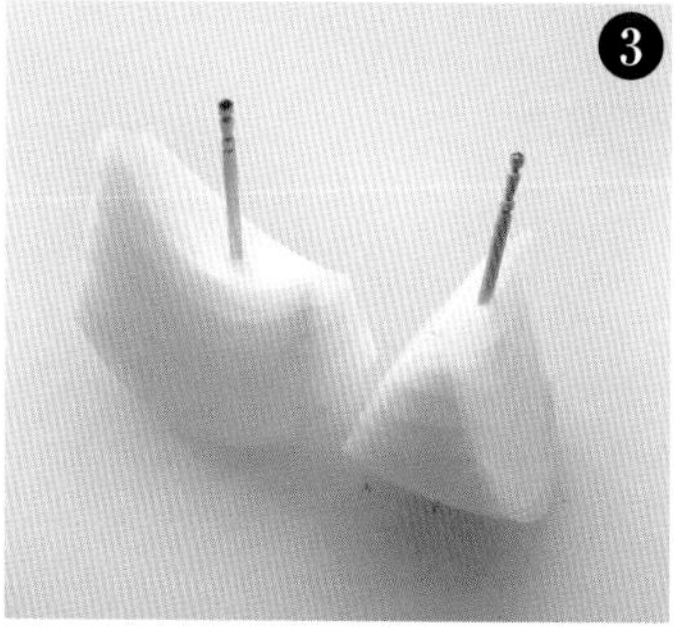

下ごしらえした玉ねぎ。揚げ油を火にかけ、180℃に温める。

楊枝を持ち、まずころもにくぐらせ、さらに薄力粉をまぶす。

✽ 玉ねぎは特に表面がすべりやすいので、直接薄力粉をまぶしてもうまくつきません。最初にころもをつけて薄力粉をまぶしやすくします。

もう一度ころもにくぐらせる。

✽ 2度づけすることで、ころもがほどよい厚みになります。

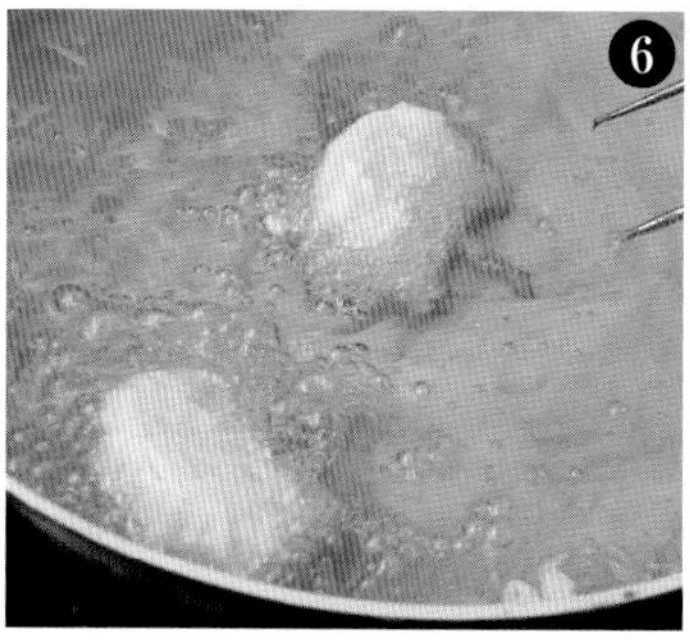

180℃に温めた揚げ油に入れる。あまりさわらないようにして30秒ほど揚げる。

✽ 最初は玉ねぎの切り口を上下にして（楊枝は横向き）火を入れます。

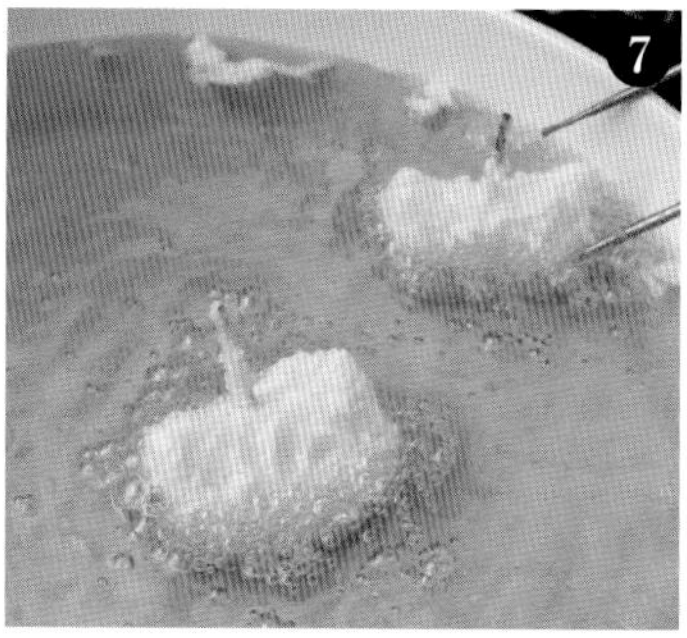

下側のころもが固まってきたら裏に返して軽く揚げ、次に楊枝が上にくるように立て、1分ほど揚げる。

✽ 楊枝を上にして、厚みのある部分にしっかり火を入れます。

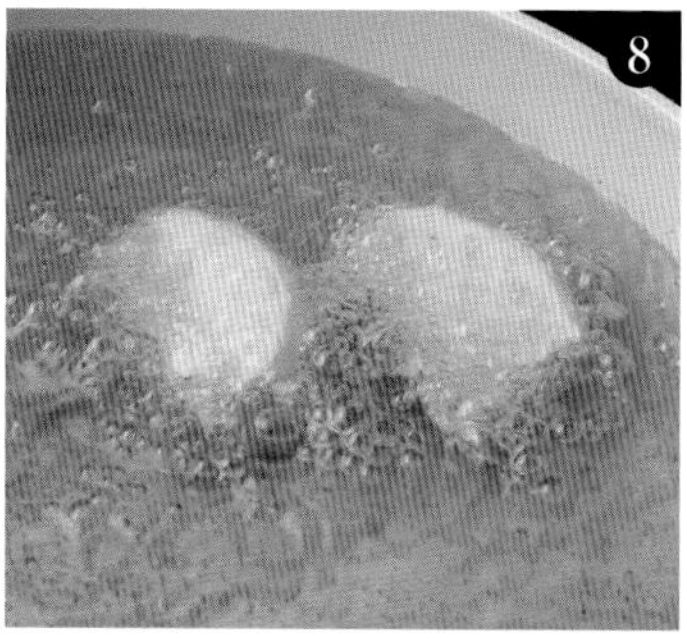

再び玉ねぎを横に倒して両面を揚げる。

ころもから出る泡が少なくなり、はねる音が低くなって揚げ色も薄くついたら取り出して紙にのせ、油をきる。目指す揚げ上がりは、火が通ってなおシャキッとした食感を保っている状態。

✽ 楊枝は抜いて盛りつけます。

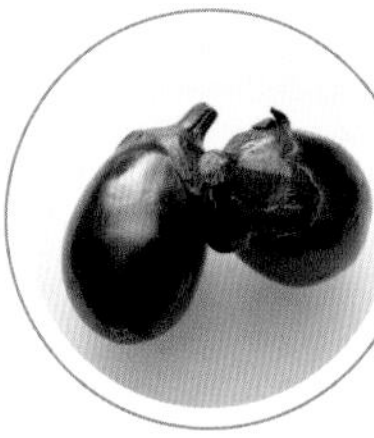

なす

油っぽくなくてジューシー

なすの中でも、天ぷらには小型の丸なすが向きます。長なすでも作れますが、こちらのほうが味がよいうえに、ふっくらした美しい形に揚がります。縦半分に切って細かい切り目を入れる「茶筅《ちゃせん》なす」にすれば、比較的短時間で均一に火が入り、油を過剰に吸うことがありません。ただ、切り目の中にころもが入ると油っぽさが増しますから、表面だけにころもをつけること、これだけ気をつけましょう。

揚げ時間は5分ほど。果肉にサクッとした歯ごたえと、しっとりとした水分が残っていれば成功です。

旬
夏

揚げ油
180℃でスタート
▼
170℃をキープ

揚げ時間
中くらい

材料

なす*
薄力粉
ころも（→p.12～15）
揚げ油
天つゆ（→p.76）、または塩

＊写真の丸なすは長さ8cm。普通の長なすでもよい。

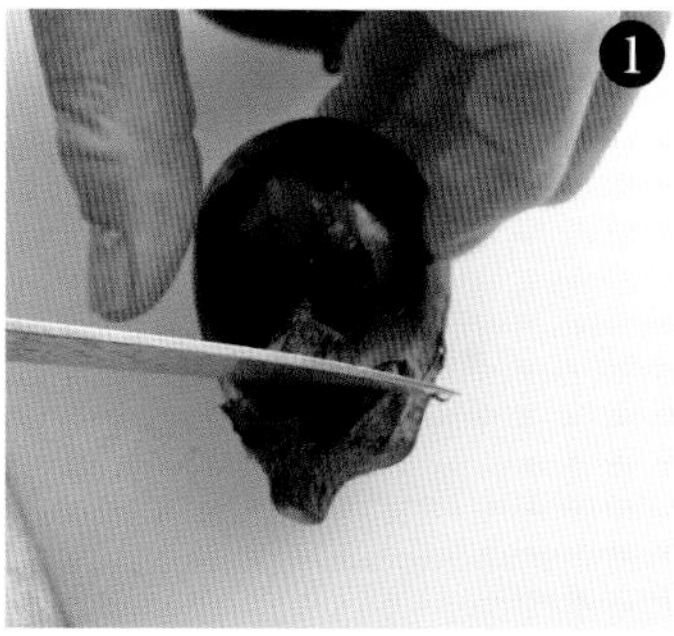

短いガクの先端に包丁をのせ、なすをくるくると回しながら長いガクの端を切り落とす。

✽ガクの長さが揃ってきれいになります。実を切らないように、包丁の刃は軽くのせるだけにしてください。

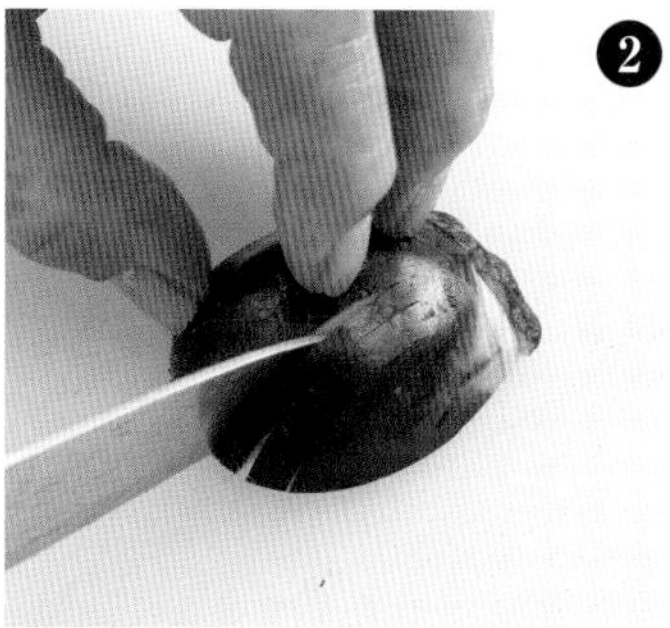

縦に2等分し、切り口を下にして置く。端から幅2～3mmで切り目を入れる。切り目の長さは実の$\frac{2}{3}$ほど。

✽アクは旨みになるので水に浸けません。また、すぐに揚げれば油が色止めしてくれます。

切り目を上から押して美しくずらし、茶筅のような姿に整える。揚げ油を火にかけ、180℃に温める。

✽長なすを使う場合も同様に❶～❸を行います。

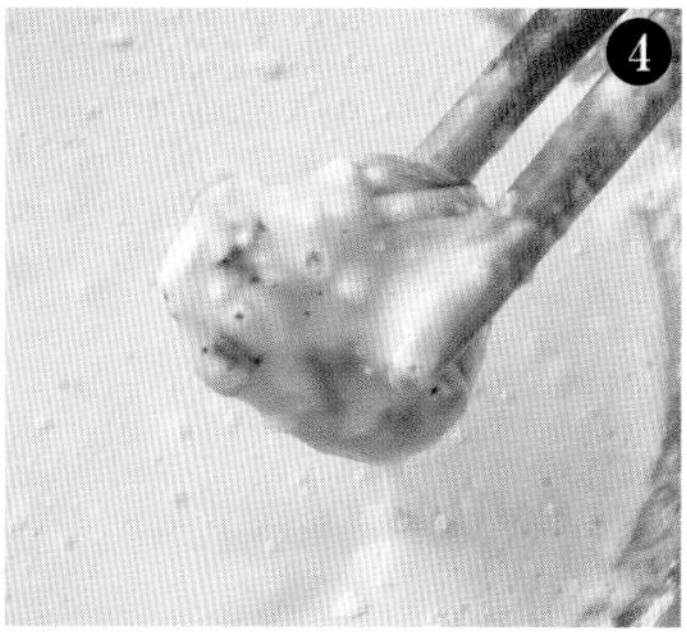

薄力粉をまぶし、箸でトントンとはたいて余分な粉を落とす。続いてころもにくぐらせる。

✽切り目の奥に、粉やころもが入らないように注意して。また、箸で強くつかむところもがはがれるので、軽く挟む程度に。

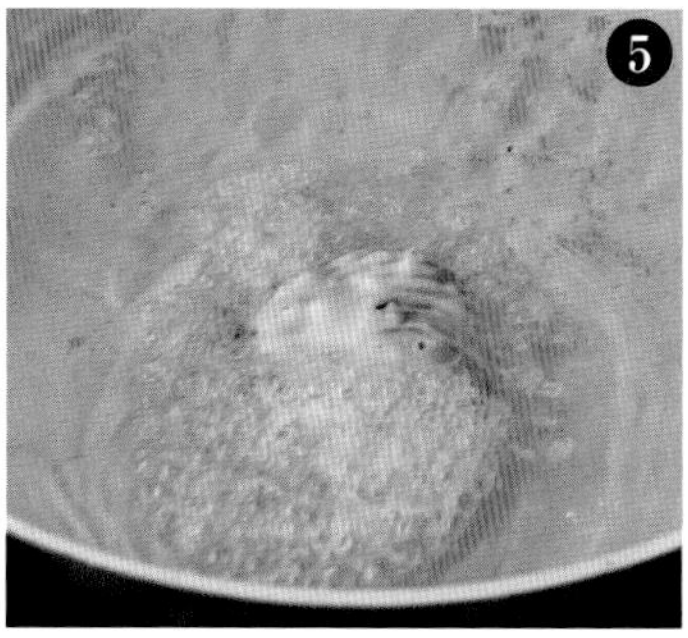

皮面を上にして、180℃に温めた揚げ油に入れる。

✽なすの皮はツルツルしてころもがすべって取れやすいので、ころもをつけたら素早く油に入れるのがコツ。

20秒ほど揚げたら、箸でポンとすくって裏に返し、皮面を下にしてさらに1分ほど揚げる。

✽皮面のころもが垂れて下にたまらないよう、早めに裏に返します。

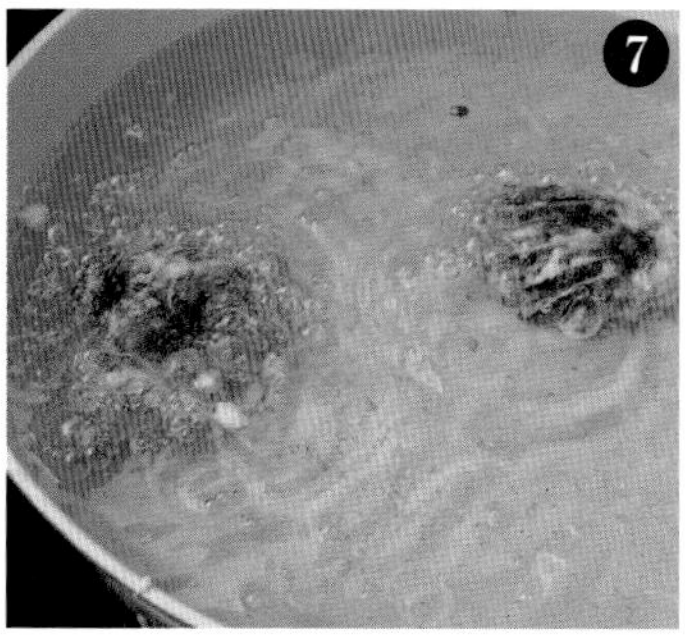

このあと、数回裏返しながら、両面を均等に3～4分揚げる。

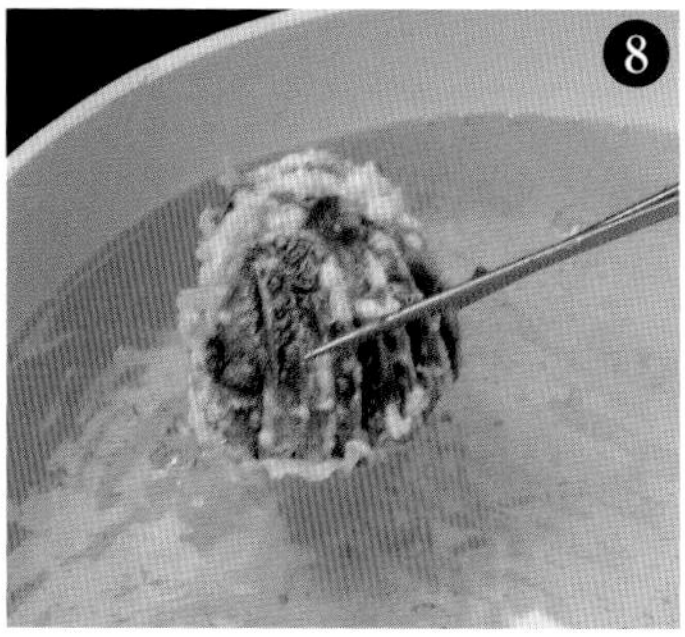

身の面がほんのり薄茶色に色づいてくれば揚げ上がり。取り出して紙にのせ、油をきる。

◎目指す揚げ上がり

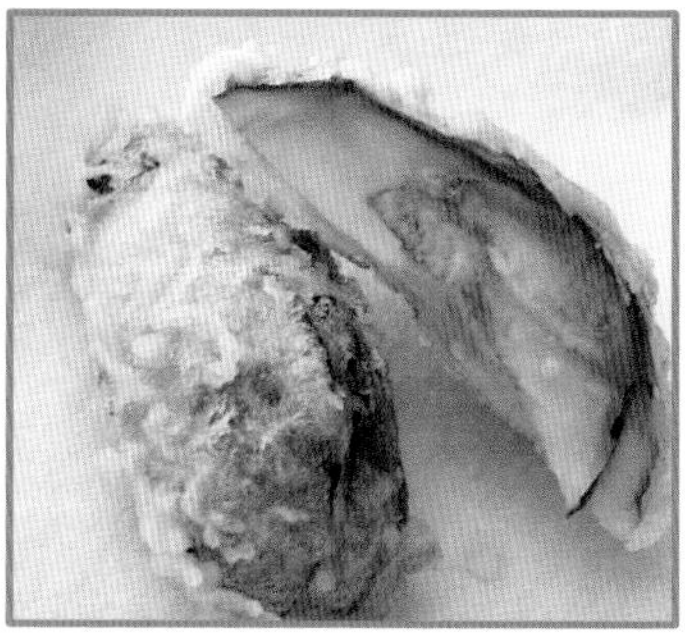

油を吸収しやすいなすですが、ころもがガードとなって、果肉自体は油っぽさがなく、みずみずしくしっとりした仕上がり。柔らかすぎないよう、歯切れのよさも残します。

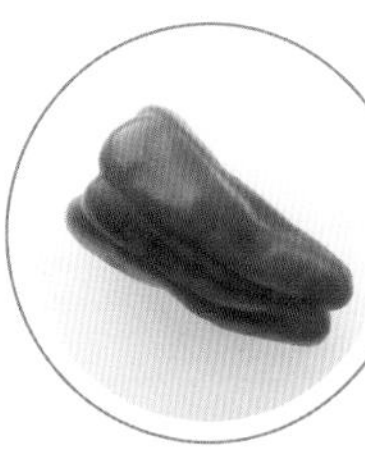

青い風味が口に広がる ピーマン

旬
夏

揚げ油
180℃でスタート
▼
170℃をキープ

揚げ時間
短い

店ではピーマンを切り分けず、1個丸ごとで揚げます。種が柔らかく、果肉に苦みのない品種「あきの」だからこそできるのですが、スーパーなどで売られている通常のピーマンなら、切り分けてヘタと種を除いて揚げるのがよいでしょう。その際も、小さく切りすぎるとピーマン独特の風味が感じにくくなりますから、半割りにします。できるだけ元の形を残した大きなサイズのほうが、風味が際立って、「ピーマンを食べている!」というインパクトがあります。果肉は薄いので2分ほどで揚がります。

材料

ピーマン
薄力粉
ころも(→p.12～15)
揚げ油
天つゆ(→p.76)、または塩

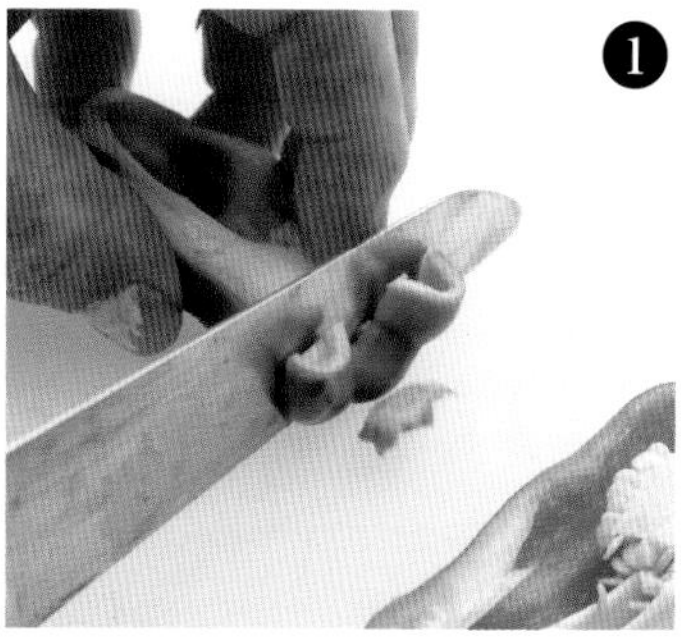

縦半分に切り、上部のヘタをまっすぐに切り落とす。

❖ 手でヘタを取るといびつな切り口になって美しくありません。包丁でまっすぐに切り落としましょう。

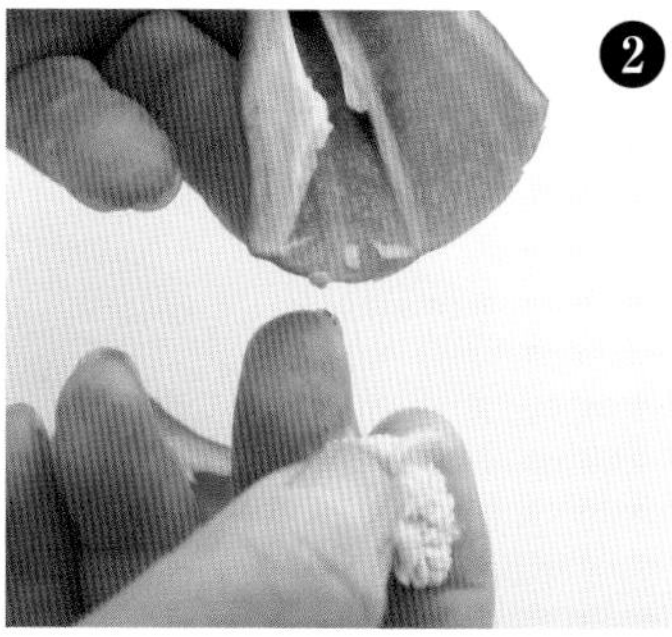

種と白いわたを手で取り除く。

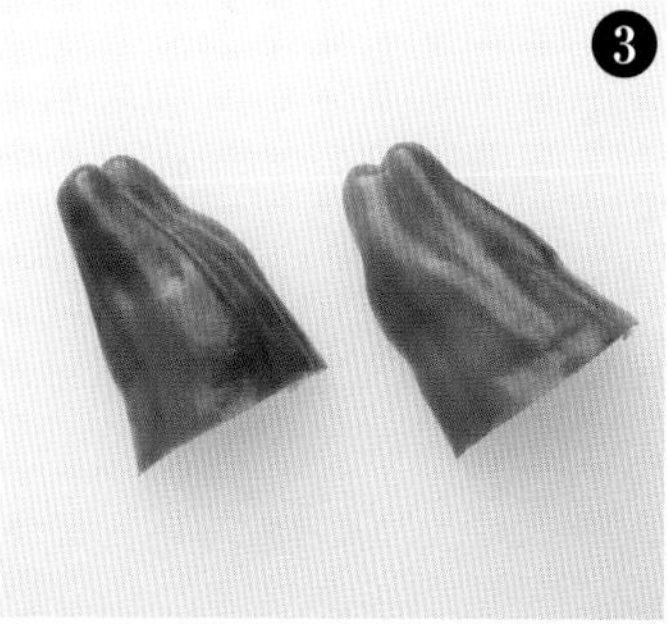

下ごしらえしたピーマン。揚げ油を火にかけ、180℃に温める。

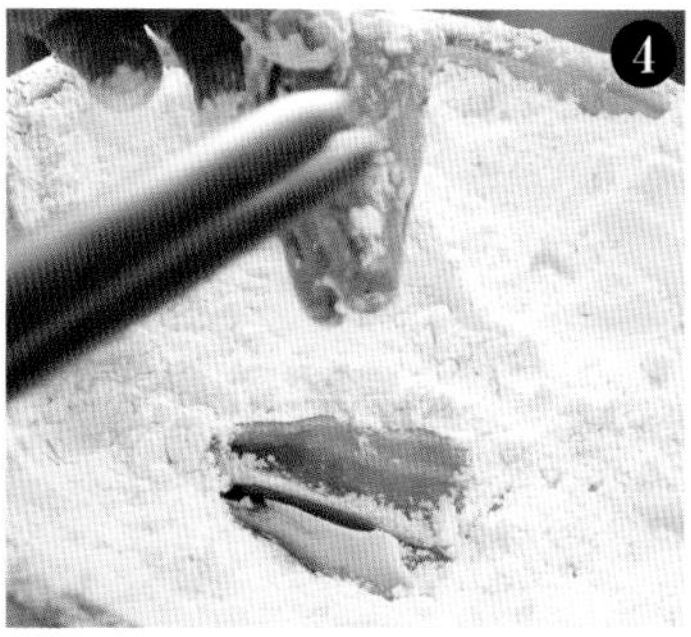

薄力粉をまぶし、箸でトントンとはたいて余分な粉を落とす。

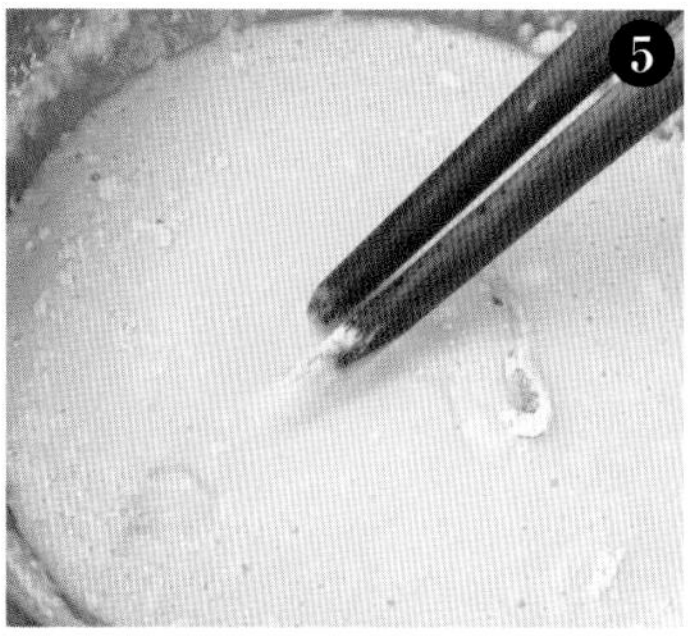

ころもにくぐらせる。

❖ くぼみの中にころもがたまらないよう、余分なころもは垂らして落としてください。

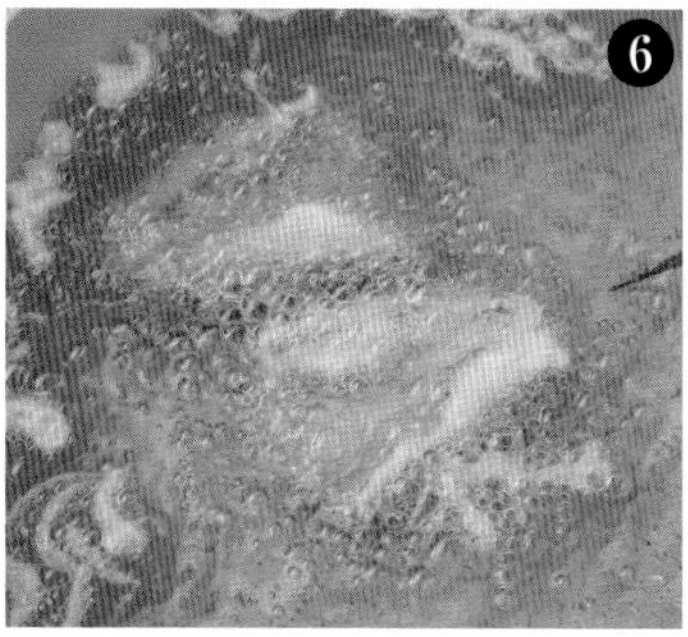

光沢のある皮面を下にして180℃に温めた揚げ油に入れ、1分ほど揚げる。

❖ ピーマンは形が山形になっています。皮面を上にして揚げ始めると、ころもがすべり落ち、薄くなってしまいます。

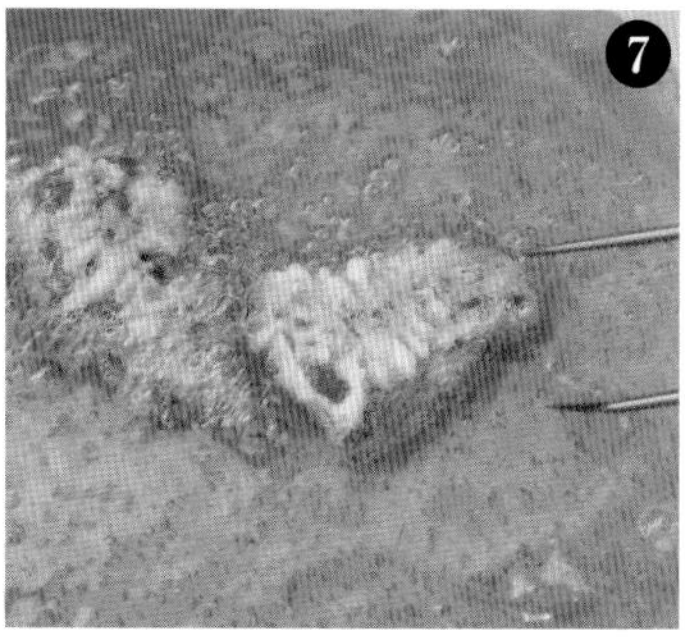

皮面のころもが固まったら裏に返して、30秒ほど揚げる。

❖ 早く返しすぎると、皮面のころもが固まっていないこともあるので、落ち着くまで揚げます。内側の面は柔らかいので短時間で大丈夫です。

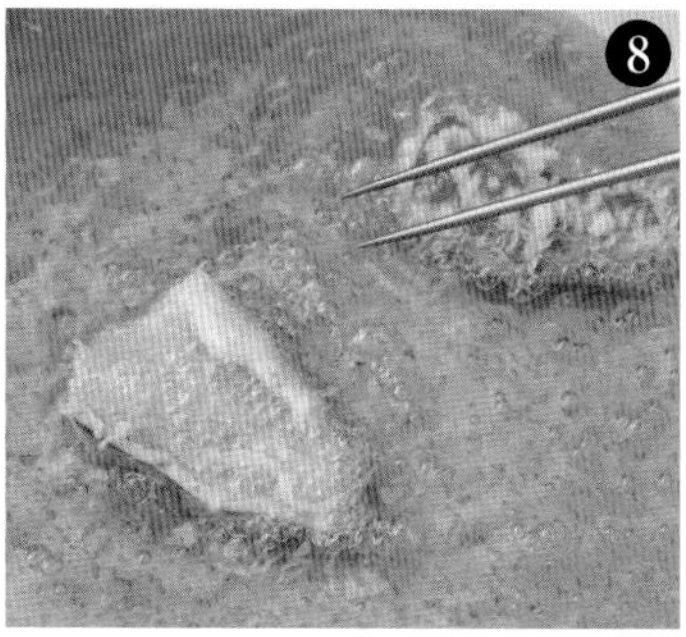

再び両面を軽く15秒ほどずつ揚げる。ころもから出る泡が少なくなり、はねる音が低くなってきたら揚げ上がり。取り出して紙にのせ、油をきる。

◎目指す揚げ上がり

ころもは緑色が透けて見える薄さで、ピーマンの風味を引き立てます。揚げすぎるとクタッと柔らかくなるので、手早くカラッと揚げ、食感も生かします。

盛り合わせのアクセントにも

しし唐

旬
夏

揚げ油
180℃でスタート
▼
170℃をキープ

揚げ時間
短い

しし唐は小粒ながら青い香りとほのかな辛みをもつ個性の強い野菜で、盛り合わせ天ぷらに入れるとアクセントになって効果的です。

揚げるコツは2本1組にすること。大きさにボリュームが出るので、油の中で裏返したりする作業が楽で、見た目もきれいです。実の真ん中に楊枝を刺すとくるくる回転して安定しませんから、硬いヘタ部分に通すのがポイント。小さいので1分ほどで揚がります。

材料

しし唐
薄力粉
ころも（→p.12～15）
揚げ油
天つゆ（→p.76）、または塩

■楊枝

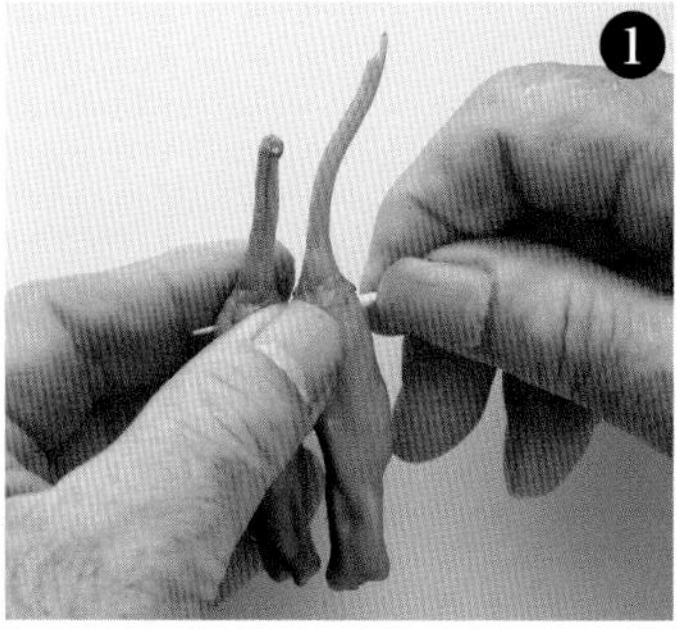

2本のしし唐を並べ、ヘタの硬い部分に楊枝を刺してひとつにまとめる。

✽ 形がデコボコしているので、2本がピッタリとくっつくような向きを探して並べましょう。

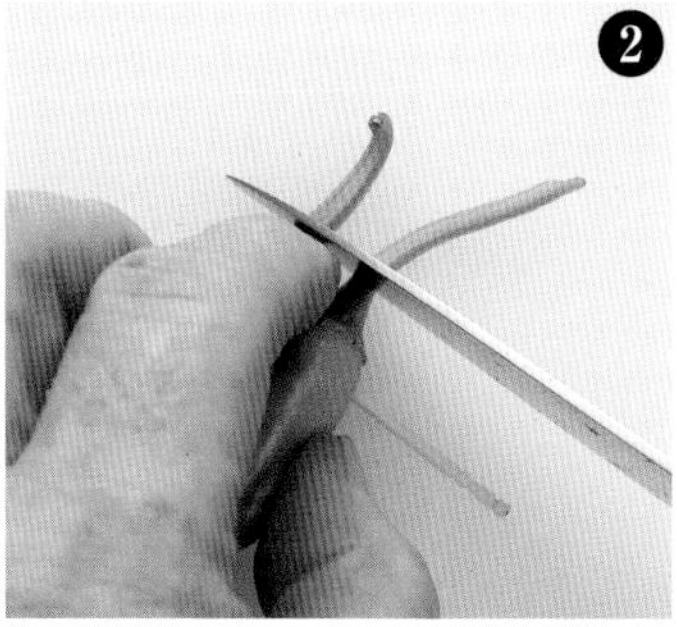

2本の軸を一緒に短く切り落とす。

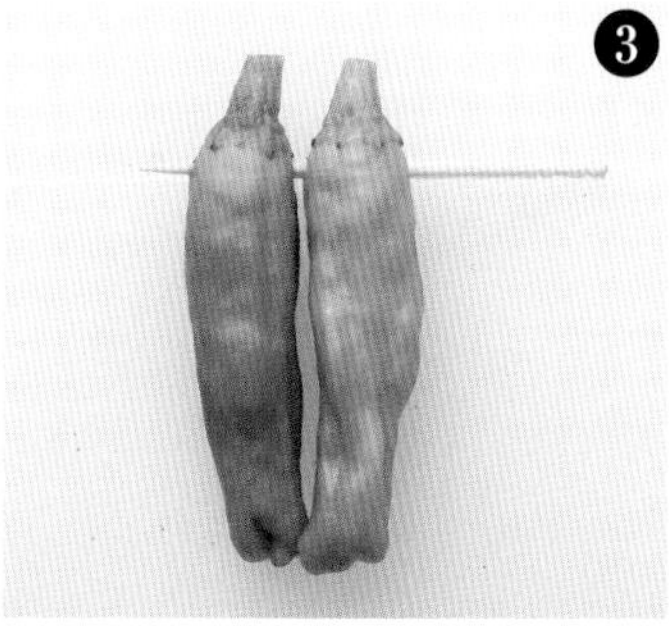

下ごしらえしたしし唐。揚げ油を火にかけ、180℃に温める。

楊枝を持ち、しし唐の片面のみに薄力粉をまぶす。

✽ ころもの下にしし唐の緑色が透けて見えるようにするため、もう一方の面は薄力粉をまぶさず、薄いころもにします。盛りつけは粉をつけていない薄ごろもの面を表に。

薄力粉をまぶした面を下にして、全体をころもにくぐらせる。

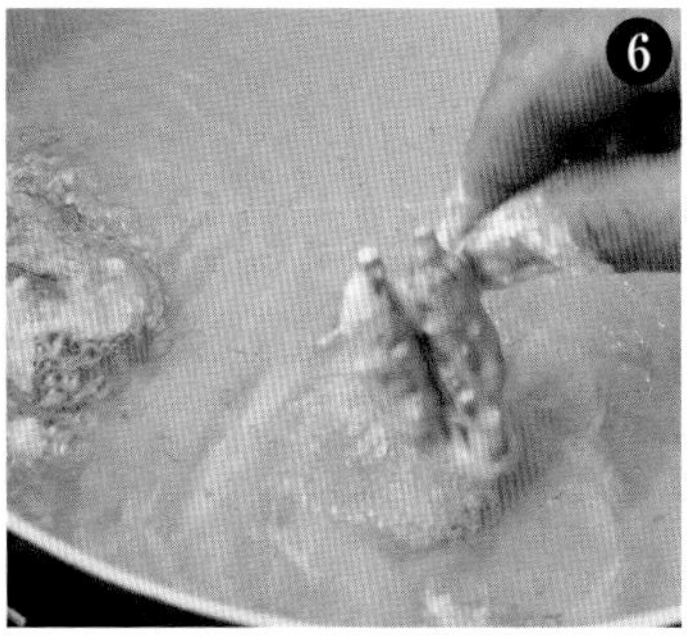

そのまま、180℃に温めた揚げ油に入れて40秒ほど揚げる。

✽ 細かい泡がいっせいに立ち、パチパチと高い音で油がはねます。

裏に返して20秒ほど揚げる。

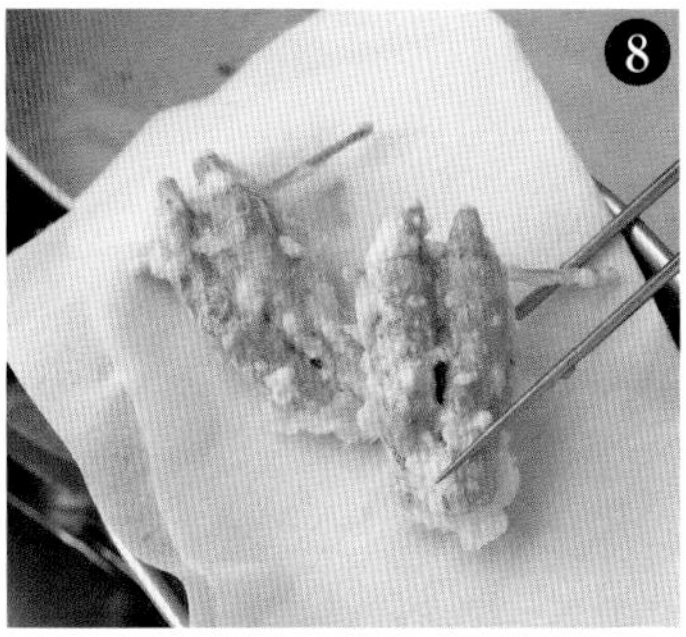

再び裏に返し、ひと呼吸おく。泡が少なくなり、はねる音が低くなれば取り出し、紙にのせて油をきる。

✽ 盛りつける時は、楊枝をつけたままでも抜いてもかまいません。

◎目指す揚げ上がり

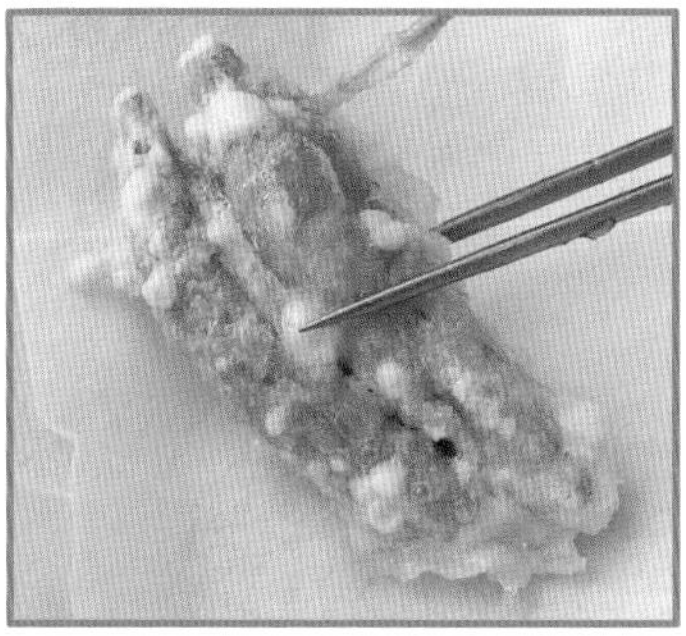

片面は、しし唐の緑色や姿形がくっきりと見える薄ごろもに。短時間で揚げてふっくらとした形とほのかな辛みを生かします。

厚めに切ってじっくり揚げる

れんこん

旬

秋～冬

揚げ油

175℃でスタート
▼
165～170℃をキープ

揚げ時間

中くらい

れんこんはねっとり、かつシャキッとした食感が醍醐味。1㎝ほどの厚い輪切りにし、低めの温度から4～5分かけてゆっくりと揚げれば、でんぷんに火が通っておいしさ満点です。

皮をむいて時間をおくと黒ずんでくるので水にさらしたくなりますが、旨みに変わるアクが抜けるので、水にさらさずにすぐに揚げましょう。れんこんの穴がころもでふさがると、ころもが多くなりくどくなって、揚げ時間もかかります。穴はきれいにあけておくことが大事です。

材料

れんこん*

薄力粉

ころも（→p.12～15。やや薄めに）

揚げ油

天つゆ（→p.76）、または塩

＊ 大きさの異なる節が3～4個つながっており、1節目がいちばん大きいが、天ぷらに向くのはやや柔らかく大きさも手頃な2節目。いちばんの旬は秋と冬だが、夏場の新れんこんもみずみずしさがあって美味。

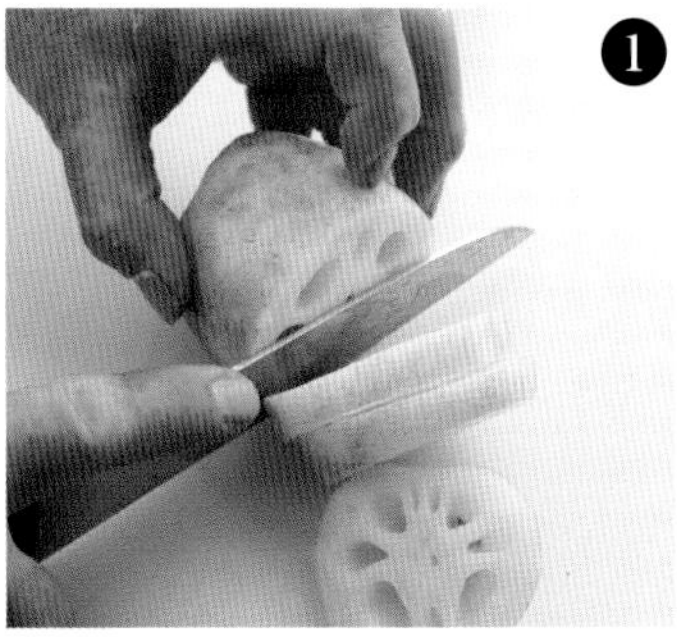

皮付きのまま、厚さ1cmの輪切りにする。

✽ 使いきるならピーラーで皮をむいてから輪切りにしてもかまいません。残るなら、写真のように必要量だけを切って皮をむいたほうが、残りを皮付きで保存でき、新鮮さを保てます。

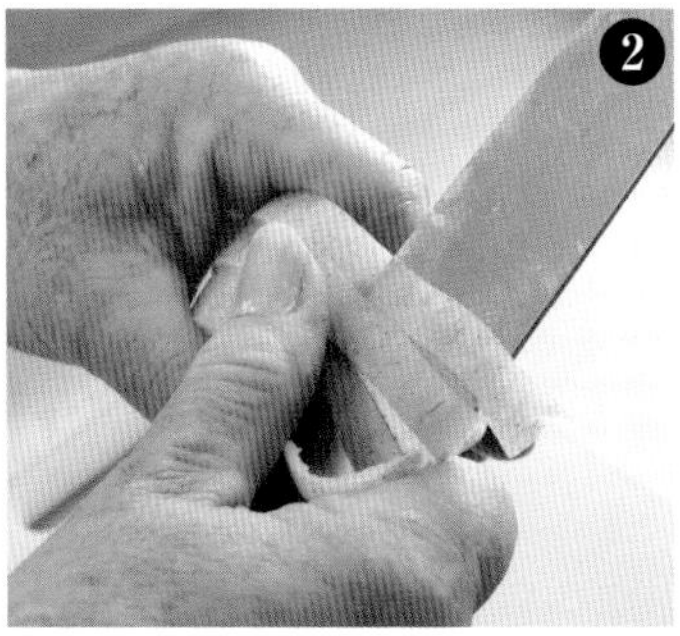

3枚分をぴったりとくっつけて、一緒に皮をむく。

✽ 一度に複数個をむけば短時間ででき、黒ずみも抑えられます。慣れなければ1個ずつでももちろんかまいません。皮は厚めにむいたほうが旨みを感じやすくなります。

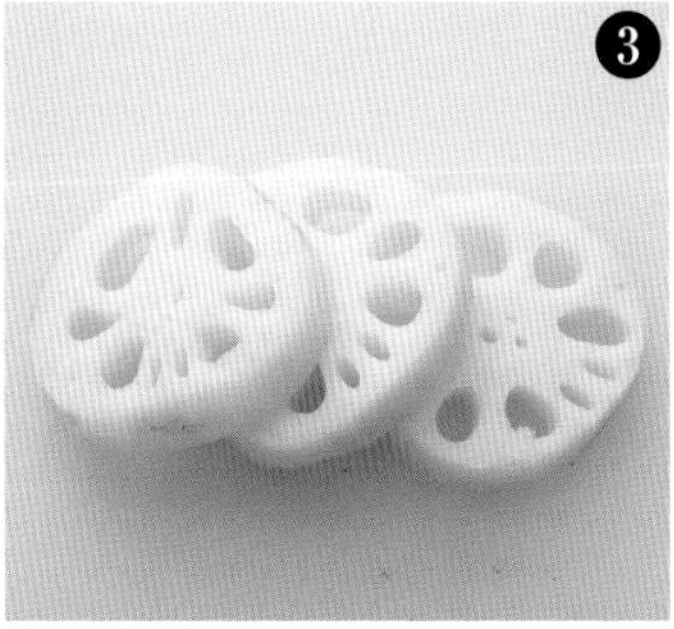

下ごしらえしたれんこん。揚げ油を火にかけ、175℃に温める。

✽ 揚げる直前にむき、酢水や水に浸けずに揚げましょう。

薄力粉をまぶし、箸でトントンとはたいて余分な粉を落とす。

✽ 穴の中に薄力粉がつきすぎないようにします。

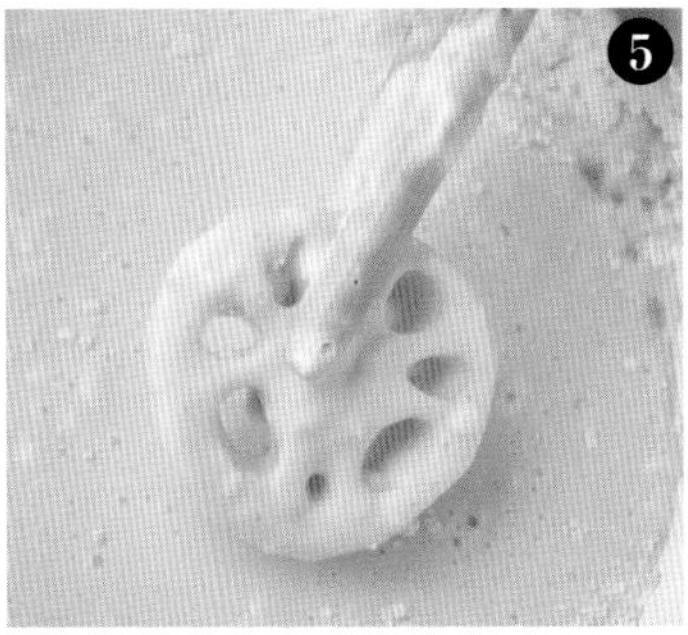

ころもにくぐらせる。

✽ ころもも、穴の中にたまらないようにきちんと落とします。

175℃に温めた揚げ油に入れ、2分ほど揚げる。

✽ 通常の野菜よりやや低い温度で、ゆっくり時間をかけて旨みを引き出します。最初は重みで沈みますが、火が入れば浮いてきます。

れんこんが浮いてきたら、少し火を強める。

✽ 低温からゆっくりと温度を上げていくと、内側はきちんと火が入りながらも水分を保ってしっとり、外側はカリッと揚がります。

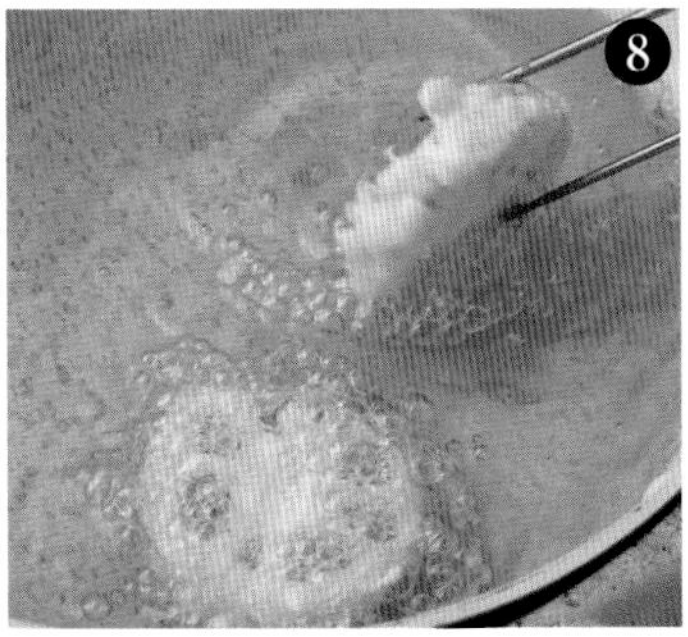

2回ほど裏に返しながら、さらに2分くらいかけて両面を均一に揚げる。泡が少なくなり、はねる音が低くなれば取り出し、紙にのせて油をきる。

◎目指す揚げ上がり

穴がくっきりとあいた美しい姿に。ころもはカラリと揚げ、れんこん自体にはしっとりした食感を残します。

菜の花

短時間で揚げてみずみずしさを生かす

旬
冬〜春

揚げ油
180℃でスタート
▼
170℃をキープ

揚げ時間
短い

冬から春にかけて出回る菜の花。香りよくほろ苦いつぼみを主に楽しむため、軸が長いものは切り落とし、葉はつぼみの周りに2枚ほど残してむき、菜の花らしさのある形に整えます。また、薄力粉をまぶすと細かなつぼみの中に入り、ころもがつきすぎるので、例外的にころもだけつけて揚げます。つぼみは柔らかくて焦げやすいので、かなり短時間で揚げるのがコツ。170℃前後で30秒強です。温度が低いと油を吸いすぎ、葉に勢いがなくなってクタッとしおれたようになりますよ。

材料

菜の花
ころも（→p.12〜15）
揚げ油
天つゆ（→p.76）、または塩

菜の花の軸を短く切り落とし、葉は2枚ほどを残してつまみ取る。

❖ つぼみにはない強い香りを生かすため、少しだけ葉を残します。葉が長ければ、つぼみの上に出た分を切ってください。切り落とした軸や葉は、おひたしなどに使いましょう。

下ごしらえした菜の花。揚げ油を火にかけ、180℃に温める。

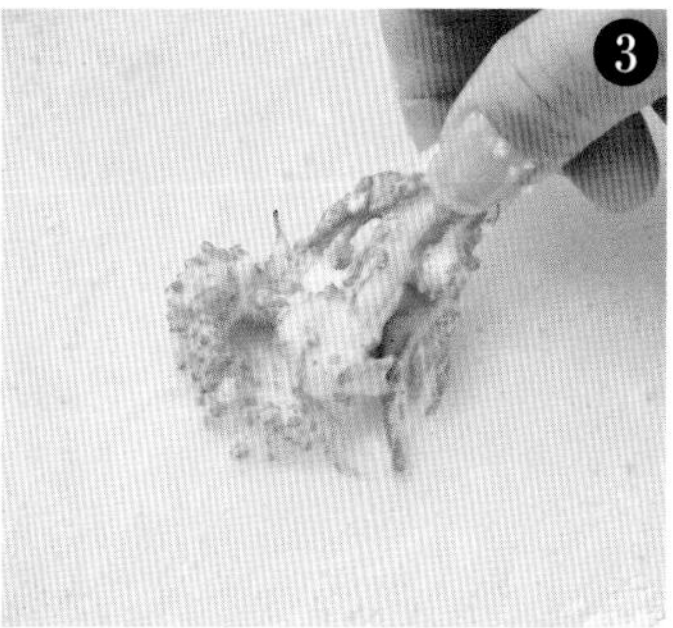

軸の根元を持って直接ころもにくぐらせる。

❖ ころもをつけすぎないよう、泳がせるようにさっとくぐらせます。箸より手で直接持ったほうが、スピーディにできます。

180℃に温めた揚げ油に、つぼみの先端を下にして入れる。

❖ つぼみの先端から入れると葉が開き、菜の花らしい自然な美しさが出ます。

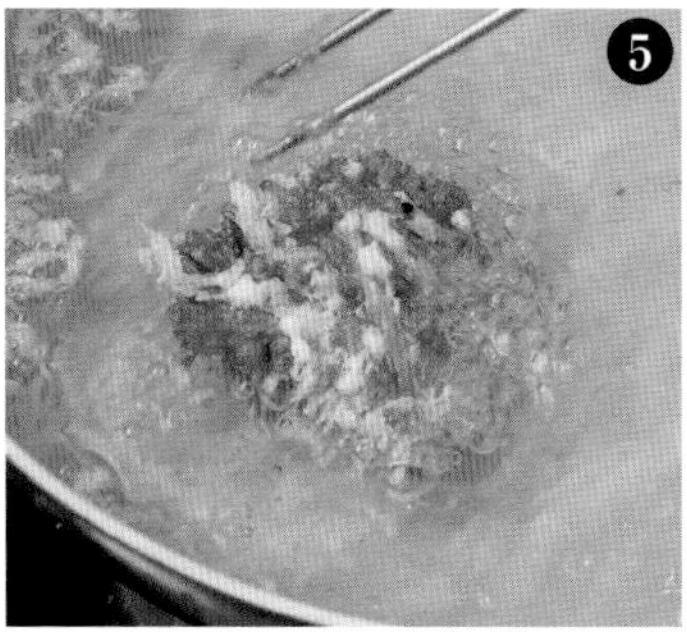

5秒ほど揚げたら裏に返して、15秒ほど揚げる。

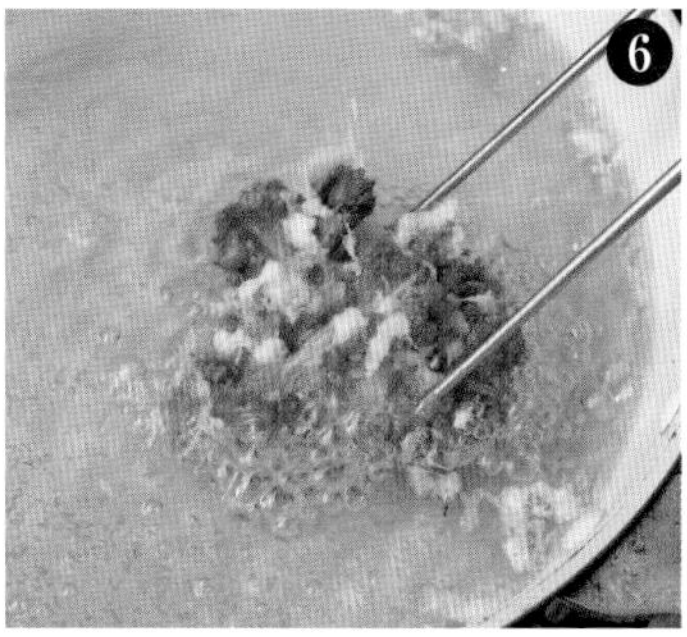

再度裏に返して15秒ほど揚げる。葉がほどよく揚がり、泡が落ち着いてきたら取り出す。紙にのせて油をきる。

◎目指す揚げ上がり

張りのある、生き生きとした姿形になっていること。揚げすぎて、葉やつぼみの水分が抜け、カリカリにならないようにします。

ゆり根

ホクホクがおいしい冬の味

旬
冬

揚げ油
180℃でスタート
▼
170℃をキープ

揚げ時間
短い

旬が短いだけに、時季が到来した時の喜びはひときわ大きいものです。ホクホクした食感が命なので、天ぷらには大型の厚みのあるものを選び、1枚ずつ花びらのようにばらしてふっくらと揚げます。上品な甘みも引き立ち、一級品の天ぷらになります。

根はでんぷん質が主体ですから、小片としてはやや長く1分半ほど揚げると、甘みや旨みが充分に引き出されておいしさが際立ってきます。薄くて油に全体が浸るので、裏返す必要はありません。

材料

ゆり根
薄力粉
ころも（→p.12～15）
揚げ油
天つゆ（→p.76）、または塩

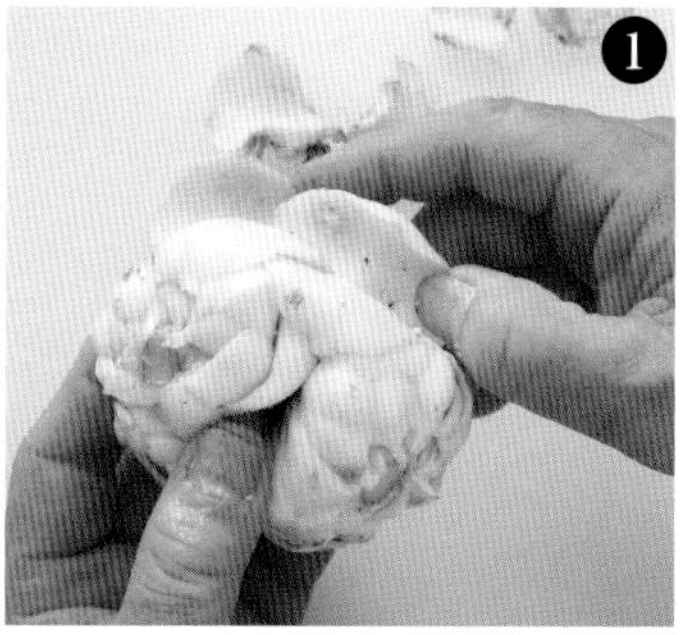

外側から1枚ずつ鱗片をむく。

✽ 折ったり欠いたりしないよう、やさしく扱ってください。汚れの多いものはやめ、外側の大きなものを使います。小さいものや折れたものは蒸しものや椀だねに。

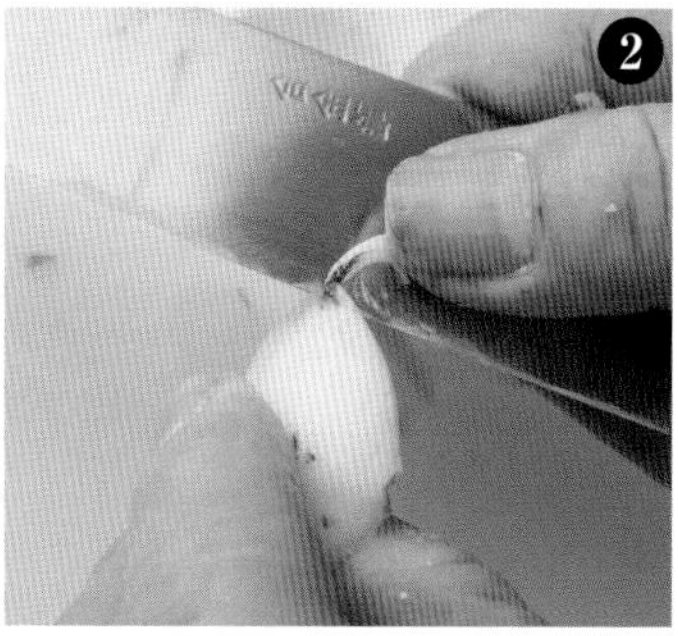

水洗いし、水分をていねいに拭き取ってから、茶色がかった縁や細い根があれば、包丁でむき取る。

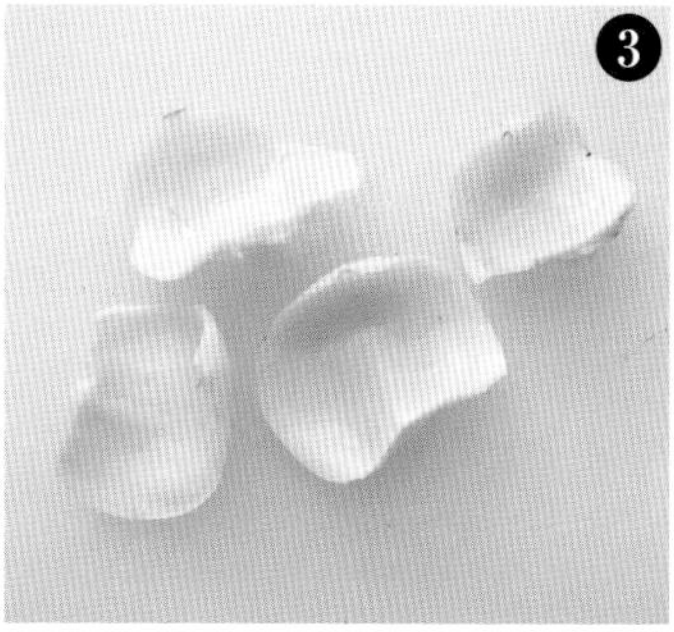

下ごしらえしたゆり根。揚げ油を火にかけ、180℃に温める。

薄力粉をまぶし、箸でトントンとはたいて余分な粉を落とす。

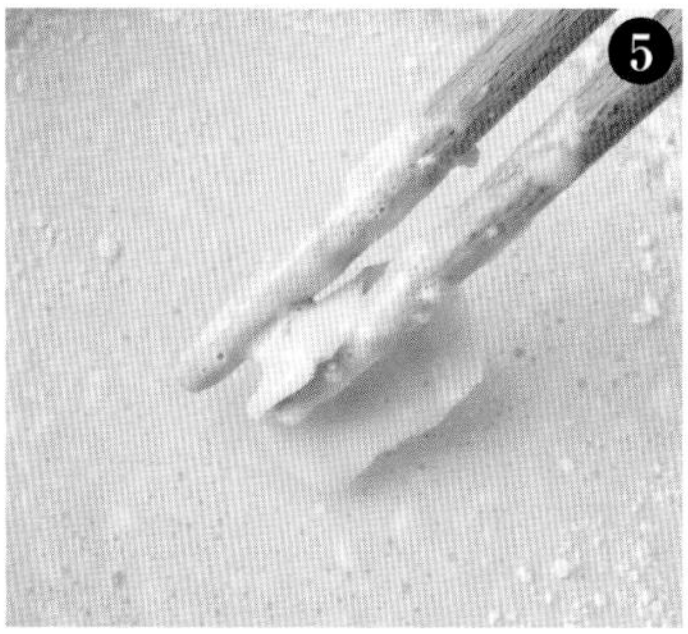

ころもにくぐらせる。

✽ くぼみにころもがたまらないように、余分は落とします。

くぼみを上にして、180℃に温めた揚げ油に入れる。

✽ 油の中に沈んでいる間に火が入るので、さわらず、裏に返さず、このまま揚げ続けます。

1分半ほどで上に浮いてきたら、揚げ上がり。

✽ ゆり根の白色を生かすように、ころもはほんのり薄茶色に色づく程度にします。

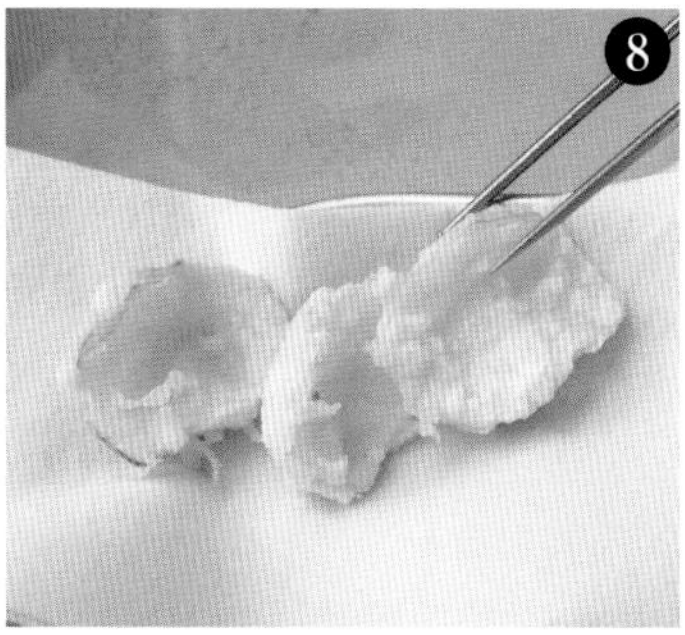

取り出して紙にのせ、油をきる。

◎目指す揚げ上がり

じゃがいものようなホクホクした質感に変わるまでじっくり揚げます。ゆり根の美しい白色を生かすべく、あまり色づけないように。

春の芽吹きの味を存分に

たらの芽

旬
春

揚げ油
180℃でスタート
▼
170℃をキープ

揚げ時間
短い

ほろ苦さがおいしい春の芽吹きの山菜。中でも、天ぷらのたねとして特に人気の高いのが、たらの芽です。

芽が伸びたり、開いたりしているものは大型で食べごたえはありますが、小ぶりで芽が締まっている新芽のほうが、柔らかくて風味がよくおすすめです。芽を包んでいる薄いガクは硬くて食感が悪いので、必ず取り除いて芽だけを揚げます。また、先端の芽の部分は柔らかく味のよい葉が重なっているので、ころもをつけすぎないように注意しましょう。

材料

たらの芽
薄力粉
ころも（→p.12～15）
揚げ油
天つゆ（→p.76）、または塩

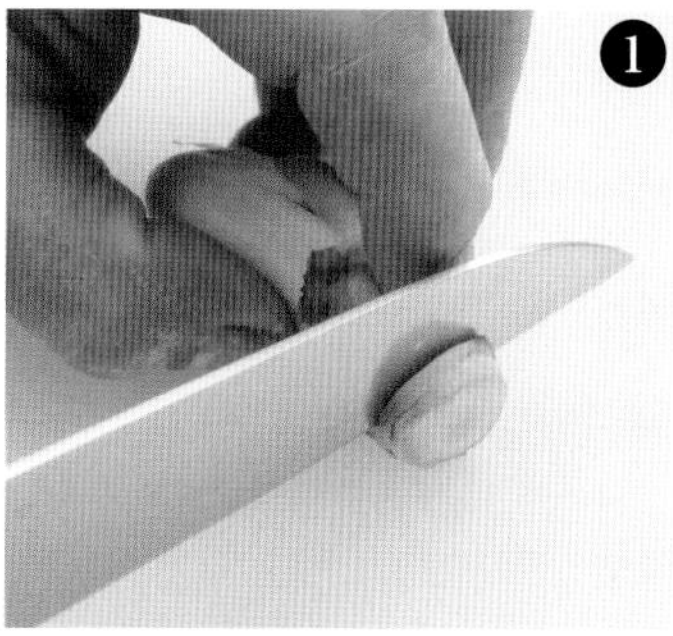

硬い根元を切り落とす。

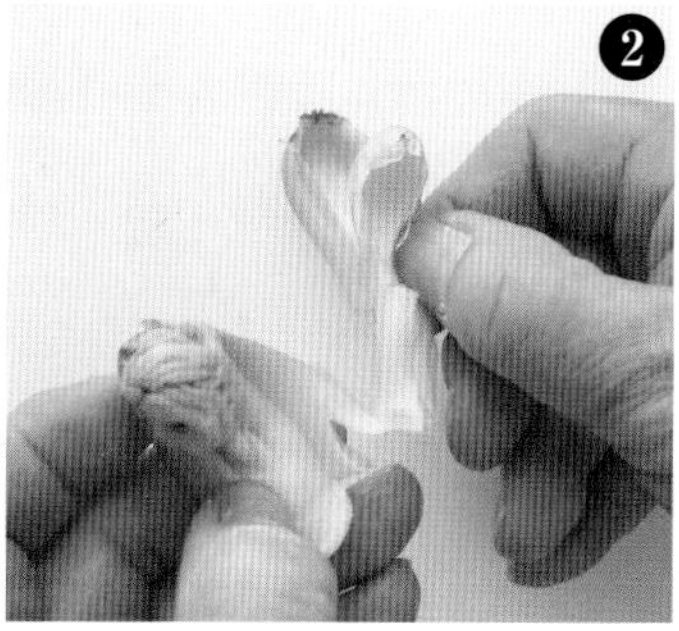

芽を覆っているガクをむき取る。芽をぬれ布巾で拭いて汚れを取る。

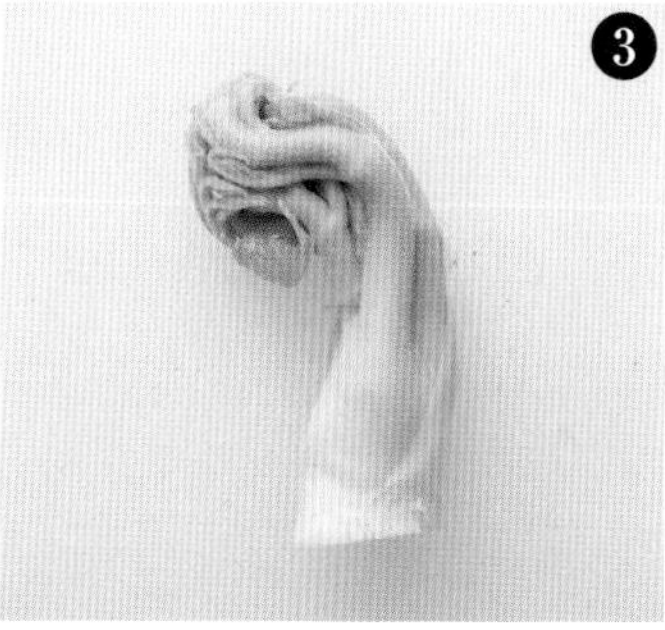

下ごしらえしたたらの芽。揚げ油を火にかけ、180℃に温める。

薄力粉をまぶし、箸でトントンとはたいて余分な粉を落とす。

✽ 芽の中のくぼみにころもが入りすぎると味わいが重くなるので、先端の粉は特によく払います。

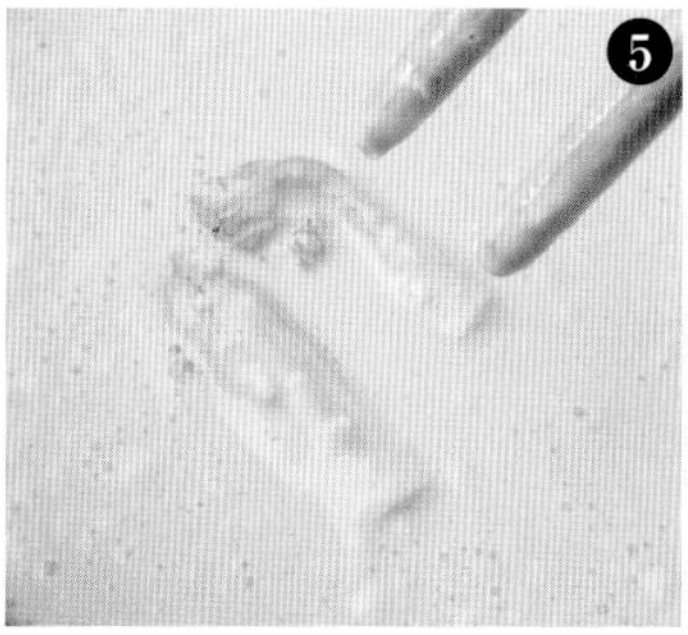

ころもにくぐらせる。

180℃に温めた揚げ油に入れ、あまりさわらないようにして20秒ほど揚げる。

✽ 細かい泡がいっせいに立ち、パチパチと高い音で油がはねます。

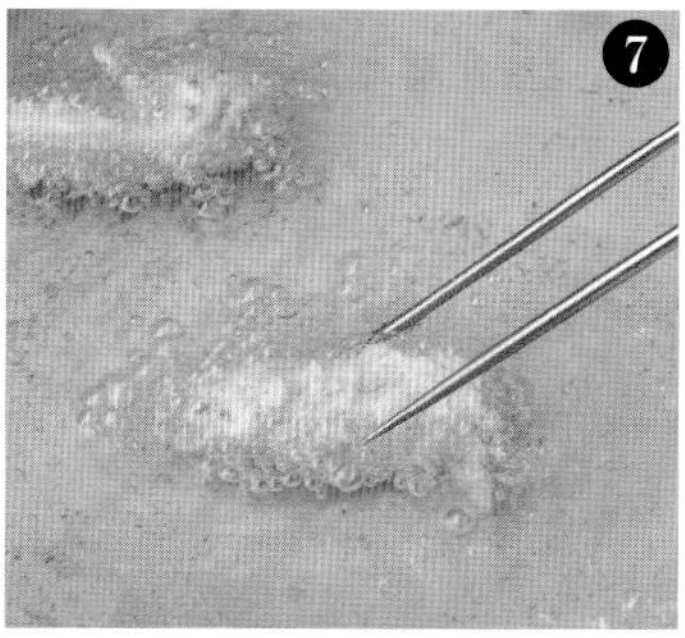

裏に返し、30秒ほど揚げる。

✽ 泡がやや少なくなり、油が静かになってきます。根元のほうが重いので沈みがちになりますが、気にせず揚げます。

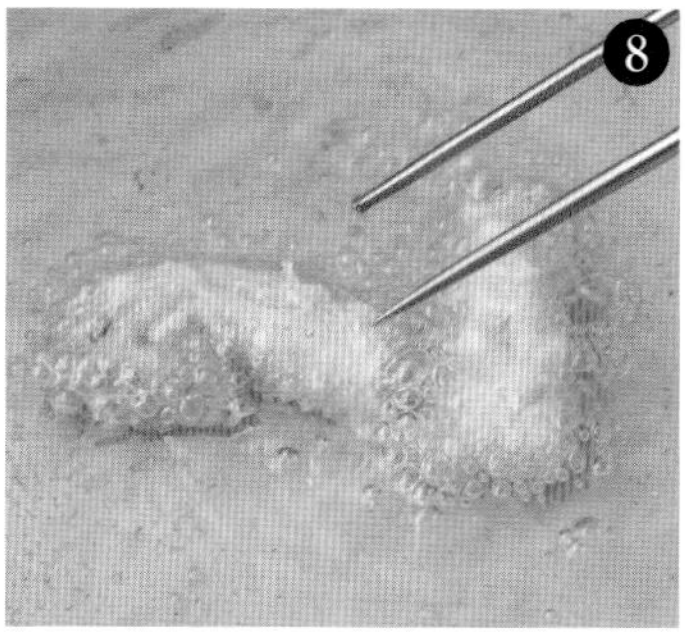

さらに1分ほど、3回くらい裏に返しながら火を入れる。

✽ 形がいびつなので、頻繁に返して均一に火が入るようにします。泡が少なくなり、油のはねる音が小さくなってくれば揚げ上がり間近です。

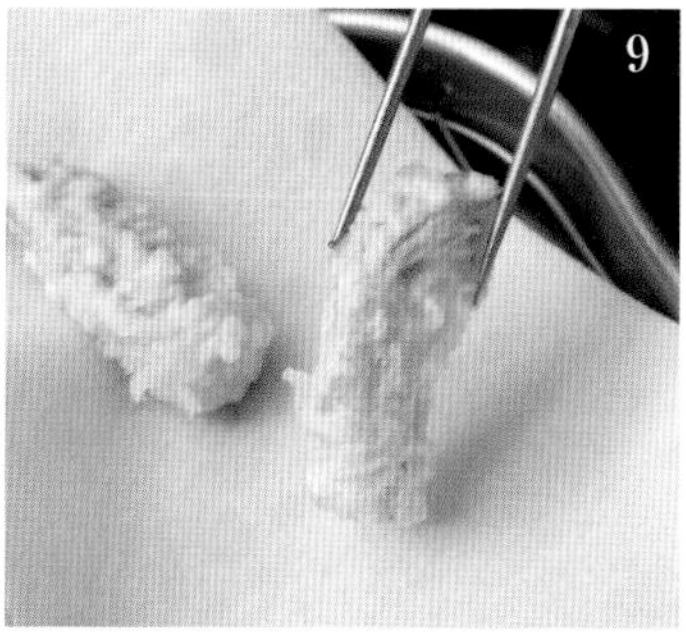

取り出して紙にのせ、油をきる。目指す揚げ上がりは、薄緑の芽吹きの色が透ける薄ごろも。手早く揚げて新芽の柔らかさを生かすように。

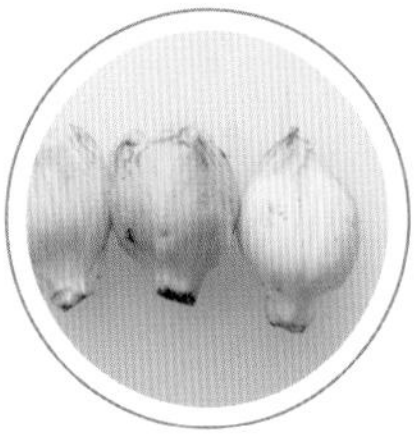

ほろ苦い春の味が魅力
ふきのとう

旬
初春

揚げ油
180℃でスタート
▼
170℃をキープ

揚げ時間
短い

山菜の中でもアクが強く、ほろ苦さが魅力のふきのとう。ガクが開いてくるとえぐみが強く硬くなるので、ガクの閉じたつぼみを使って、魅力を味わいます。ただ、そのまま揚げるとアクがこもり、黒ずんで苦みも強くなります。ガクを開いて、つぼみをむき出しにする下ごしらえを忘れずに。苦みが半分に減り、見た目もきれいです。雪国では、ふきのとうが雪の中から顔をのぞかせれば春の到来といわれます。残雪がうっすらかぶっているイメージで薄ごろもをつけ、1分以内で手早く揚げましょう。

材料

ふきのとう
ころも（→p.12～15。やや薄めに）
揚げ油
天つゆ（→p.76）、または塩

ガクが閉じた状態でぬれ布巾で拭いて、汚れを取り除く。軸を持ち、もう一方の手でガクを1枚ずつていねいに開く。

✽特に硬いガクがあれば、揚げてもおいしくないので取り除きます。

すべてを開いたら、ガクが元に戻らないように全体をしっかり押さえる。

下ごしらえしたふきのとう。揚げ油を火にかけ、180℃に温める。

開いたガクを持ち、つぼみを下に向けて直接ころもに沈める。

✽つぼみにころもがつきすぎないよう、薄力粉はまぶしません。箸では持ちにくく、ころもが均一につかないので、ガクを広げるように持って、さっと沈めましょう。

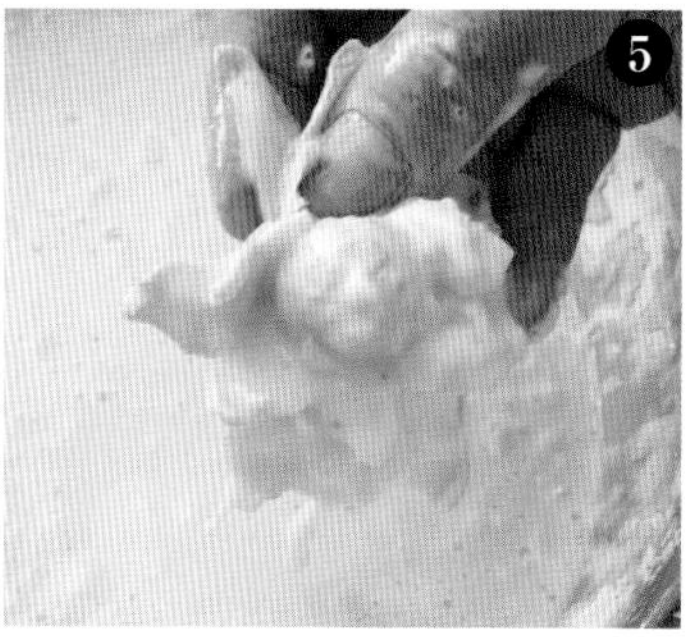

ころもをまぶした状態。

✽くぼみの多いつぼみにころもがつきすぎないように、余分なころもは落とします。

つぼみを下に向けたまま、180℃に温めた揚げ油に入れて20秒ほど揚げる。

✽最初につぼみを下にして揚げると、ガクがきれいに開いて形が安定します。ころもが薄いので細かい泡がいっせいに立ち、揚げかすがたくさん出るので除きましょう。

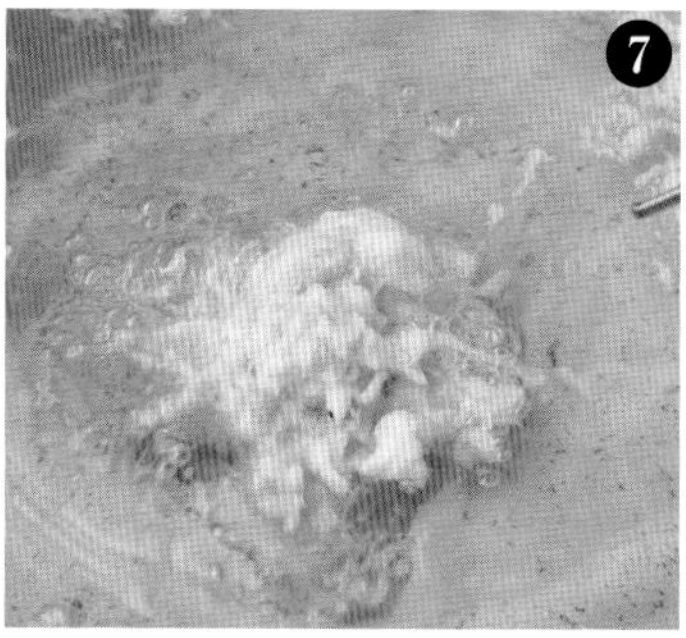

裏に返し、30秒ほど揚げる。

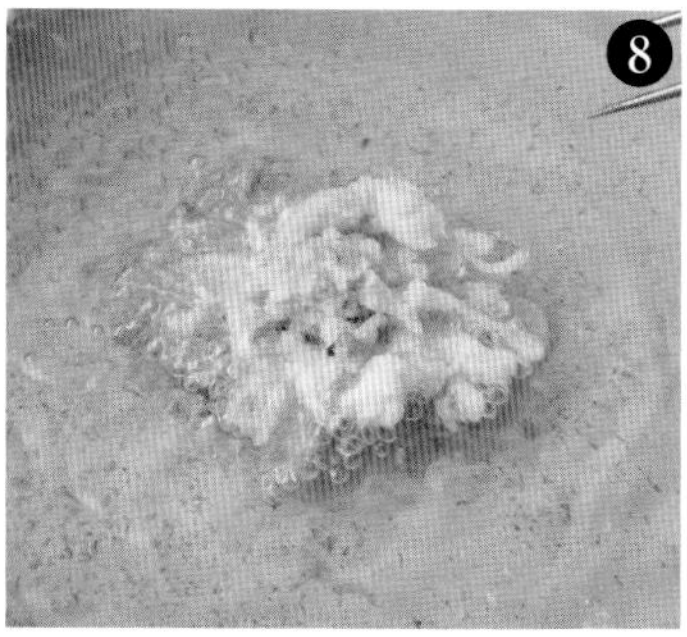

泡が少なくなり、油のはねる音が低くなれば揚げ上がり。取り出して紙にのせ、油をきる。

◎目指す揚げ上がり

薄ごろもでカリッとした仕上がり。雪がかぶったイメージで、あまり色づけないようにします。

大葉

パリッとした歯ざわりを楽しむ

旬
夏

揚げ油
180℃でスタート
▼
170℃をキープ

揚げ時間
短い

パリパリ、サクサクに揚がった葉がおいしい大葉。ころもは葉の裏側だけにつけて揚げるのがポイントです。薄い葉に対してころもが重くならないようにするため、そして何より、表の鮮やかな緑色を美しく見せるためです。ただ、両面とも油に触れさせないとパリッと揚がらないので、ころもをつけていない表の面も下にしてさっと揚げます。油に浮かせるようにふわりとのせて、両面で合計1分を目安に。軸を持つと、ころもをつけたり油に入れたりする作業が楽なので、軸はつけたままにしましょう。

材料

大葉
薄力粉
ころも（→p.12〜15）
揚げ油
天つゆ（→p.76）、または塩

ぬれ布巾で汚れやうぶ毛を取る。表は繊維に沿って拭き、裏面は布巾の上から人差し指でトントンと押さえる。揚げ油を火にかけ、180℃に温める。

軸をつまみ、葉の裏面でなでるようにして薄力粉をまぶす。

続けて、ころももなでるようにして裏面だけにつける。

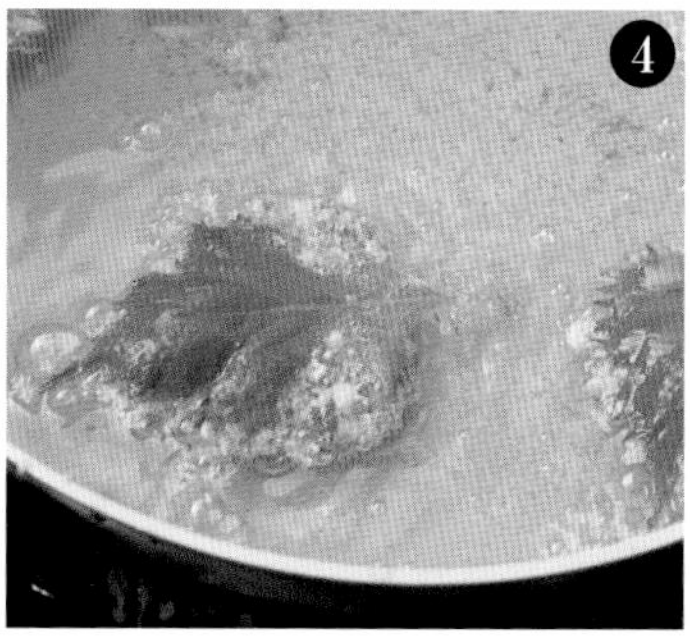

ころもを下にして、180℃に温めた揚げ油にふわりとのせる。静かに30秒ほど揚げて、ころもを固める。

❉ ころもが固まってくると、葉との間に空気が入り、膨らんできます。これを目安にします。

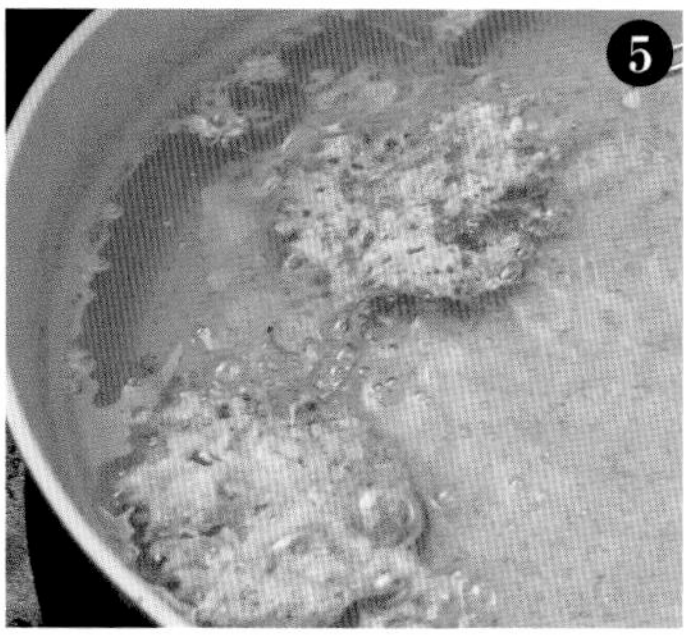

箸でポンとすくって裏に返し、15秒ほど揚げる。

❉ 箸で挟むと葉が崩れることがあるので、できるだけさわらないよう、すくい上げて返します。

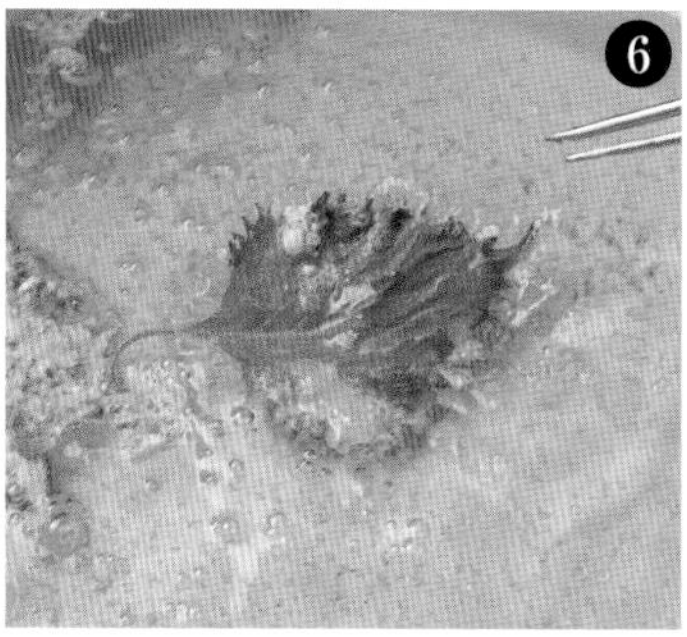

再び裏に返し、ころもを15秒ほど揚げる。

ころもから出る泡が少なくなり、はねる音が低くなれば揚げ上がり。取り出して紙にのせ、油をきる。

❉ 盛りつけはころもの面を下にして、鮮やかな緑を生かします。

◎目指す揚げ上がり

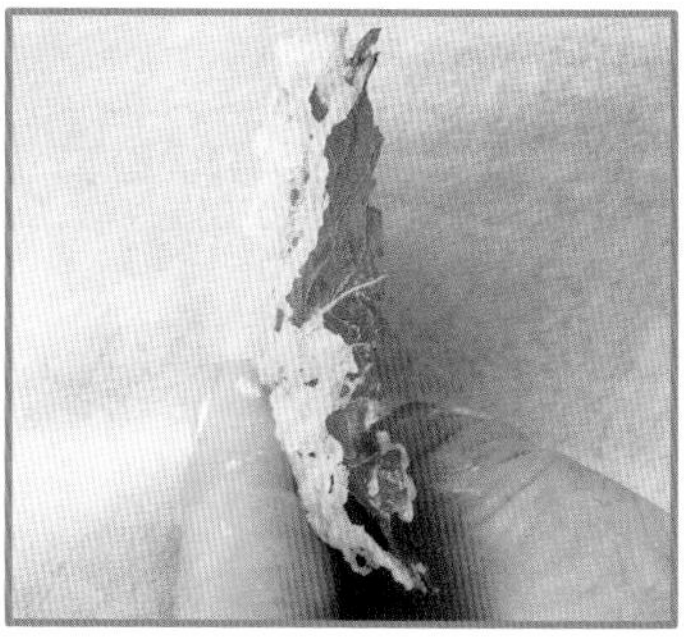

葉ところもの間にすき間ができていること。この空間があることで、葉がパリッと揚がります。

緑と白のコントラストが美しい

三つ葉

旬
夏

揚げ油
180℃でスタート
▼
170℃をキープ

揚げ時間
短い

結び揚げにする三つ葉は、軸が柔らかく、香りの豊かな「切り三つ葉」が向いています。軸が太くて繊維が硬い「根三つ葉」や、切り三つ葉以上に細い「糸三つ葉」は結んで揚げる調理には向かないので、2㎝ほどに刻んでかき揚げに利用してください。三つ葉を美しくおいしい天ぷらにするために、ころもをつけるのは軸だけ。葉は素揚げにして香りを立たせ、白と緑のコントラストを生かします。3～4本を束ねて軸を片結びにすれば揚げやすく、形も美しくまとまります。

材料

三つ葉（切り三つ葉）
薄力粉
ころも（→p.12～15）
揚げ油
天つゆ（→p.76）、または塩

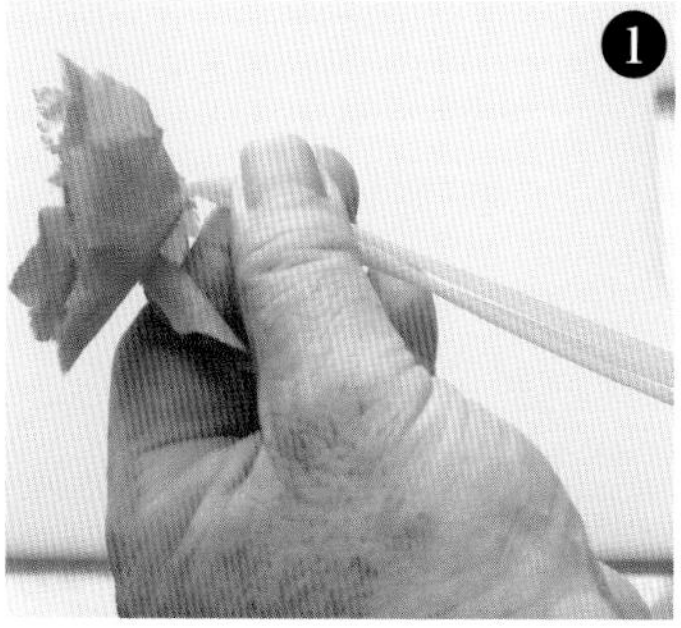

3～4本を束にして、葉のつけ根を左手の指で挟む。挟んだところから軸の端まで、右手の指で挟んでつぶしていく。

❖ プチップチッと音が出るまでつぶします。軸がしなやかになり、結ぶ時に折れません。

そのまま、軸を左手親指にぐるりと巻きつけ（葉のつけ根の外側に巻く）、輪を作る。左手人差し指の腹に触れるところを輪の中に押し込む。

輪の反対側から右手の指で軸を引き出し、左手は結び目を葉のつけ根方向に引っ張って結び目を締める。軸の端を切り落として長さを揃える。

❖ 結び目が左右の中心にくるように整えます。

下ごしらえした三つ葉。揚げ油を火にかけ、180℃に温める。

軸の部分だけ、薄力粉をまぶす。

❖ 箸を使うより、手で軸を持ったほうがきれいにまぶせます。

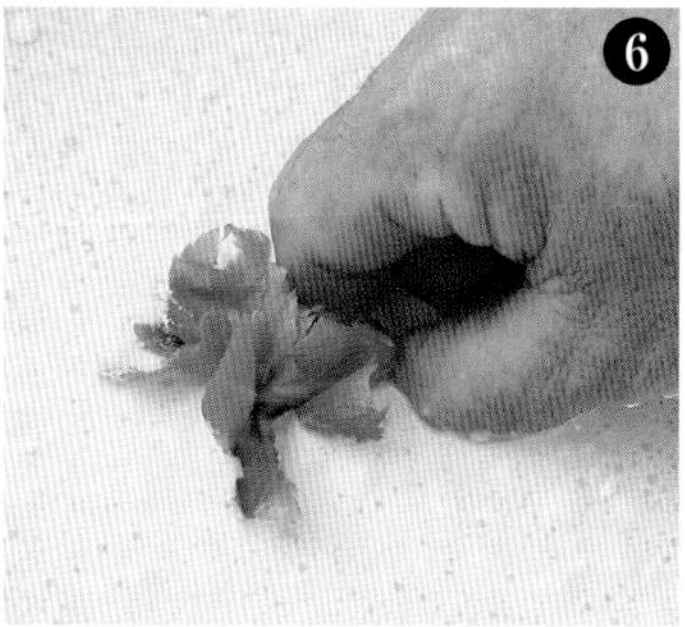

ころもも同様に、軸だけにつける。

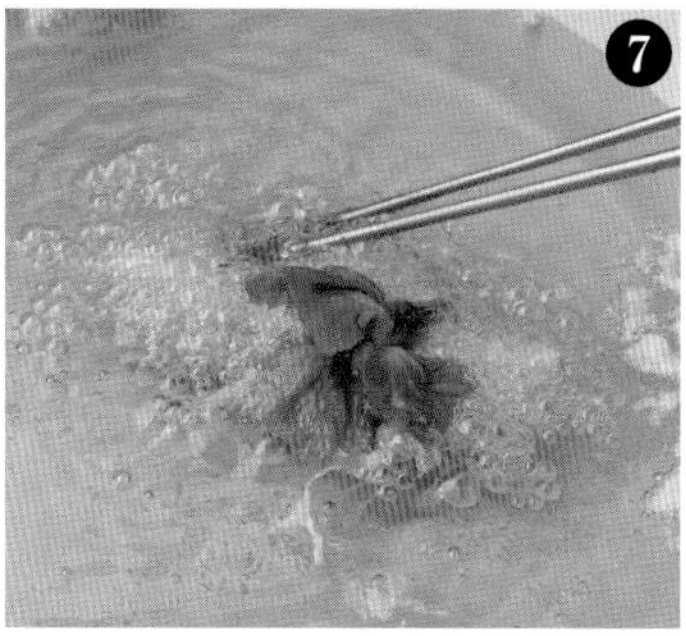

軸を下にしたまま、180℃に温めた揚げ油にふわりとのせる。静かに30秒ほど揚げて、ころもを固める。

箸でポンとすくって裏に返す。15秒ほど揚げる。

❖ 葉が崩れないよう、箸で挟まずに下からすくって返します。

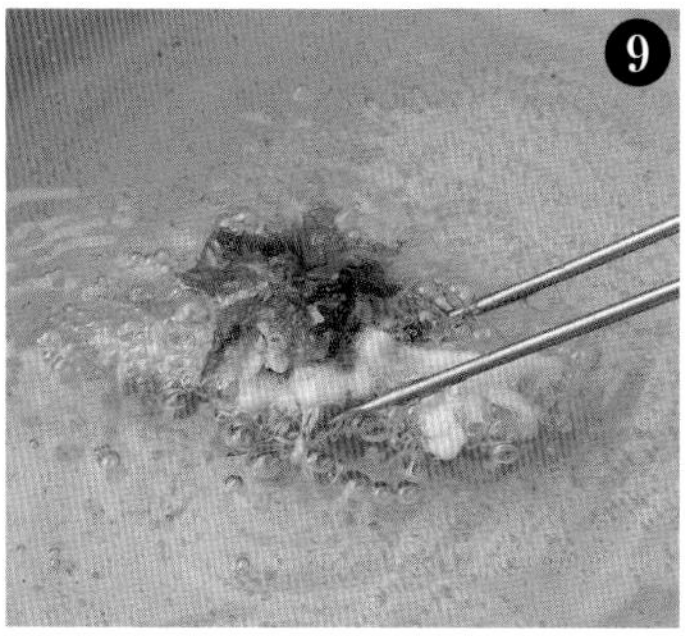

再び裏に返し、30秒近く揚げる。ころもから出る泡が少なくなり、はねる音が小さくなれば揚げ上がり。取り出して紙にのせ、油をきる。目指す揚げ上がりは、素揚げの葉が軽やかにパリッと揚がっていること。

爽やかな香りをいただく
みょうが

旬
初夏

揚げ油
180℃でスタート
▼
170℃をキープ

揚げ時間
短い

みょうがは鮮やかな赤色と爽やかな香り、そしてシャキッとした食感を生かすように揚げます。内側に必要以上に水分を残すと舌ざわりがグチャッとするので、裏返しながら充分に水分を逃がして、軽やかに仕上げましょう。

みょうがは、玉ねぎのように鱗片が層になって重なっています。ころもが中にしみ込むと油っぽくなるので、ころもをつける時も、揚げ始めも、半分に切った断面を下に向けてころもが層の中に入らないようにしましょう。

材料

みょうが
薄力粉
ころも（→p.12～15）
揚げ油
天つゆ（→p.76）、または塩

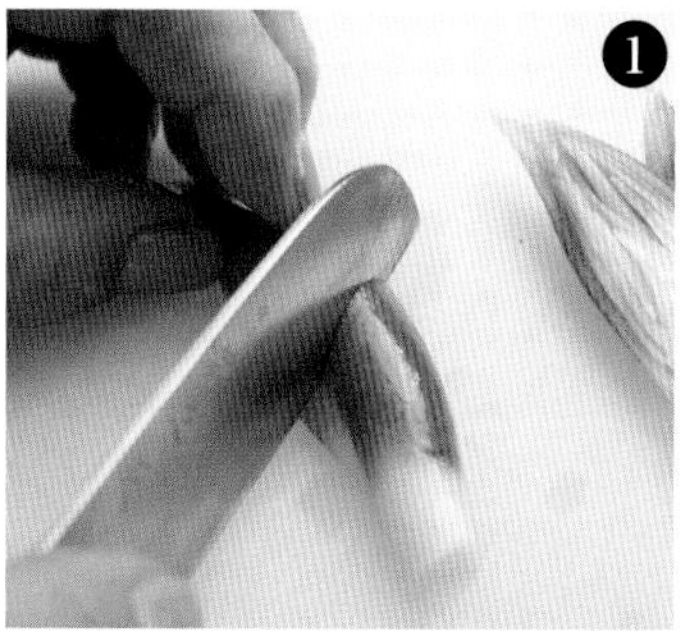

土などの汚れをぬれ布巾で拭き、軸の端を切り落とす。縦半分に切り、表の面に斜めに1本、半分ほどの深さに切り目を入れる。

✽ 繊維を断つので噛みやすく、また火も入りやすくなってカリッと揚がります。

下ごしらえしたみょうが。揚げ油を火にかけ、180℃に温める。

薄力粉をまぶし、断面を下に向けて箸でトントンとはたいて余分な粉を落とす。

✽ 薄力粉が層の中に入らないように、断面を下に向けてはたきます。

ころもにくぐらせる。

✽ ここでも、層の中にころもが必要以上にしみないよう、断面を下に向けて入れます。

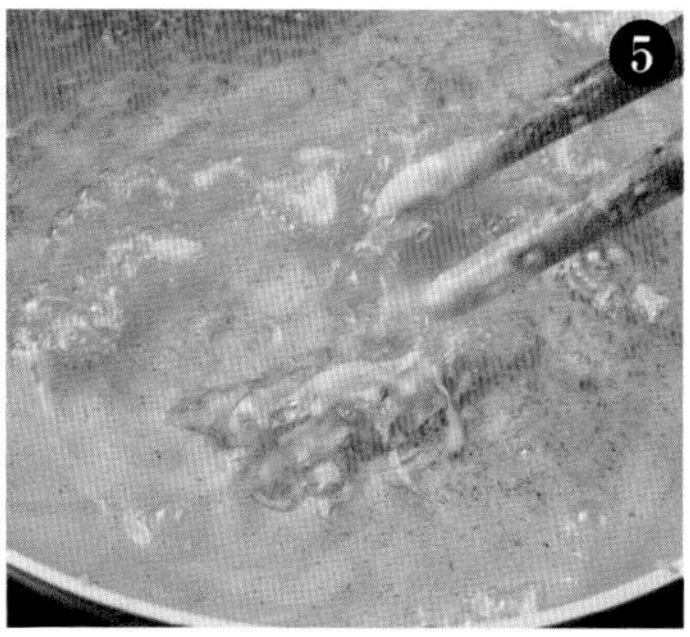

断面を下に向けたまま180℃に温めた揚げ油に入れ、1分ほど揚げる。

✽ 店では、みょうがを遠くから飛ばして油に投げ入れることで、余分なころもを落としているんですよ。ただ、油がはねやすいので、家庭ではよくふり落として油へ入れてください。

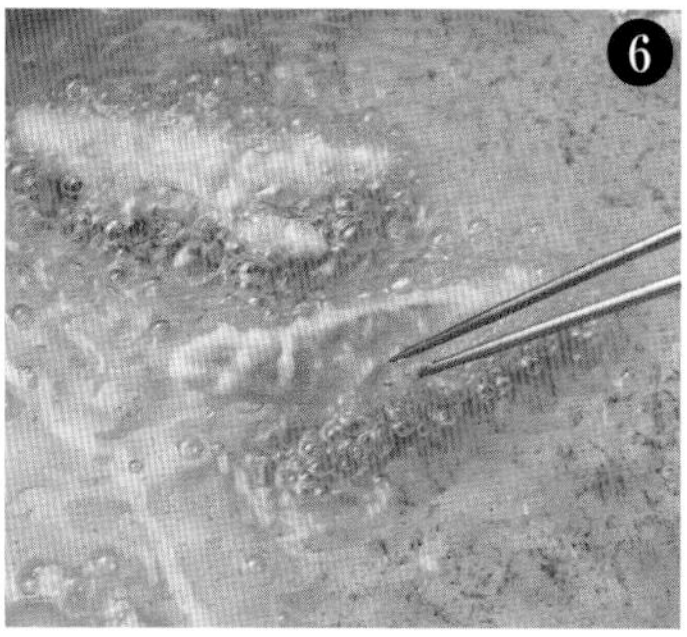

箸でポンとすくって裏に返す。

✽ 層が崩れないよう、箸で挟まずにすくい上げて返します。

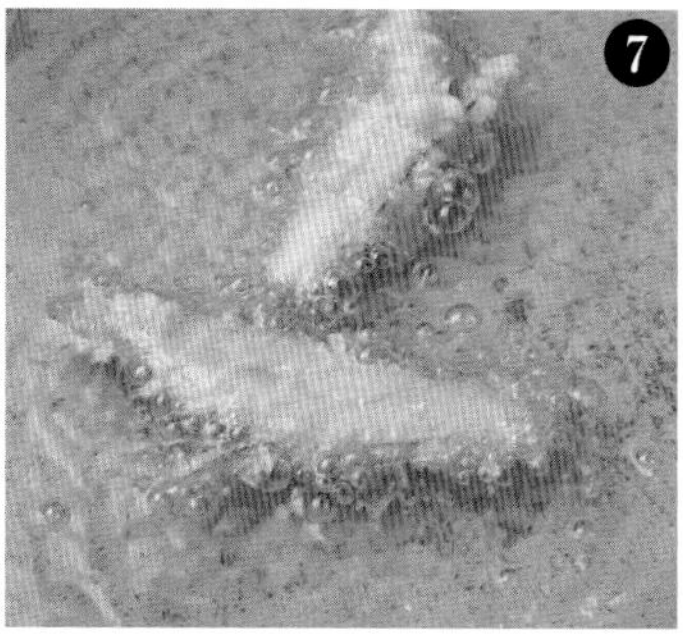

さらに1分ほど、3回くらい裏に返しながら両面を均一に揚げる。

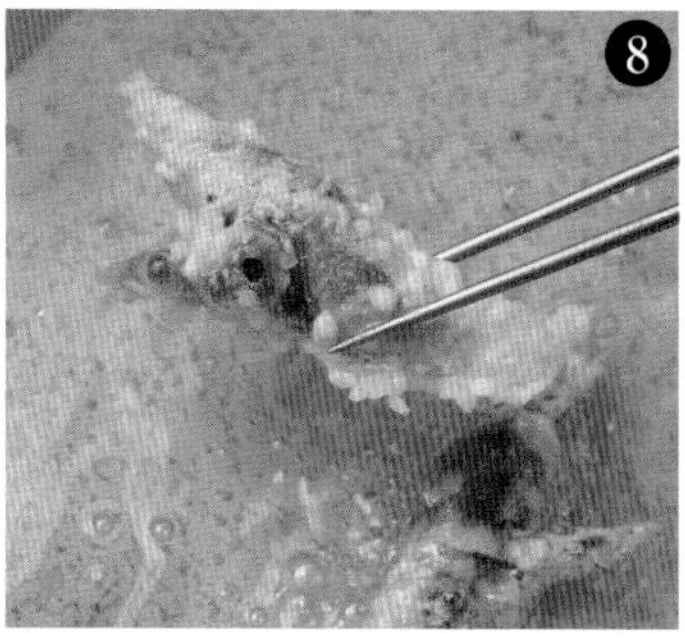

ころもから出る泡が少なくなり、はねる音が小さくなれば揚げ上がり。取り出して紙にのせ、油をきる。

◎目指す揚げ上がり

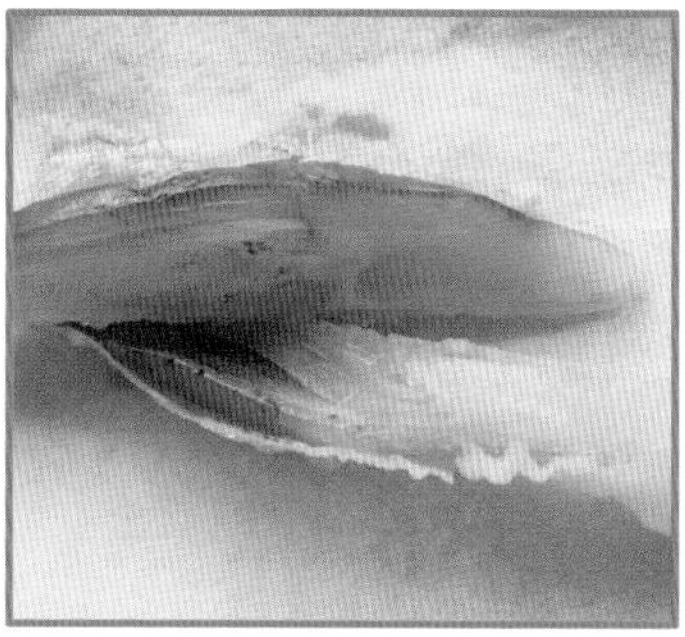

表の赤色がころもからうっすらと透けて見えること。芯まで火が入っていながら、シャキシャキとした歯切れのよさと香りが際立っています。

夏の新ものならではの味

葉しょうが

旬

夏

揚げ油

180℃でスタート
▼
170℃をキープ

揚げ時間

短い

辛みの強いしょうがも、天ぷらにすれば辛みがおだやかになり、香りも立っておいしく食べられます。新しょうがも天ぷら向きですが、ここでは夏ならではの葉しょうがを。１本の量がひと口サイズと手頃で、長い軸をつけたままにすれば、手で持って油に入れたり裏に返したりと作業が楽です。

食べる根の部分は表面がいびつなので、ころもをつけてなだらかにしてから、薄力粉と２度目のころもをつけます。手早く揚げ、みずみずしさを生かしましょう。

材料

葉しょうが（谷《や》中《なか》しょうが）
薄力粉
ころも（→p.12～15）
揚げ油
天つゆ（→p.76）、または塩

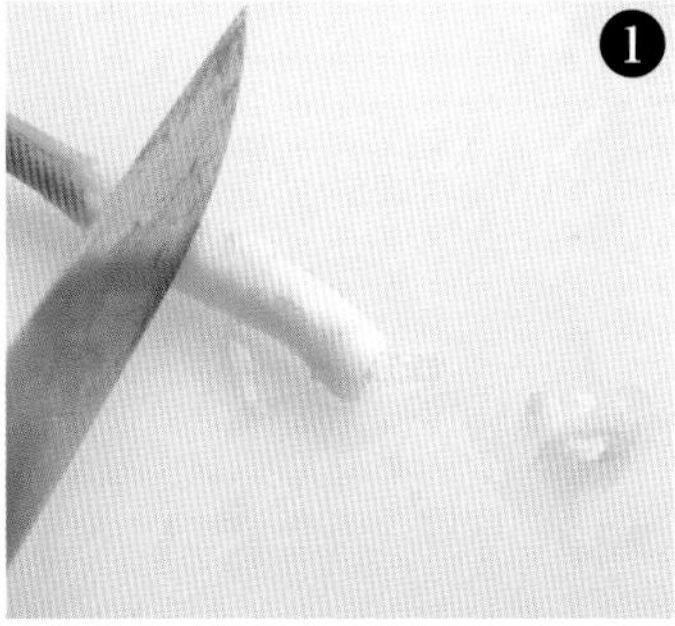

包丁で皮をなでるようにして薄くそいだのち、根の先端を5mmほど切り落とす。

✽ 皮が硬い場合は、包丁の刃でむいてください。数本分を扱う時は、赤いところを揃えて一緒に端を切り落とすと長さが揃って揚げやすいです。

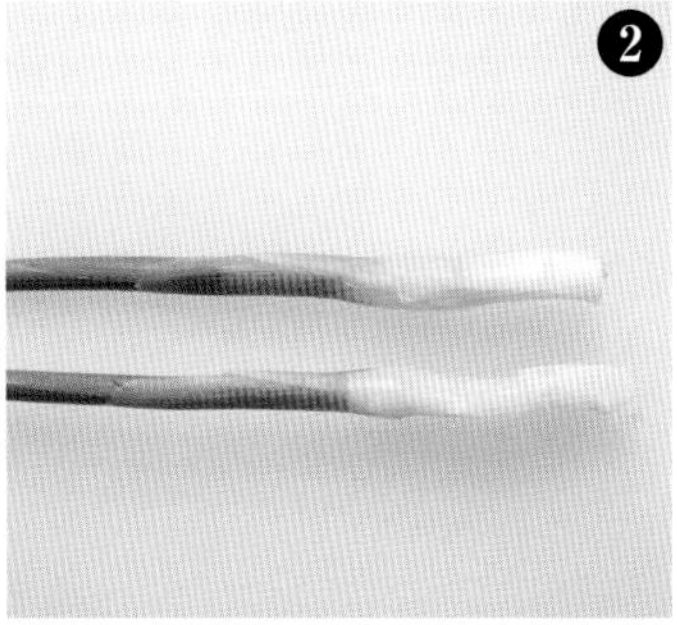

下ごしらえをした葉しょうが。揚げ油を火にかけ、180℃に温める。

軸を持ち、最初にころもにくぐらせる。

✽ 葉しょうがは表面がいびつでころもが均一につきません。最初にころもをつけて表面に丸みをもたせます。

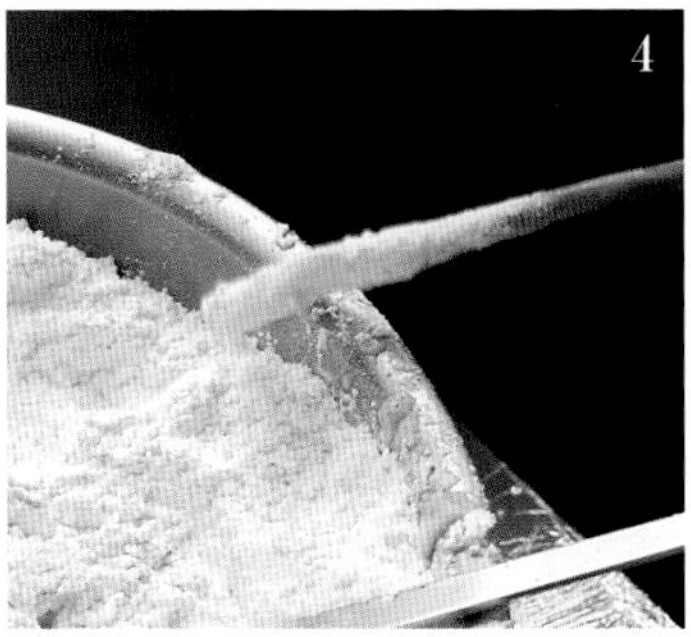

薄力粉をまぶす。

もう一度、ころもにくぐらせる。

✽ 2度づけすることで、ころもがふっくらと丸くつきます。

180℃に温めた揚げ油に入れる。あまりさわらないようにして30秒ほど揚げる。

軸を持って裏に返す。30秒ほど揚げたら再び裏に返す。

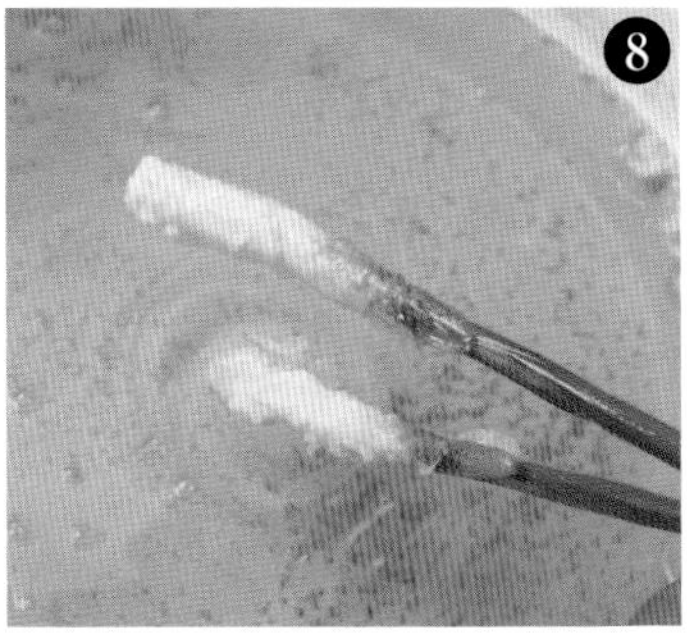

ころもから出る泡が少なくなり、はねる音が小さくなれば揚げ上がり。取り出して紙にのせ、油をきる。

✽ 軸は短く切り落として盛りつけましょう。

◎目指す揚げ上がり

ころもは濃く色づけず、また軸の根元の赤みがうっすらと透けて見える厚さがベスト。斜めに切って盛れば、香りが立ってより食欲をそそります。切り口から水分がしずくとなって出るのもよい揚げ上がり。

旨みのジュースが口いっぱいに広がる
しいたけ

旬
秋

揚げ油
180℃でスタート
▼
170℃をキープ

揚げ時間
長い

店で使うのは原木栽培のしいたけ。菌臭さが少なく、肉厚で、油を吸いすぎたり縮んでへたったりすることがないので天ぷらに最適です。一般に多く出回る菌床栽培のものでも、傘に厚みがあり、開きすぎていないものを選んでください。

コツは、1個丸ごとで揚げること。切ると香りが抜けやすく、旨みを含んだジュースも逃げてしまいます。十字の飾り包丁も入れてはいけませんよ。ひだの中に香りの成分があり、水分も多いので、ひだを下にして揚げる時間を長くし、香りを開かせ、余分な水分をとばします。

材料

しいたけ
薄力粉
ころも（→p.12〜15）
揚げ油
天つゆ（→p.76）、または塩

■ペーパータオル

しいたけを持ち、ペティナイフの刃先を軸のつけ根に当てる。しいたけをぐるぐると回して軸を取り除く。

❖ この方法ならひだを傷つけず、軸のつけ根ぎりぎりのところで切れます。

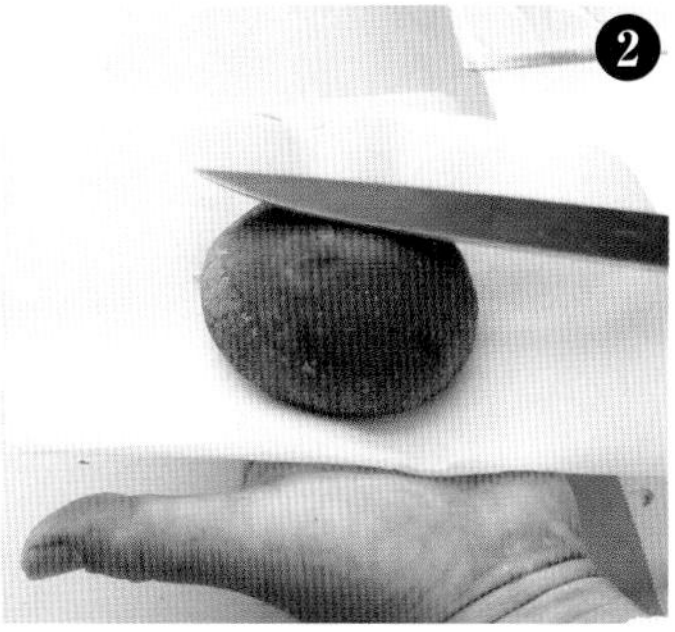

傘のひだを下にしてペーパータオルにのせ、上から包丁の腹でトントンと叩いてひだの中のゴミを落とす。

下ごしらえしたしいたけ。揚げ油を火にかけ、180℃に温める。

傘の両面に薄力粉をまぶし、傘の上から箸でトントンとはたいてひだの中の余分な粉を落とす。

❖ ひだの奥まで粉が入らないように。写真のように表面に薄くまぶします。

ひだを下にしたまま、ころもに沈めて引き上げ、そのまま180℃に温めた揚げ油に入れる。あまりさわらないようにして1分ほど揚げる。

❖ 細かい泡がいっせいに立ち、パチパチと高い音で油がはねます。

箸でポンとすくって裏に返す。30秒ほど揚げて、傘の表側のころもを固める。

❖ 裏に返す時は、箸でつかみません。下からすくい上げると、ころもがはがれません。

ひだが下になった状態を長めにしながら、数回裏に返し、4〜5分揚げる。

❖ ひだが下向きの時は、ひだの奥まで油が入りませんが、上向きにするとくぼみに油がたまり、中心まで火が通りやすくなります。頻繁に返すことで均一に油を回します。

ころもから出る泡が少なくなり、はねる音が小さくなれば揚げ上がり。取り出して紙にのせ、油をきる。

◎目指す揚げ上がり

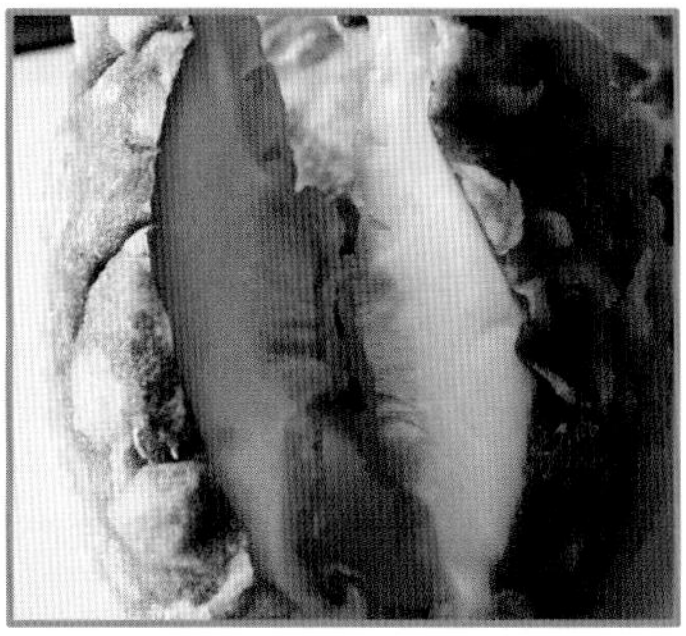

切り分けると、切り口がみずみずしく潤い、閉じ込められていた香りが一気に開きます。

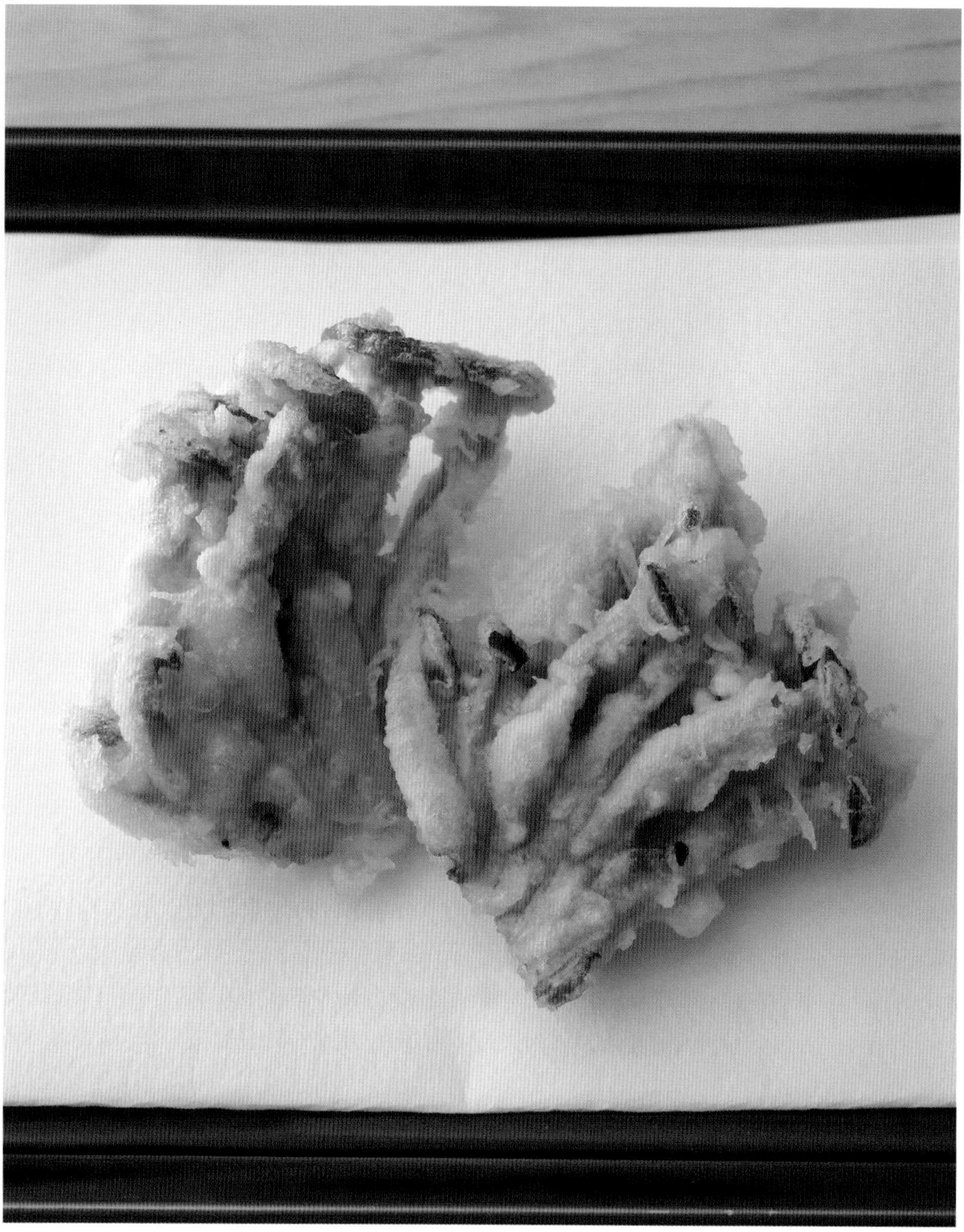

しめじ

姿もかわいい旨み豊かなきのこ

旬
秋

揚げ油
180℃でスタート
▼
170℃をキープ

揚げ時間
短い

せんぼんしめじやぶなしめじは、8本くらいのかたまりが揚げやすく、おいしさの上でもちょうどよい大きさです。円柱のようなかたまりだと中心まで火が通りにくいので、平たい形にばらすのがポイント。包丁ではバラバラになりやすいので、根元だけに切り目を入れて、そこから手で裂きます。

細い軸の集まりで、それだけ表面積が大きく、水分が抜けやすいので、揚げ上がりが硬くなりがちです。頻繁に返しながらほどよい水分を保ちましょう。

材料

しめじ*
薄力粉
ころも（→p.12～15）
揚げ油
天つゆ（→p.76）、または塩

■ペーパータオル

* 店では自生のほんしめじを使うが、家庭なら一般に出回る写真のせんぼんしめじや、ぶなしめじを。

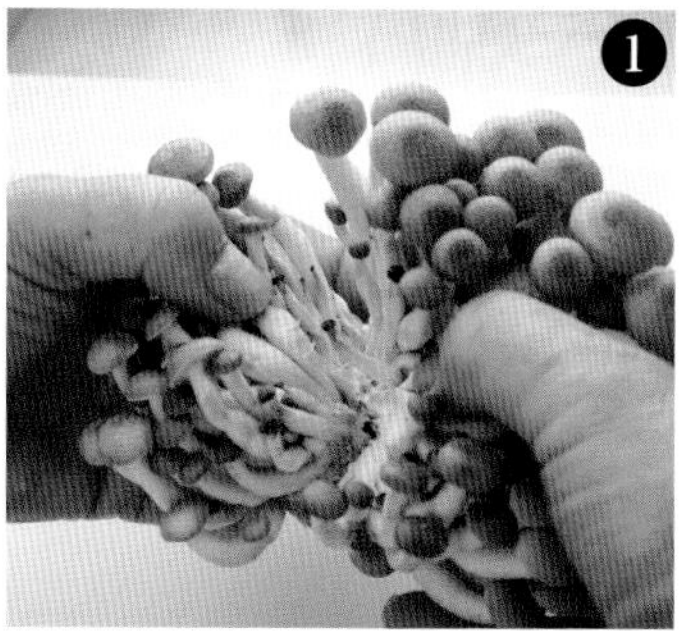

しめじのかたまりを手でふたつに割る。それぞれ、ばらけないぎりぎりのところで、石づきを切り落とす。

✽まな板にペーパータオルを敷いて作業すると、まな板が汚れずにすみます。

包丁で根元に切り目を入れ、そこから手で裂いてふたつに分ける。この工程をくり返して、8本前後の平たいかたまりにする。石づきが残っていたら、切り落とす。

下ごしらえしたしめじ。揚げ油を火にかけ、180℃に温める。

全体に薄力粉をまぶし、箸でトントンとはたいて余分な粉を落とす。

ころもにくぐらせ、傘を下に向けて余分なころもを垂らしてきる。

✽軸と軸のすき間に入ったころもを落とします。

180℃に温めた揚げ油に入れ、下の面のころもが固まるまで、15秒ほど揚げる。

✽きのこは水分が多いので、細かい泡がいっせいに立ち、パチパチと高い音で油がはねます。

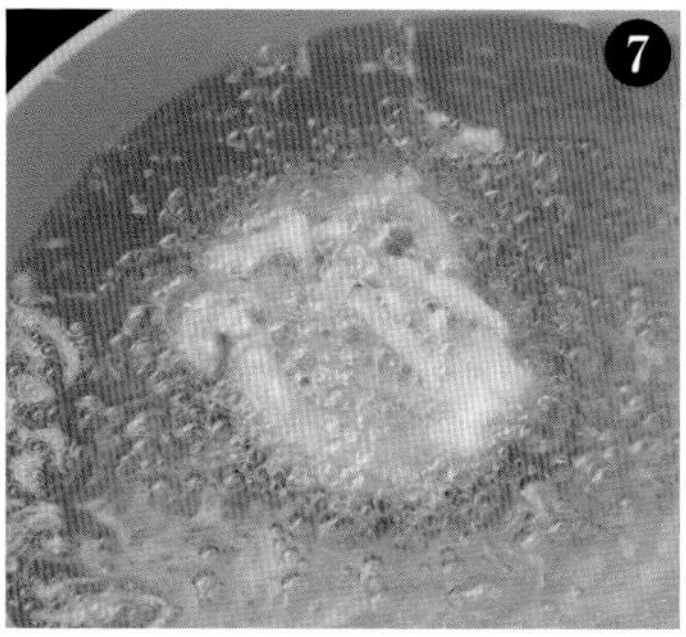

箸でポンとすくって裏に返し、30秒ほど揚げる。

✽しめじは揚げている間に上面のころもがすき間を通って下にたまりやすいので、早めに裏に返します。油のはねる音が小さくなった時が、返すタイミングです。

再び裏に返し、あとは15秒間隔で頻繁に返しながら2分ほど揚げる。泡が大きくなり、はねる音が小さくなってくる。

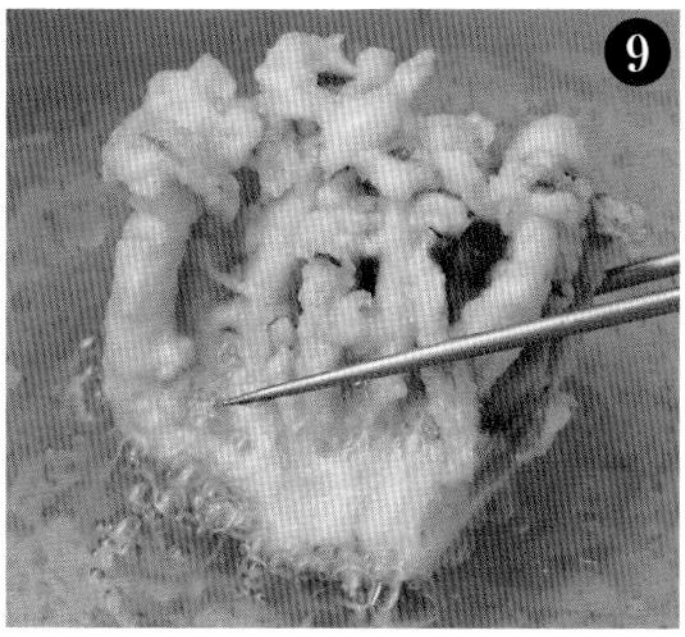

取り出して紙にのせ、油をきる。目指す揚げ上がりは、ころもでひとかたまりにならず、軸の1本1本がきれいに立っていること。

✽切ったり裂いたりすると水分が抜けるので、かたまりのまま盛ります。

まいたけ

香りと水分を閉じ込める

旬

秋

揚げ油

180℃でスタート

▼

170℃をキープ

揚げ時間

短い

きのこの中でも乾燥しやすいまいたけ。できるだけ収穫してから時間のたっていない、傘に水分が潤っているものを選ぶように心がけましょう。しめじと同じように、平たい板状にバラして火を通しやすくしますが、薄くしすぎるとまいたけの持ち味の香りがとびやすいので、頃合いの厚さに。また、傘と傘の間のすき間が多く、ころもがたまりやすいので、少し薄めの濃度にして厚くならないようにし、まいたけのみずみずしさを生かすようにしましょう。

材料

まいたけ*

薄力粉

ころも（→p.12～15。やや薄めに）

揚げ油

天つゆ（→p.76）、または塩

* 栽培のまいたけはそのまま使うが、天然ものは汚れが多いので、乾いた刷毛で払って落とす。

根元に包丁で切り目を入れ、そこから手で裂いてふたつに分ける。これをくり返して、薄い板状の扇形にする。最後に石づきを包丁で切る。

✽ 手で自然な形に裂いたほうがばらけず、水分や香りもとびにくくなります。

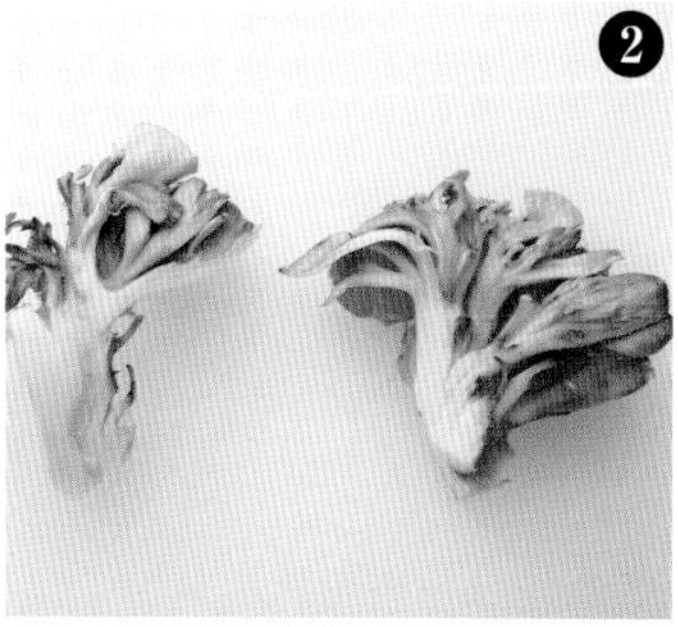

下ごしらえしたまいたけ。揚げ油を火にかけ、180℃に温める。

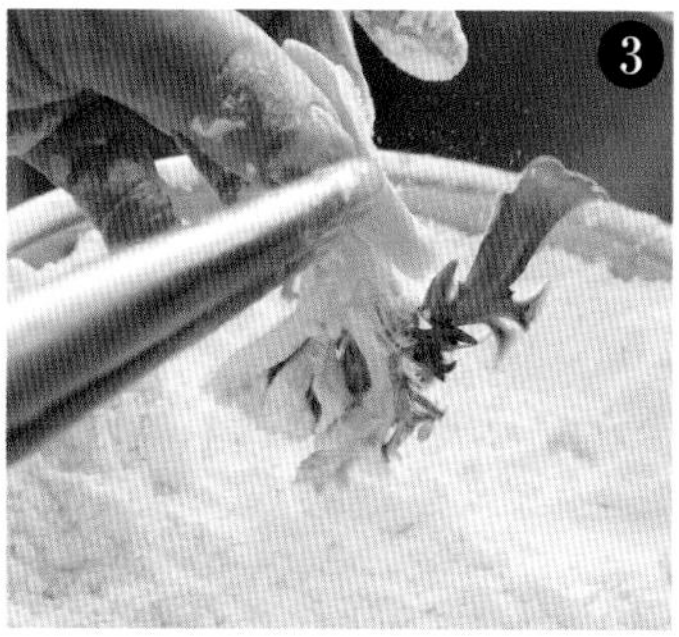

全体に薄力粉をまぶし、箸でトントンとはたいて余分な粉を落とす。

ころもにくぐらせ、余分なころもを垂らしてきる。

✽ ころもがぼってりと厚くならないようにします。

180℃に温めた揚げ油に入れ、20秒ほど揚げて下の面のころもを固める。

✽ 細かい泡がいっせいに立ち、パチパチと高い音で油がはねます。

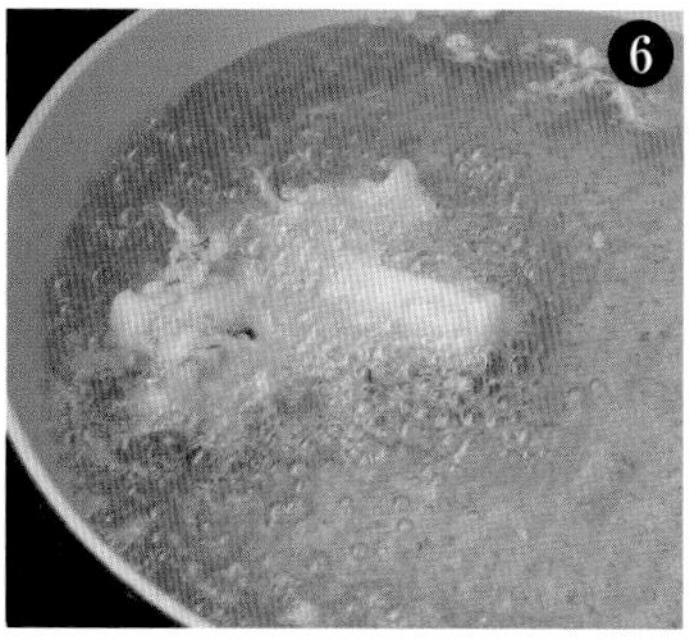

箸でポンとすくって裏に返し、さらに30秒ほど揚げる。

✽ まいたけは揚げている間に、上面のころもがすき間を通って下にたまりやすいので、早めに裏に返します。油のはねる音が小さくなった時が、返すタイミングです。

再び裏に返し、あとは15秒間隔で頻繁に返しながら揚げる。2分ほどたって泡が大きくなり、はねる音が小さくなれば揚げ上がり。

傘を下にして取り出し、紙にのせて油をきる。

✽ まいたけは揚げすぎると硬くなります。引き上げるタイミングを見逃さないように。また、切ったり裂いたりすると水分が抜けるので、かたまりのまま盛ります。

◎目指す揚げ上がり

ころもは薄く、身の内側には水分が充分に残ってみずみずしく、香りにあふれていること。

1本丸ごと揚げた贅の極み
まつたけ

旬
秋

揚げ油
180℃でスタート
▼
170℃をキープ

揚げ時間
短い

とびきりおいしいまつたけの天ぷらをお出ししたい、と思って考えた料理です。

まつたけの〝おいしさの本性〟は、香りと歯ごたえにあります。それには、全体の70%を占める水分をいかに生かすかがポイントで、火が通りやすいように切り目を入れ、出合いもののすだちを挟んで、1本丸ごと揚げます。まつたけの歯ごたえが損なわれないよう、くれぐれも揚げすぎないように。食べやすくてふわっと香り立つ、新しいまつたけの魅力を存分に味わってください。

材料

まつたけ
すだち
薄力粉
ころも（→p.12～15）
揚げ油
わさび
塩、または天つゆ（→p.76）

■ペーパータオル

まつたけは形がよく、軸がしっかりとしているものを選ぶ。虫は軸につくので、軸がスカスカしていたら虫食いの可能性が高い。また天ぷらには、傘があまり開いていないつぼみのほうが、すだちを挟みやすいので向いている。

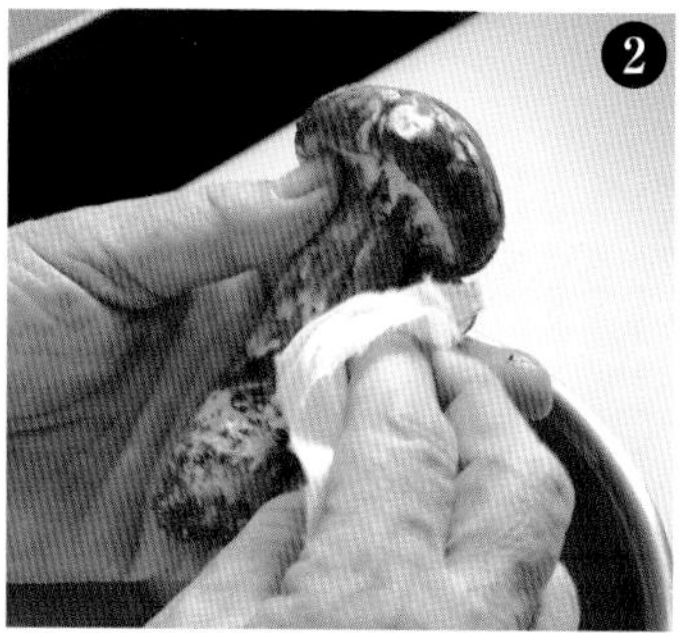

ペーパータオルを水でぬらし、まつたけの表面や軸の汚れをやさしく、なでるように拭き取る。

✽まつたけをはじめ、きのこ類は水で洗ってはいけません。ぬれペーパーなどで拭き取ってください。

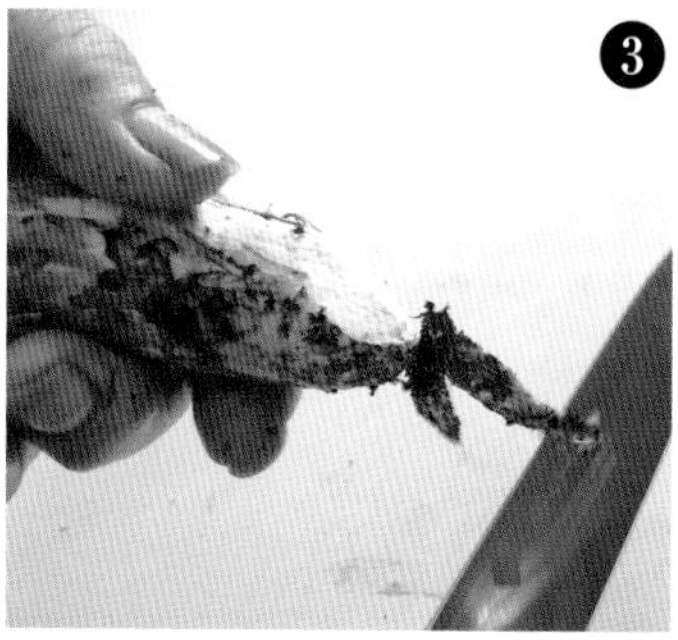

根元の硬い部分を、鉛筆を削るような要領で、包丁で削る。すだちを約3mm幅の輪切りにする。

✽すだちは揚げても風味が変わらず、香りのアクセントになります。揚げたまつたけに果汁を搾るより、ずっとおいしいです。

まつたけの傘の中央に、少し軸にもかかるように縦に切り目を入れる。切り目にすだちの輪切りを1枚挟む。揚げ油を火にかけ、180℃に温める。

✽まつたけの中心線をイメージしながら切り目を入れましょう。

薄力粉をまぶし、箸でトントンとはたいて余分な粉を落とす。続けてころもにくぐらせる。

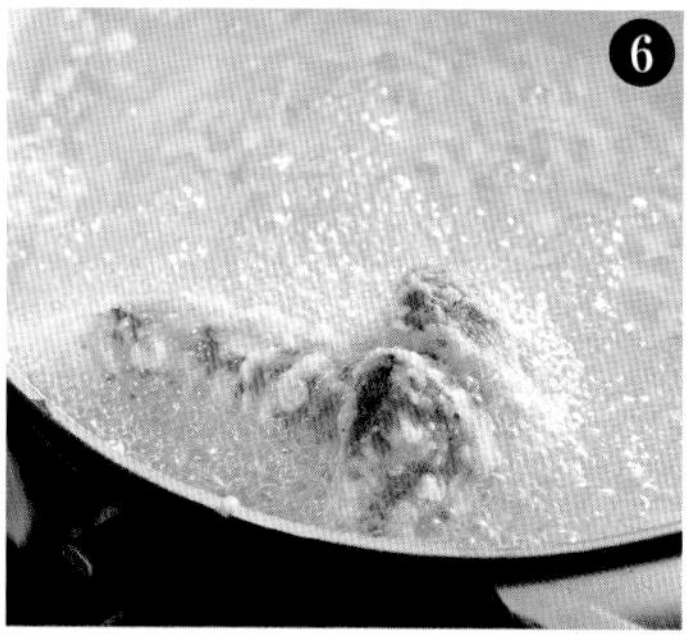

180℃に温めた揚げ油に入れ、30秒ほど揚げる。

✽まつたけは1本丸ごと揚げますが、切り目からちょうどよく火が入ります。油に入れてすぐは、周りからたくさん泡が出ています。

裏に返し、30秒ぐらいの間隔で2～3回裏に返しながら揚げる。

✽泡は次第に少なくなり、油がはねる音も小さくなってきます。

2分弱で揚げ上がり。取り出して紙にのせ、油をきる。傘のほうから食べるのがおすすめ。

◎目指す揚げ上がり

軸の真ん中が半生で、水分が滴っていて、しかも持ち上がっている状態が理想です。火が入りすぎると軸が持ち上がらず、歯ごたえも損なわれています。

ころもをつけず、シンプルに素材を引き出す

ぎんなん

旬

晩夏〜秋

揚げ油

175℃でスタート

▼

170℃をキープ

揚げ時間

短い

8月下旬頃の、まだ緑色のぎんなんで作りたい天ぷらです。天ぷらといっても、ころもはつけません。ころもで膜を作るとぎんなん独特のくさみが残るからで、素揚げにすることでそれがとんで、ぎんなんの香りが際立ちます。また山菜と同じように、油で揚げることでえぐみが鎮まって、おいしさが引き立ちます。「ころもをつけなくても天ぷらですか？」と思われるかもしれませんが、天ぷらを「揚げることで素材の本性を引き出す料理」と定義づけると、必ずしもころもをつける必要はない、という考えに至りました。

材料

ぎんなん

揚げ油

塩、または天つゆ（→p.76）

ここでは、8月下旬頃の緑色のぎんなんを使う。秋深まった黄色みの強いものでもおいしくできるが、美しい翡翠色が出るのはこの時季ならでは。

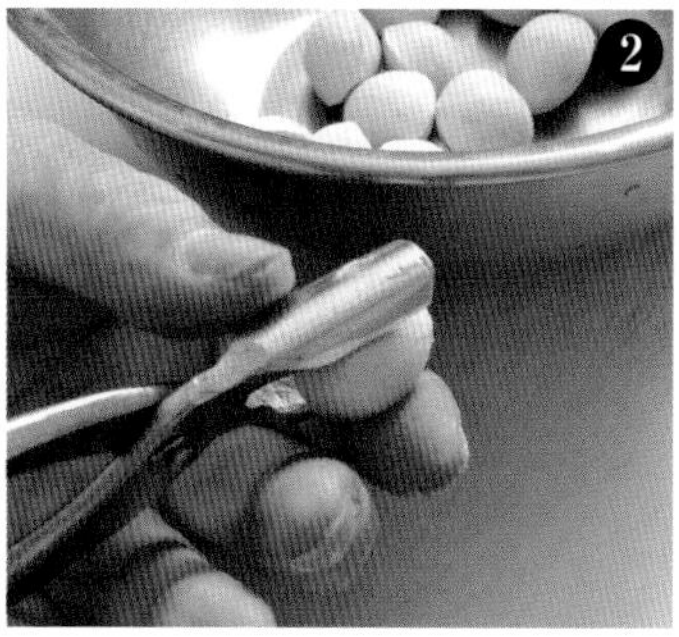

ぎんなんの筋を縦にして殻割りにのせ、割れ目を入れる。

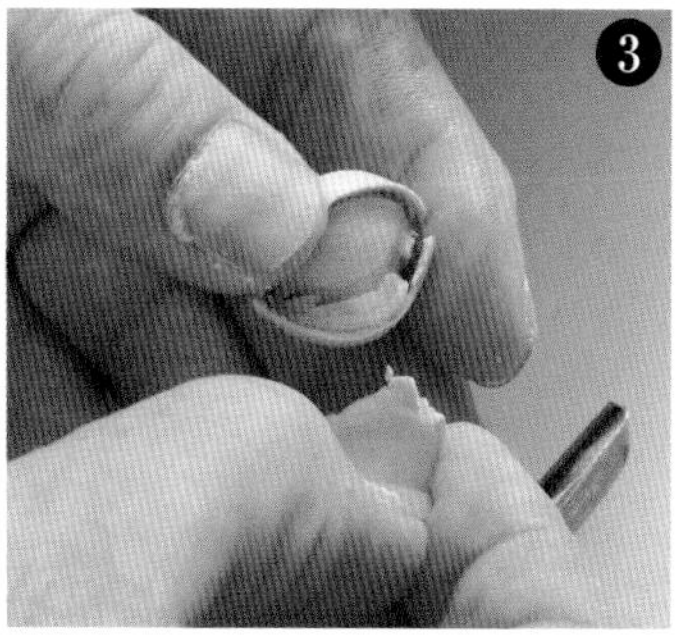

殻をむく。

下ごしらえしたぎんなん。揚げ油を火にかけ、175℃に温める。

網にぎんなんをのせ、175℃に温めた揚げ油に入れる。

❖ 粉もころももつけません。直接油に入れてえぐみをとばします。また冴えた色も美しく、それもおいしさのひとつとなります。

15～20秒揚げたら引き上げ、紙にのせ、油をきる。

◎目指す揚げ上がり

何よりも、翡翠のように美しく、鮮やかな色が出ていること。この時季だけのご馳走です。

「天ぷらは余熱調理」が私の持論ですが、その典型がここで紹介する野菜天ぷらです。さつまいも、かぼちゃといったでんぷん質が多く身の詰まった材料を、大きなかたまりで揚げ、油から取り出した後の余熱をかなり長くとることで芯まで柔らかく、ホクホクに仕上げる手法です。

5㎝厚さで揚げる さつまいも

旬
冬

揚げ油
180℃でスタート
▼
170℃をキープ

揚げ時間
長い

焼きいものようにホクホクで、甘く柔らかなさつまいものおいしさを天ぷらで表現したい——そんな思いから作ったのが、筒形のさつまいも天ぷら。今では「てんぷら近藤」の看板料理です。

揚げる時間は約30分と長いですが、この段階では外側は香ばしく揚がっても、中心にはまだ完全に火が入っていません。これを紙で包み、10分間、余熱でじっくり蒸らすことで柔らかさと風味を引き出します。切り口の黄金色も美しいです。

材料

さつまいも*
薄力粉
ころも（→p.12～15）
揚げ油
天つゆ（→p.76）、または塩

■ ペーパータオル

* 店で使うさつまいもは「紅あずま」。甘みが強く、旨みもある品種で、収穫後、室《むろ》で3か月貯蔵したものを仕入れており、ねかせている間にでんぷん質が糖質に変わり、甘みが強くなっている。

さつまいもを厚さ5cmに切る。

※店でお出ししているのは7cmですが、家庭ではより揚げやすい5cmがおすすめ。太さは直径7〜8cmのものが手頃です。

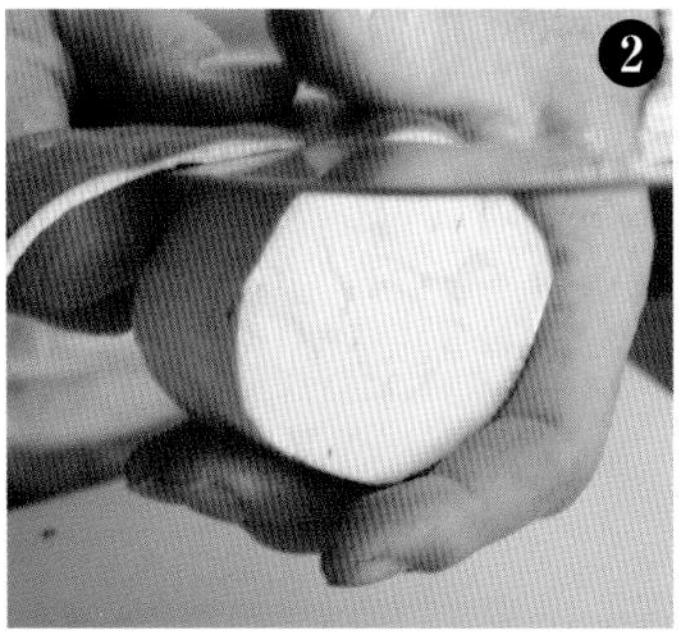

皮を一周分むき取り、太いひげ根は芯をえぐって取る。

※均一に火が入るように、太い部分の皮を厚めにむいて円柱形に整えます。皮の厚さに気をとられず、形を揃えることに注意を向けましょう。皮を取れば時間短縮にも。

下ごしらえしたさつまいも。揚げ油を火にかけ、180℃に温める。

※皮をむくと、黒ずんでくることがありますが、その場合は部分的に切り取ってください。空気に長く触れると黒ずみが増すので、揚げる直前にむきましょう。

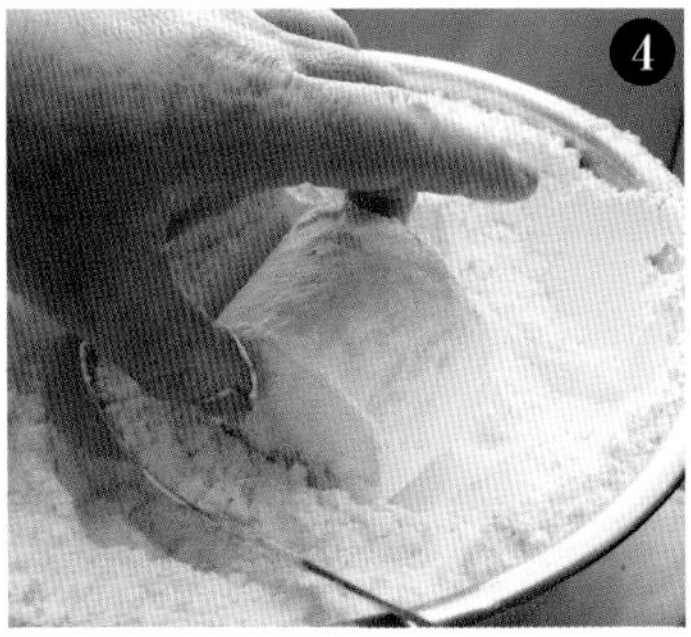

全体に薄力粉をまぶし、箸でトントンとはたいて余分な粉を落とす。

ころもにくぐらせる。

※ころもがはがれやすいので、しっかりとつけます。薄力粉ところもがさつまいもの皮代わりになり、身をガードして余熱調理がうまく進みます。

180℃に温めた揚げ油に入れ、20秒ほどですぐに裏に返す。

※大きくて重いので、手でしっかり持って油の中へ入れます。温度が下がらないうちに、裏に返して全体のころもを固めます。

1分たたないうちに、裏に返したり横に倒したりをくり返して、まんべんなく火を入れていく。

※さつまいもは重いので浮かず、常時フライパンの底についているので、焦げつかないように頻繁に面を変えます。

合計で30分ほどかけて、表面に香ばしい揚げ色がつくまで揚げる。

※油の温度が下がってきたら、火力を上げ下げして170℃をキープしましょう。火が入ってくるとさつまいもの皮のような色がつき、甘い香りがしてきます。

油から取り出し、1個ずつペーパータオルで包んで10分ほど余熱で火を入れる。

かぼちゃ

甘みの生きる厚切りで揚げる

旬
秋

揚げ油
180℃でスタート ▼ 170℃をキープ

揚げ時間
長い

かぼちゃの天ぷらというと薄切りが一般的ですが、「てんぷら近藤」流はさつまいもと同様、大きなブロックで揚げ、ホクホクのおいしさを口いっぱいに含んで味わってもらいます。おすすめの時季は、甘みの増す9～10月。かぼちゃ1個を4等分した大きさで揚げるので、できるだけ小玉を選ぶようにします。切り分けた後、均一に早く火が入るようにするため、両端を切り落として直方体に近い形に整えます。切れ端は他の料理に利用してください。揚げ時間は、17～18分ほどで、10分間の余熱調理で蒸らして仕上げます。

材料

かぼちゃ
薄力粉
ころも（→p.12～15）
揚げ油
天つゆ（→p.76）、または塩

■ペーパータオル

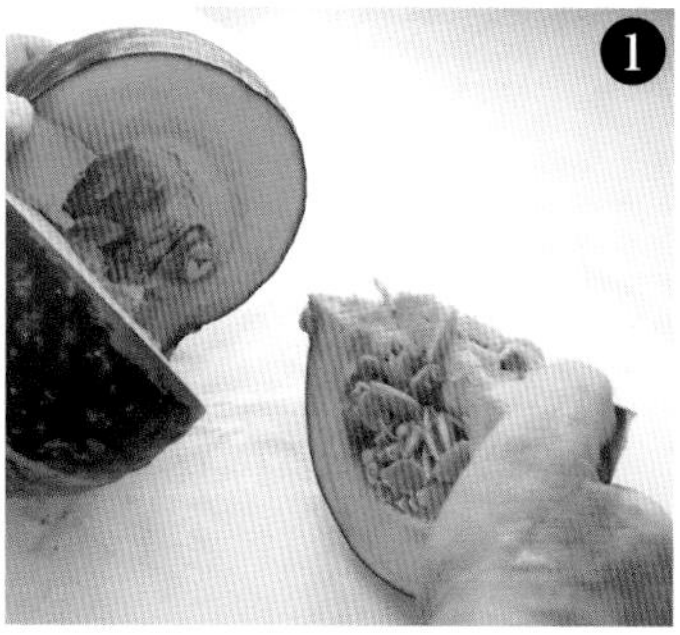

ヘタの脇に包丁の切っ先を刺し、側面に沿って裏側まで切り進め、直角に向きを変えてヘタの位置まで戻る。裏側を上にし、切り目の内側に切っ先を深く刺し、¼分を切り離す。同様にして4等分にする。

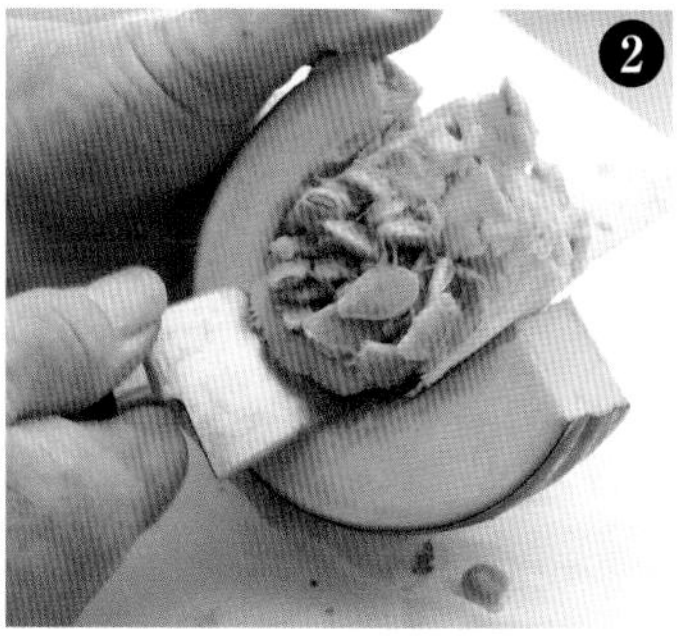

ヘタは手で割るようにはずし、種とわたは、両端にそれぞれ包丁で切り目を入れたのち、包丁の背を下にしてカーブに沿ってえぐるようにして除く。

✽ わたは旨みがなく焦げやすいので、きれいに除きます。

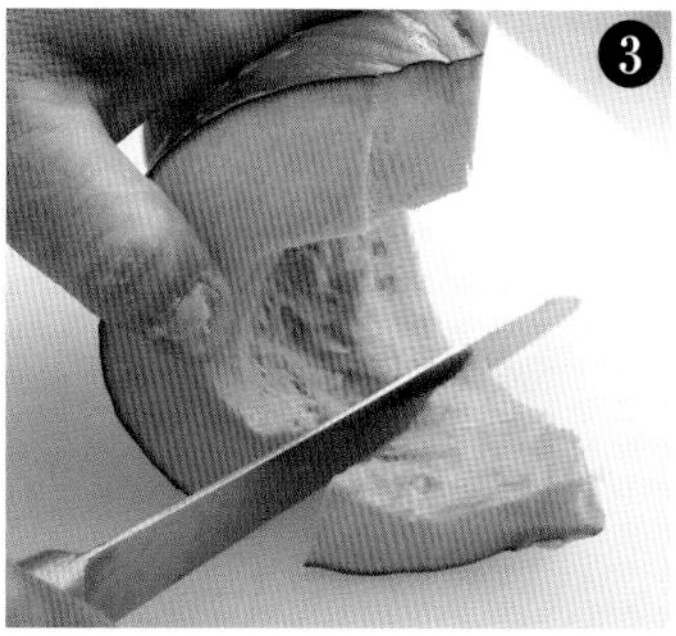

果肉の両端を切り落とし、左右を対称に整える。次に皮を上にして置き、切り口の皮の縁を薄く切り落とす。

✽ 両端をつけたままにすると、油に浸からず、しかもくぼみに油が入りにくくなって火の通りが悪くなります。

下ごしらえしたかぼちゃ。揚げ油を火にかけ、180℃に温める。

全体に薄力粉をまぶし、箸でトントンとはたいて余分な粉を落とした後、ころもにくぐらせる。

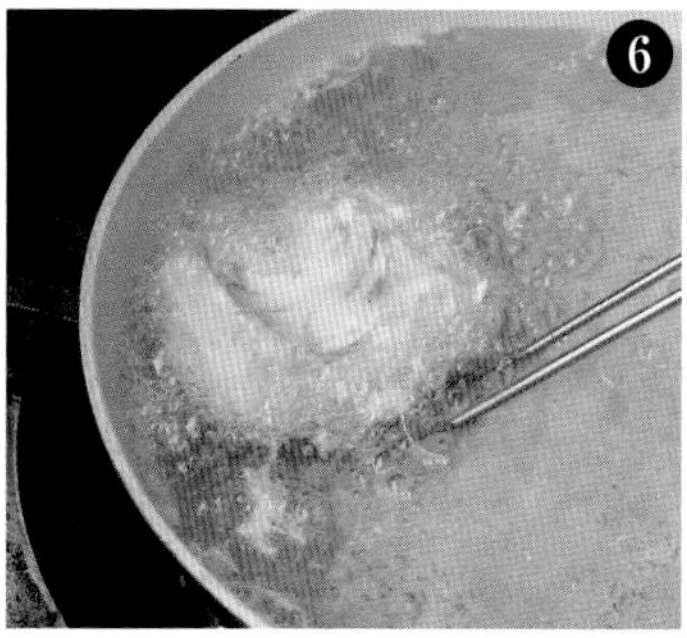

皮を下、くぼみを上にして、180℃に温めた油に入れる。

✽ くぼみに自然に油が入らない場合は、玉杓子などで油をすくって注ぎます。

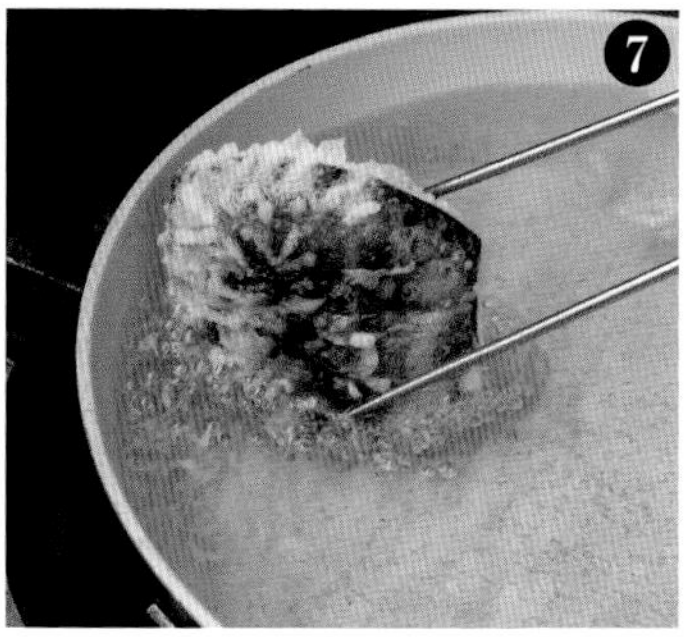

およそ1分間隔で返しながら10分ほど揚げ続ける。

✽ 油の温度が下がりすぎないよう、5分ほどしたらいったん火力を上げた後、再び落として170℃をキープします。

10分経過したあとは2〜3分間隔で返しながら、さらに7〜8分揚げて取り出す。

✽ この間も、火力を上げ下げして温度をキープ。揚げ上がり近くはしっかり色づいて軽くなり、油もほとんどはねません。

ペーパータオルで包んで10分ほど余熱で火を入れる。皮の縁を包丁の背で叩きながら一周して皮側のころもをはがす。縦に2等分する。

✽ 皮側のころもははがれやすく、揚がりすぎていることも多いので除きます。

ご飯を挟むおかず天ぷら
じゃがいも

旬
秋

揚げ油
180℃でスタート ▼ 170℃をキープ

揚げ時間
長い

じゃがいもを普通の天ぷらにしても、味の点では同じ揚げもののポテトフライにかないません。コロッケやチップスもおいしいけれど、天ぷら店ではお出しできない……。そこで考えたのが、じゃがいもにご飯を挟んで天ぷらにするアイデア。でんぷん質同士の組み合わせだから、合わないわけがありません。揚げたてを半分に切ってご飯に醤油をひと垂らしすると、じゃがいもの旨みに香ばしい焼きおにぎりの風味が加わり、これまでにない美味に出合えます。

材料

じゃがいも
ご飯
薄力粉
ころも（→p.12～15）
揚げ油
醤油
天つゆ（→p.76）、または塩

■ペーパータオル
■押し型（またはバット2枚）
■ラップ

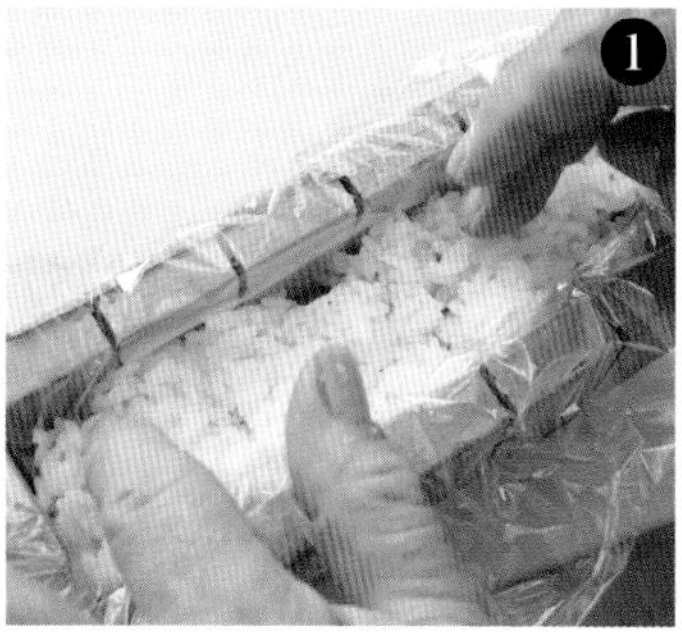

押し型に長めにラップを敷き、ご飯を1cm厚さに詰める。ラップをかぶせて型の蓋で押し固める。

❉ 重しをのせて5分ほどおくと、より密着して崩れにくくなります。型の代わりにバット2枚で挟んでもかまいません。

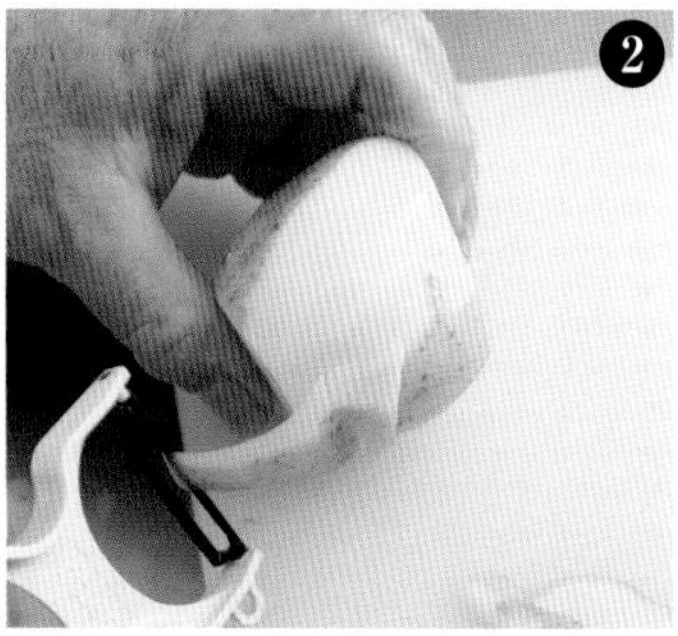

じゃがいもの天地を薄く切り落とし、皮をむいてから厚さ1.5cmの輪切りにする。

❉ 天地を切ると、皮をむく時に持ちやすくなります。水洗いせず、切り口のでんぷん質を利用して密着させます。

❶のご飯のラップをはずし、じゃがいもの直径に合わせて四角形に切る。

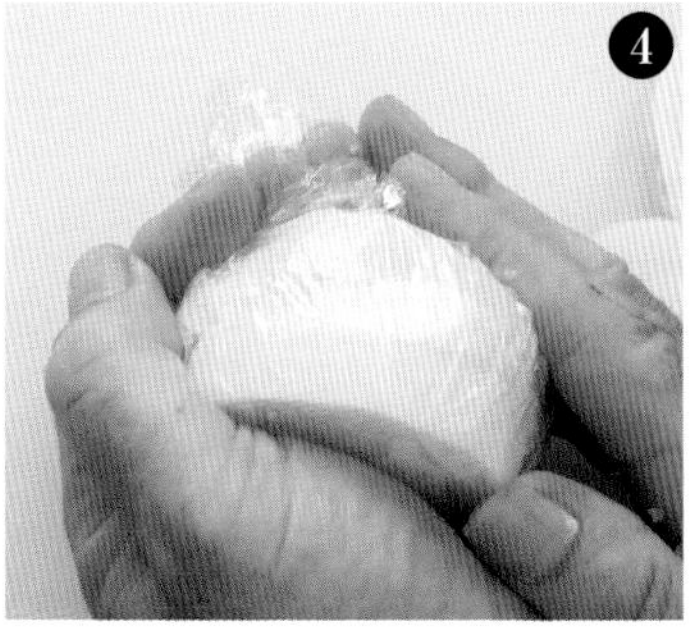

じゃがいも2枚でご飯を挟み、ラップで包む。はみ出ているご飯を押し込んで周りを丸く整え、上下から強く押して密着させる。

❉ ラップで包んで形を整えると、すべらずに楽にできます。

揚げ油を火にかけ、180℃に温める。下ごしらえしたじゃがいもに、薄力粉をまぶしたのち、トントンとはたいてからころもにくぐらせる。

180℃に温めた揚げ油に入れる。

❉ 箸だけでは持ちにくいので、手を添えて油へ。厚みがあるので上半分が油の上に出ます。

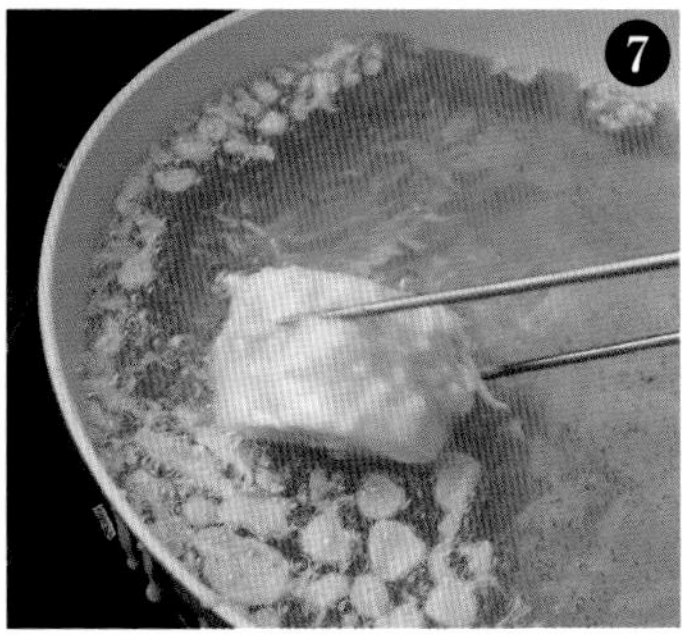

10秒ほどですぐに裏に返す。

❉ 早めに返すのは、油の上に出ているころもが下に垂れるのを防ぐため。いもがフライパンの底について焦げやすくなるのを防ぐという理由もあります。

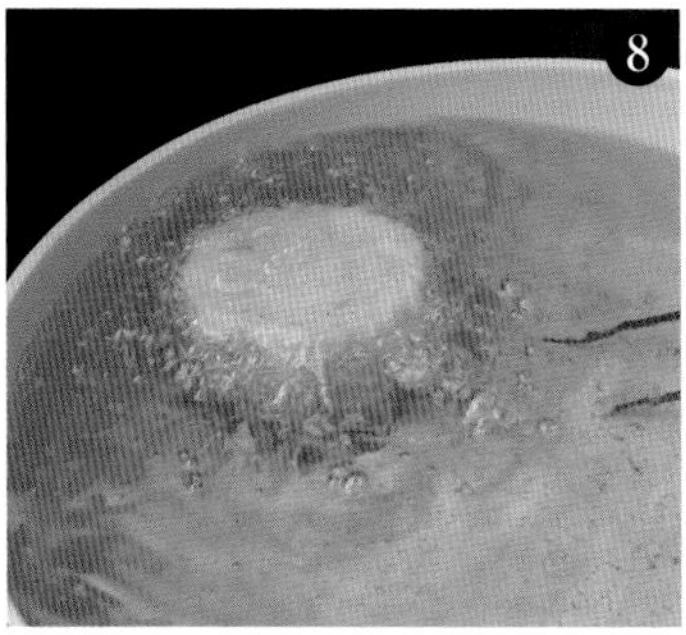

両面のころもが固まったら、1分ほどの間隔で返しながらじっくりと、8分を目安に揚げる。フライパンを少し傾けて油に深さを出し、じゃがいもが浮けば揚げ上がり。

❉ ご家庭では柔らかさを確認するために細串を刺してもよいでしょう。

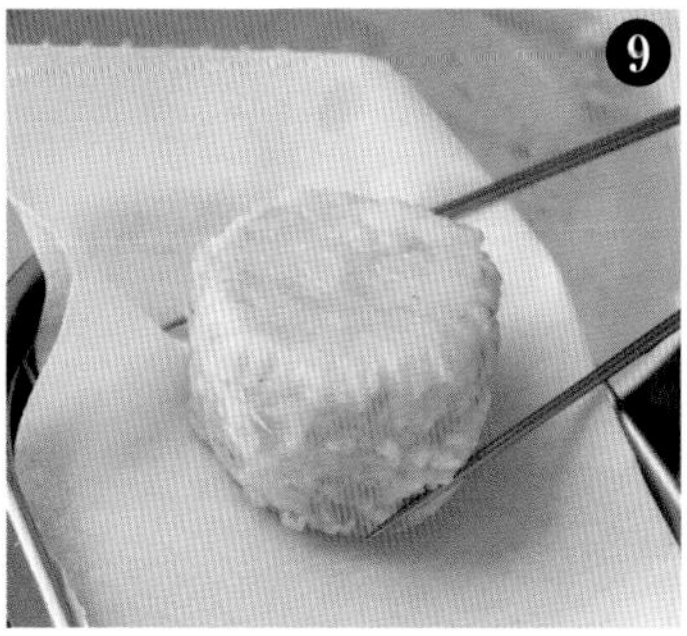

油から取り出し、ペーパータオルで包んで3〜5分、余熱で火を入れる。食べる直前に縦半分に切り、ご飯に醤油をひと垂らしする。

栗

秋の実りを天ぷらに

旬
秋

揚げ油
180℃でスタート ▼ 170℃をキープ

揚げ時間
長い

珍しいでしょうが、栗も揚げればホクホクになっておいしいもの。店では、秋ならではの天ぷらとして喜ばれています。

鬼皮も渋皮もむいて実だけを揚げますが、他の天ぷらだねと比べると水分が少なく硬いので、油がパチパチはねることはありません。他の野菜と様子が違うので、少々戸惑うかもしれませんが、気にすることはありません。6分ほど時間をかけて揚げてから、ペーパータオルで包んで15分近く余熱調理をします。蒸されることで栗独特の甘い香りも立ってきます。

材料

栗
薄力粉
ころも（→p.12～15）
揚げ油
天つゆ（→p.76）、または塩

■ペーパータオル

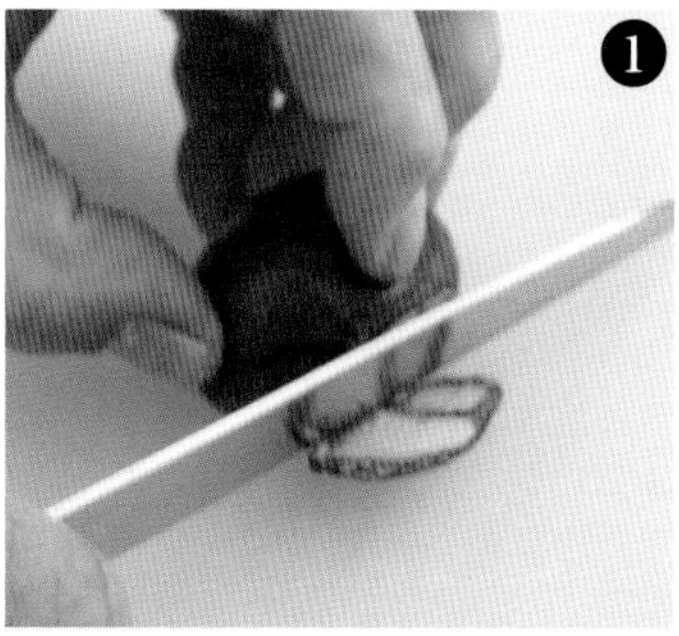

鬼皮の底（ザラザラした下部）を包丁で薄く切り落とす。

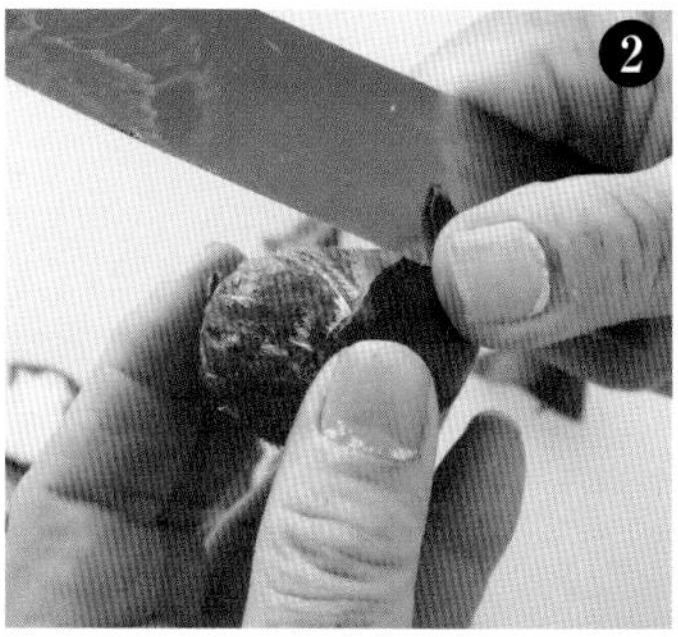

❶の切り口から上に向かって鬼皮をむく。次に、渋皮も同様にむく。

❋ 鬼皮も渋皮も、脇の狭い面から始めて一周します。渋皮は多少残っていてもかまいませんが、実に深く食い込んでいる部分は、V字に包丁を入れて取ります。

下ごしらえした栗。揚げ油を火にかけ、180℃に温める。

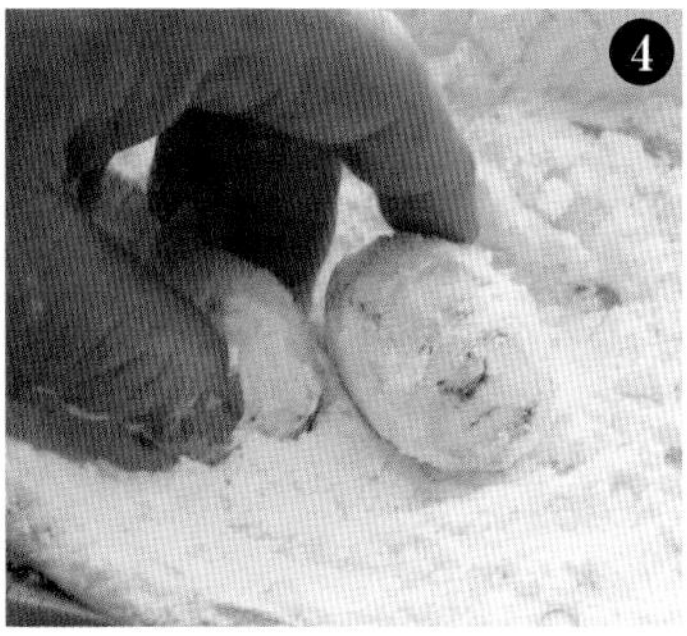

薄力粉をまぶし、トントンと叩いて余分な粉を落とす。

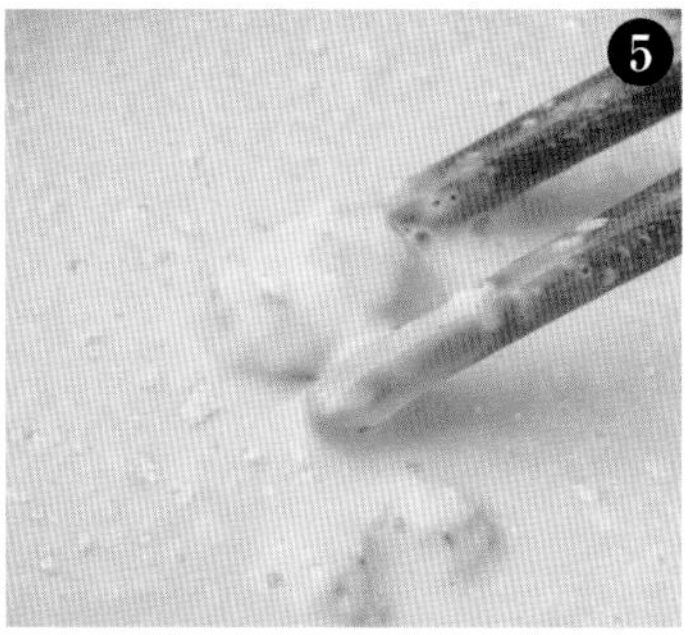

ころもにくぐらせる。

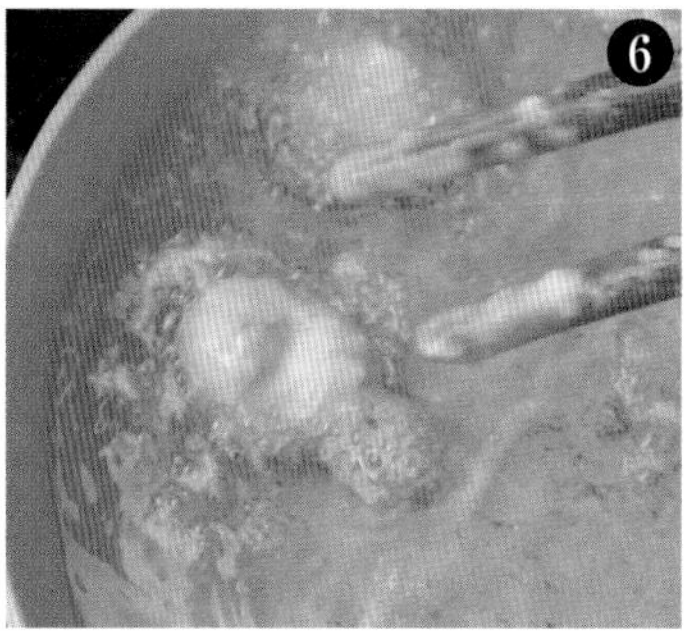

180℃に温めた揚げ油に入れる。

❋ 栗は水分が少ないので、油に入れた時に出る泡は少なく、静かです。

およそ1分間隔で数回裏に返しながら6分ほど揚げる。

❋ 栗が大きかったり油の深さが足りなかったりして、栗の上面が油から出ていたら、フライパンを少し傾けて油に浸かった状態で揚げます。

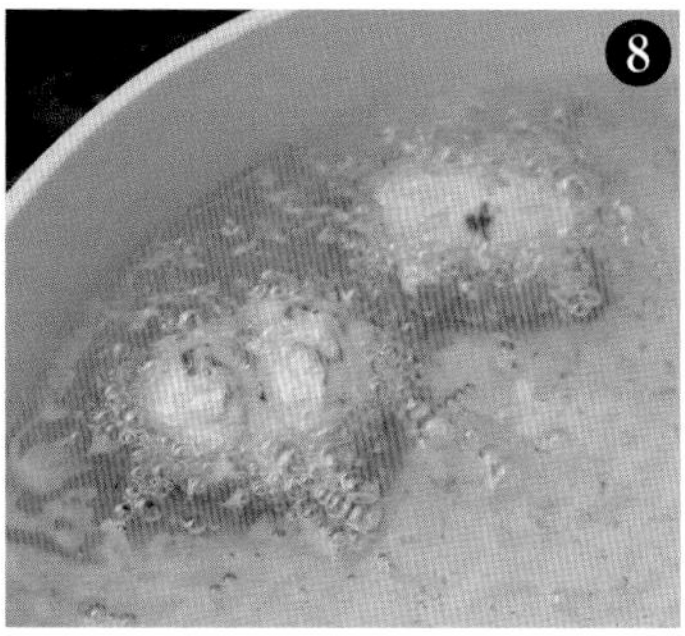

泡の量が少なくなり、底に沈んでいた栗が油の表面に浮いてきたら、揚げ上がりが近くなった証拠。

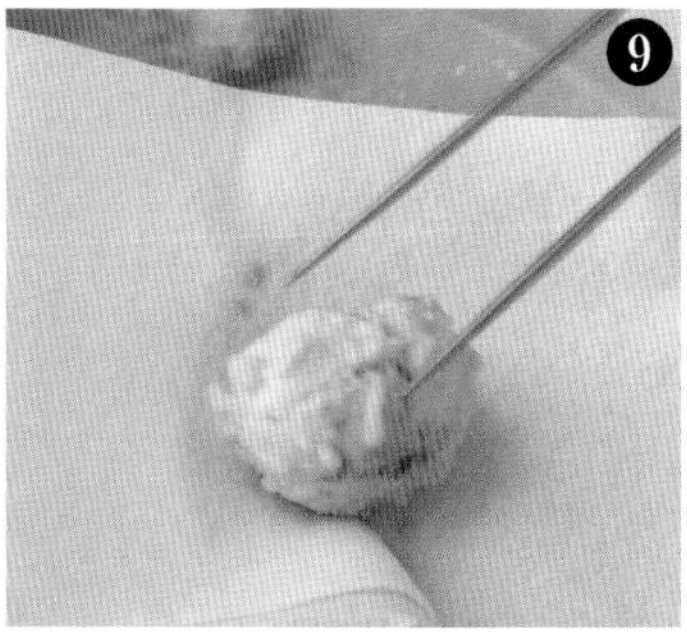

紙に取り出して油をきり、1個ずつペーパータオルで包んで15分近く余熱で火を入れる。

天つゆの作り方

天ぷらをよりおいしくしてくれる天つゆ。水、みりん、醤油を4：1：1で合わせ、かつお節を煮出して作ります。日持ちは冷蔵で2日間ですが、めんつゆとしても使え、砂糖や醤油を足せば煮ものの煮汁として利用できるので、少々多めに作っておくと重宝します。

材料（作りやすい分量）

水……400mℓ
みりん……100mℓ
醤油……100mℓ
削り節*……10g

*店では削りたてのかつお節を使用。わずかな量でも削りたては香りと旨みがグレードアップする。

水とみりんを鍋に入れ、強火にかける。

すぐに削り節を加える。

❇ 液体が冷たいうちに削り節を入れたほうが、だしがよく出ます。

沸騰してから、強火のまま1分ほど煮立ててアルコール分をとばす。

醤油を加えて再び沸騰させる。火を止め、5分間おいてなじませ、ペーパータオルでこし、常温におく。

塩は海塩を

天つゆの代わりに塩をつけるのもおいしいですね。店では両方をお出しして好みで食べていただいています。天ぷらには塩分濃度がほどよい海塩が合います。

天つゆは少量がおいしい

天ぷらをどっぷり天つゆに浸けたり、浸けっ放しにしたりするのはNG。ころもがふやけてベチョベチョになりますから。天ぷらに大根おろしをのせ、ちょこっと天つゆをつけると、ころもが生きておいしいです。

天つゆは常温で

天ぷらは、〝常温の天つゆ〟で食べるのがいちばん。熱すぎると、カリッとしていたころもがふやけますし、逆に冷たすぎれば温かい天ぷらが冷えてしまいます。

第二章

魚介の天ぷら

天ぷらの王道、海老や
江戸前の定番
穴子やきす、
そしてたねとしては
一般にあまり使わない
帆立やかき。
近藤さん直伝の方法なら
持ち味を存分に
楽しめます。

江戸前の天ぷらに魚介は欠かせません。代表的なたねは、芝海老、穴子、きす。その昔、江戸前と呼ばれた東京湾で大量に水揚げされ、天ぷらに、すしに、と江戸庶民の舌を楽しませてくれた魚介です。本書では取り上げていませんが、店ではほかに、はぜ、稚鮎、白魚、鮑、めごち、はも、白子、小柱、はまぐり……と、四季の美味をさまざまな魚介でも楽しんでもらっています。

野菜の場合、揚げ油の温度は多くが１７０℃。高くても１７５℃ほどですが、魚介はものによって違います。身が薄く、柔らかいきすは１７５～１８０℃ですが、海老は１８０℃前後、穴子はもっとも高く１９０℃が適温です。肉質や身の厚みによって、おいしく揚がる温度帯が違うのです。

野菜に比べて魚介は水分が多いので、不必要に残しておくと油がはねすぎますし、たね自体もおいしく揚がりません。下ごしらえの段階で水分をよく拭き取っておくことが大事です。

魚介の天ぷら作り 3つのコツ

一

火を入れるからこそ持ち味が生きる

天ぷらでは、魚介は主役級。刺身や生でも充分においしく食べられる鮮度のものを揚げることで、〝蒸されたからこそ〟のおいしさを引き出します。かきや帆立は、軽く火が入ることで生っぽさを残しながら甘みが引き立ち、穴子はしっかり揚がってパリッと歯切れのよい皮とふっくら、しっとり火が入った身のコントラストが出る。だから、それぞれの持ち味が楽しめるわけです。

二

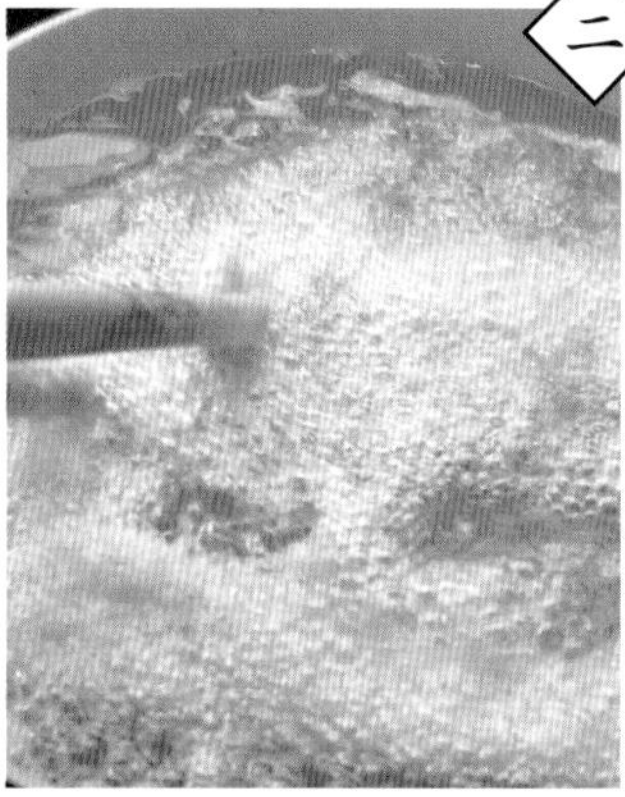

揚げ油の温度は素材によって変える

魚介は、素材によって持ち味がさまざま。そのため、揚げ油の温度もそれぞれで違います。きすのように身が薄くて柔らかい身質を生かすなら低めの175℃、半生がおいしいいかや帆立は中ぐらいの180℃でさっと。皮にきちんと火を入れたい穴子は、高めの190℃でじっくりと揚げるといった具合です。

三

余分な水分を取っておく

魚介と野菜との大きな違いは、たんぱく質に火を通して持ち味を引き出すこと。そのためには、表面の余分な水分が少ないほど効率的です。というのも、油から熱が伝わった時に、まずこの水分を温めようとして、身に火が通るまでに時間がかかってしまいます。水分が少なければ、より早く揚がり、その分フレッシュ感も残りますよ。

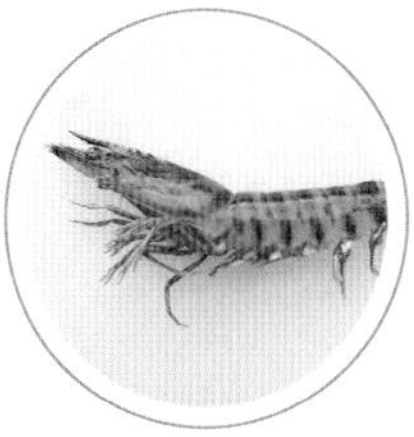

天ぷらの王道

車海老

旬

夏

揚げ油

190℃でスタート

▼

180℃をキープ

揚げ時間

短い

天ぷらの主役といえば、車海老。味の点では活けの車海老がいちばんですが、冷凍海老を解凍したものでも大丈夫です。活けの海老は、180℃の高温で裏に返さず、片面だけを1分弱で揚げます。中心が生のうちに油から引き上げ、食べるまでのわずかな時間の余熱で半生に火を入れると甘みと旨みが生き、絶妙な柔らかさになります。活けの海老を使うなら、前脚のついた胸部も旨みが強く、香ばしく揚がるので、きれいにむいて素揚げにし、楽しみましょう。

材料

車海老*

薄力粉

ころも（→p.12～15）

揚げ油

天つゆ（→p.76）、または塩

* 写真は活けの車海老。活けのものは自然に水分をきり、冷凍海老は表面に水気が多いので、解凍後、ペーパータオルで拭き取る。

← p.80に続く

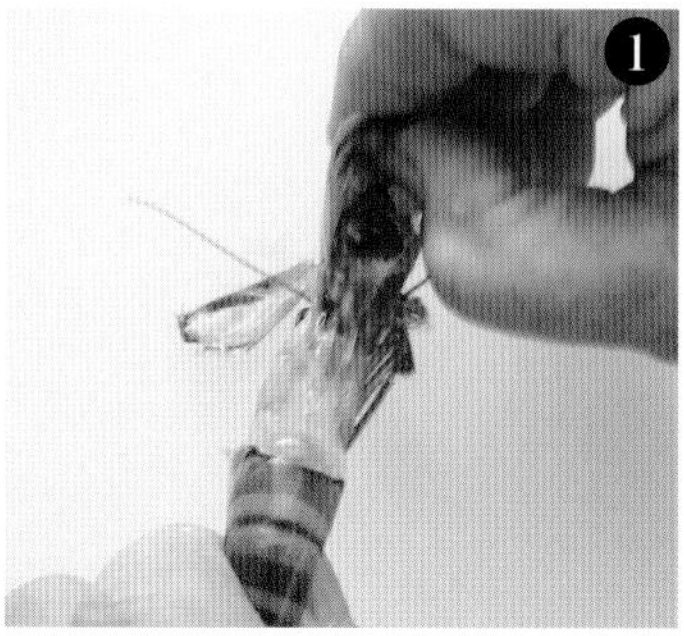

頭の殻をはずす。頭全体をちぎらず、腹部との境目の殻が離れているところをつまんで、殻だけをはずす。

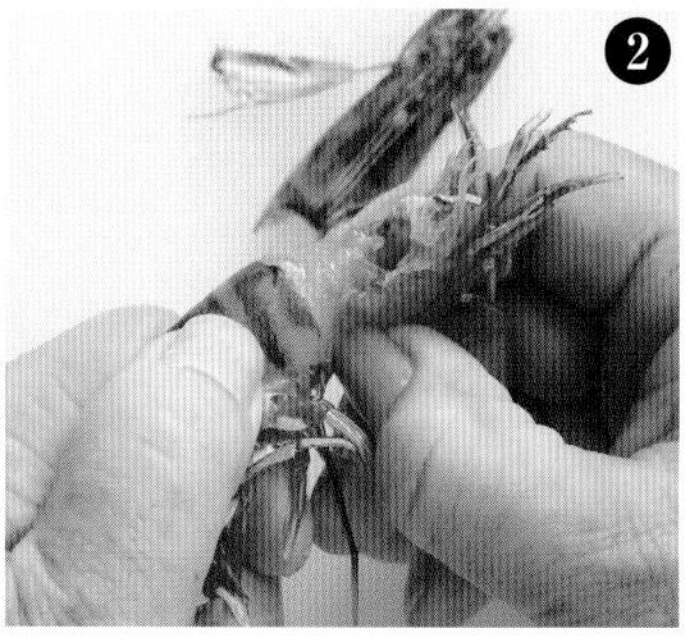

殻から出ている胸部のつけ根に爪を入れて、前脚ごと胸部をつまみ取る。

❖ 活けの車海老を使った時は、これを⑭〜⑮で素揚げにします。

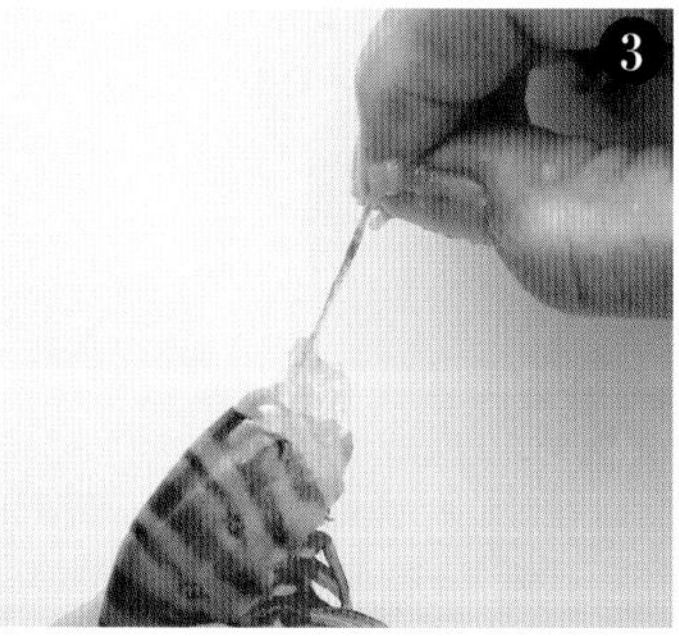

腹部から出ている背ワタを引っ張って抜く。

尾びれと尾節（尖った殻）を寄せて、長さの半分を切り落とす。尾節を包丁でしごいて水分を抜く。

❖ 尾節に水を残しておくと、揚げた時に油の中ではねてしまいます。

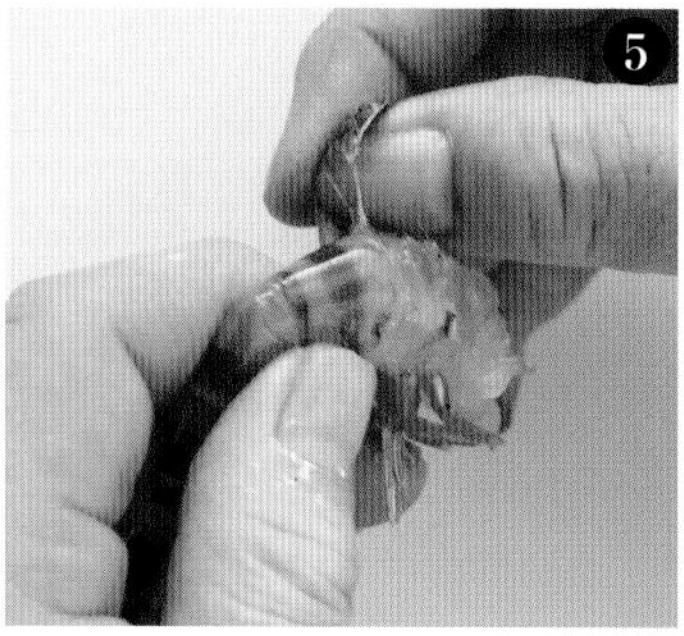

腹部の殻の1節目をむき、次に残りの殻をむく。

❖ 最初に1節目だけを取ると、残りが楽にむけます。また、尾びれとひとつ上の1節は残します。

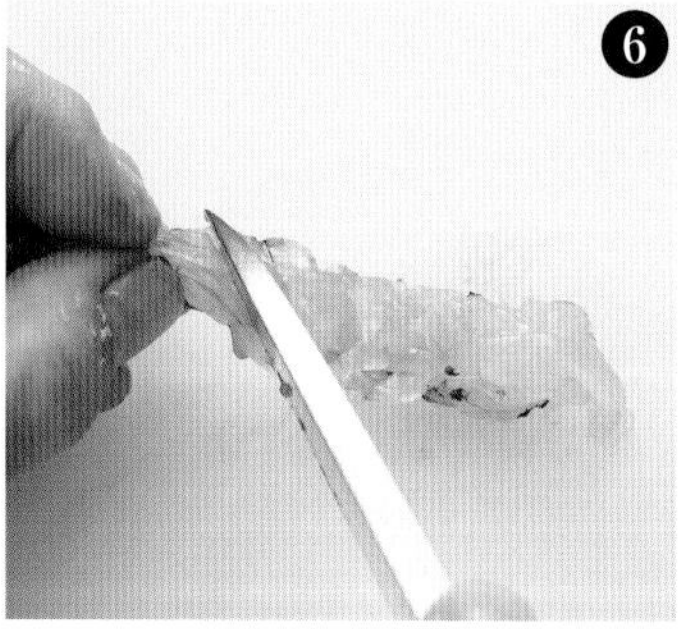

身の内側に切り目を4つ入れる。包丁の重みだけで短く、浅く切る。

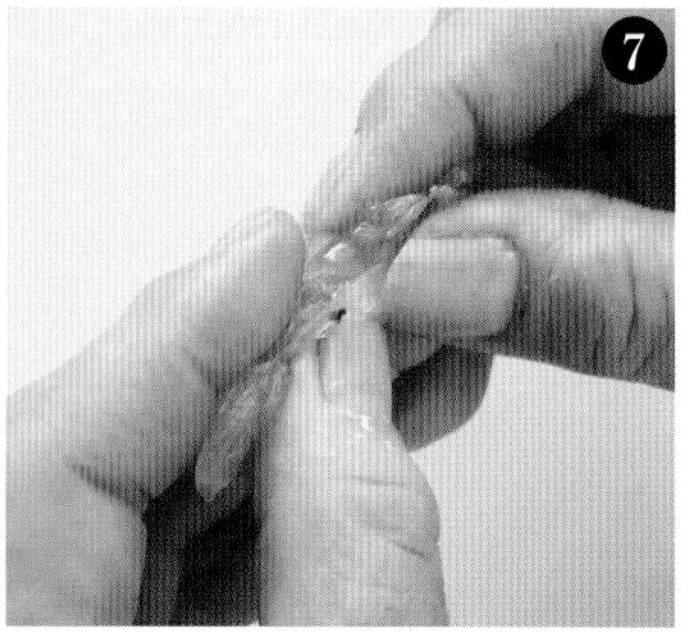

背側の身を両手の指で強くつまみ、皮をはじけさせて身をプリッと押し出す。3〜4か所行う。冷凍海老の場合は、ペーパータオルで水分を拭き取る。

❖ 身がまっすぐになり、揚げても曲がりません。

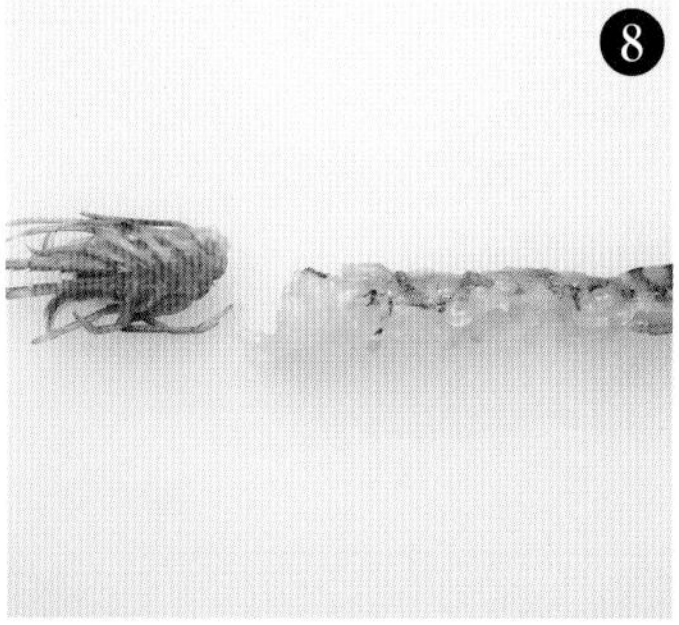

下ごしらえした海老。揚げ油を火にかけ、190℃に温める。

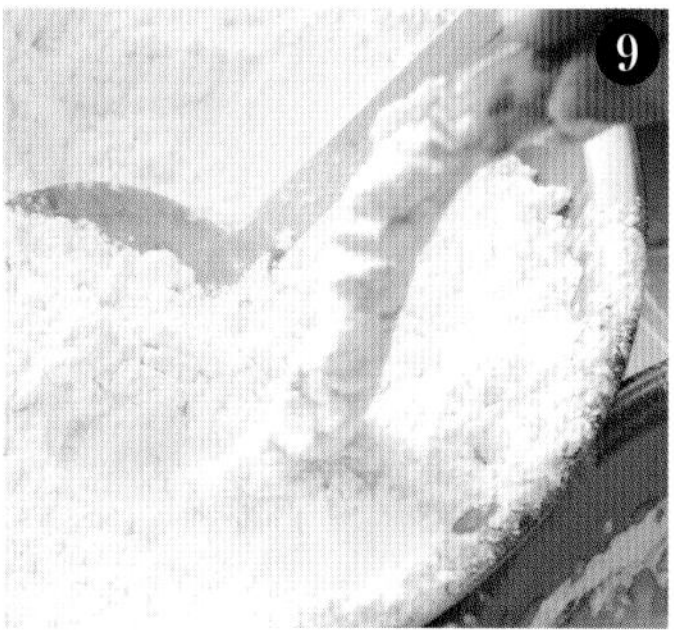

尾びれを持って薄力粉をまぶし、箸でトントンとはたいて余分な粉を落とす。尾にはつけない。

尾びれを持ったまま、ころもにくぐらせる。尾にはつけない。

そのまま、190℃に温めた揚げ油に入れる。背側を下に向けて、身をまっすぐに伸ばすように入れる。

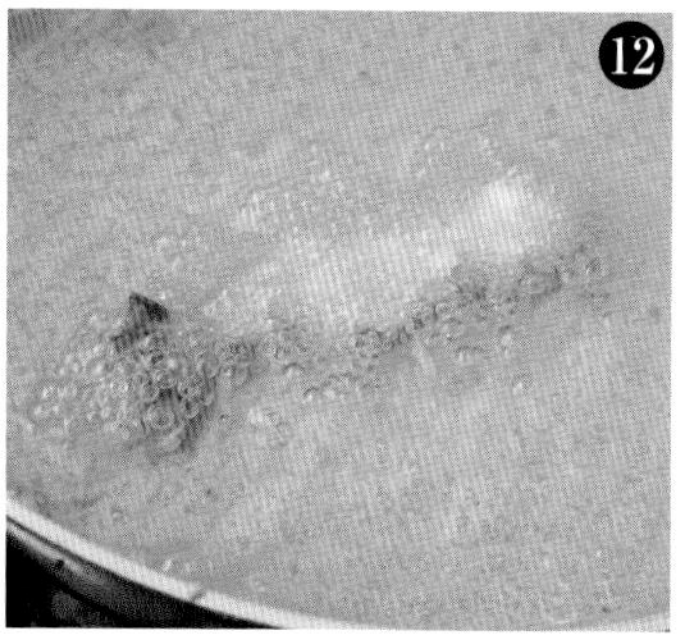

活け海老は裏に返さず、1分弱揚げ続ける。冷凍海老の場合は、数回裏に返しながら、中心まで火を入れる。

取り出して紙にのせ、油をきる。

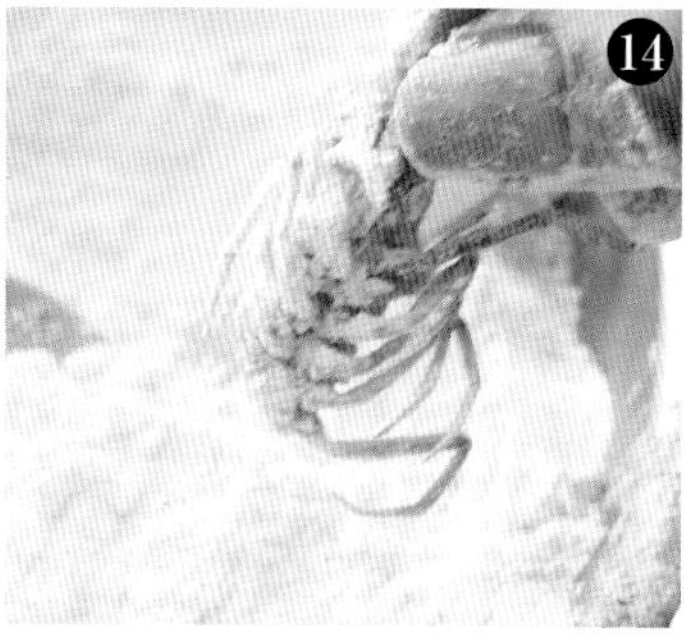

活け海老の場合は、❷で取りおいた胸部に薄力粉のみをまぶす（ころもはつけない）。

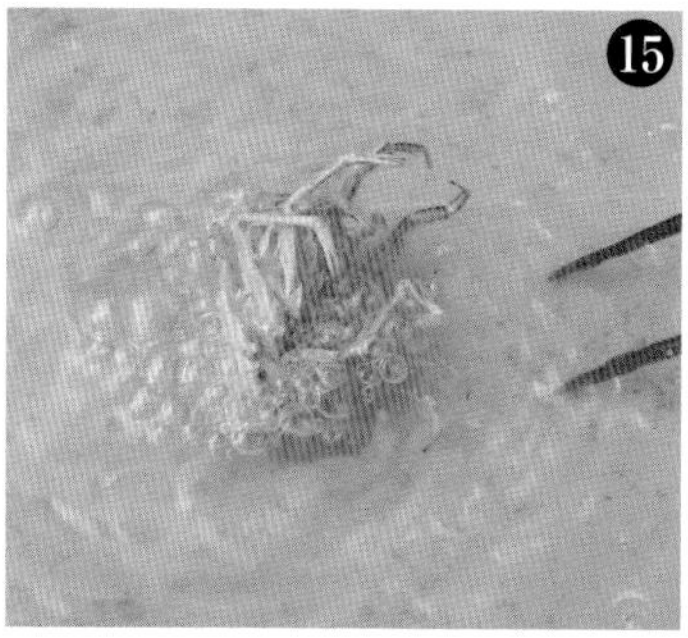

揚げ油の温度が下がっていたら190℃に上げ、⓮を入れて1分ほど素揚げにする。最初は沈むが、火が入れば浮いてくるので、揚げ上がりの目安とする。

◎目指す揚げ上がり

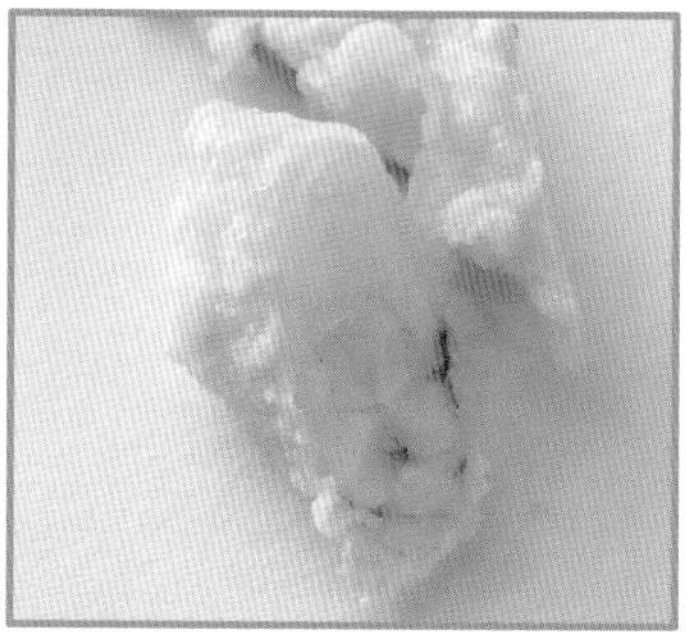

活け海老は、身の中心が半生でねっとりした柔らかさに。胸部は香ばしく、カラリと揚がって軽さがあると、よい揚げ上がりです。

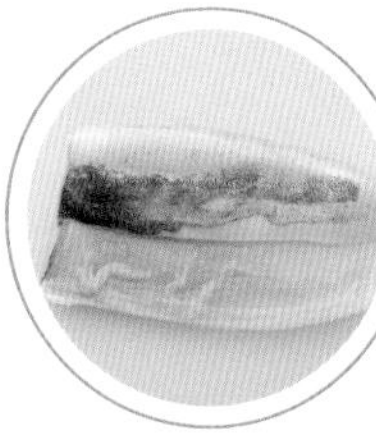

揚げすぎず、半生で！
するめいか

旬
夏

揚げ油
190℃でスタート
▼
180℃をキープ

揚げ時間
短い

いかは火が入りすぎると締まって硬くなりがちで、持ち味が損なわれます。皮をむき、両面に細かく格子状の切り目を入れることが柔らかさを保つポイント。皮は複数あり、すべてをむけないので、切り目を入れることで縮んで硬くなるのを防止。油がはねにくくもなります。身の厚いするめいかは切り目を深く多めに、薄く柔らかなやりいかは、浅く少なめに入れましょう。揚げ時間は30秒あまりで充分。中心を半生に仕上げ、柔らかく、甘みを最大限に生かします。

材料

するめいかの胴*
薄力粉
ころも（→p.12～15）
揚げ油
天つゆ（→p.76）、または塩

■ペーパータオル

＊内臓と脚をはずし、一枚に切り開いてえんぺらを除いたもの。やりいかも柔らかく天ぷら向き。

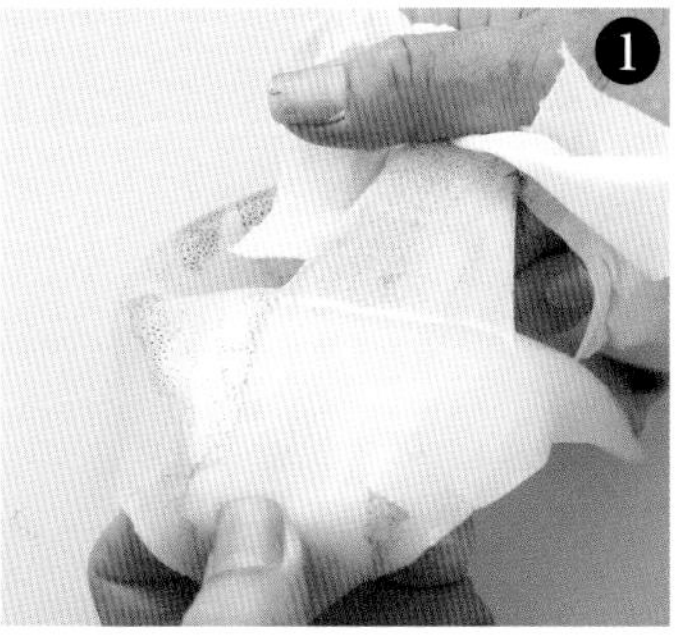

1

するめいかの胴は、左右2辺のどちらかの辺を薄く切り落とし、表側の頂点近くで皮のめくれたところをつまむ。勢いよく引っ張って皮をむく。

✽ ペーパータオルでつまむと、すべりにくくうまく取れます。

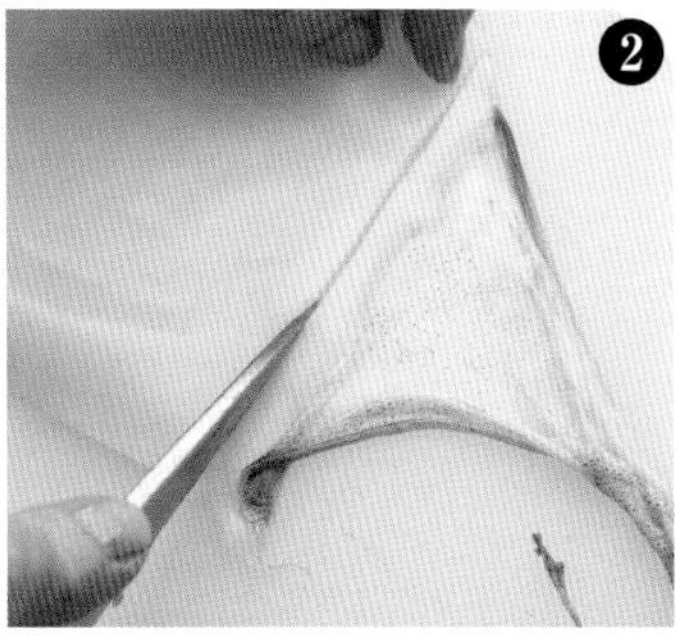

2

胴の下側は硬いので、皮とともに包丁で薄く切り落とす。身のもう一方の辺も、皮が完全に取れていなければ包丁で薄く切り落とす。裏面はほつれたようになった薄皮をつまみ取る。

✽ ここまで処理したものが売られていますので、利用してもよいでしょう。

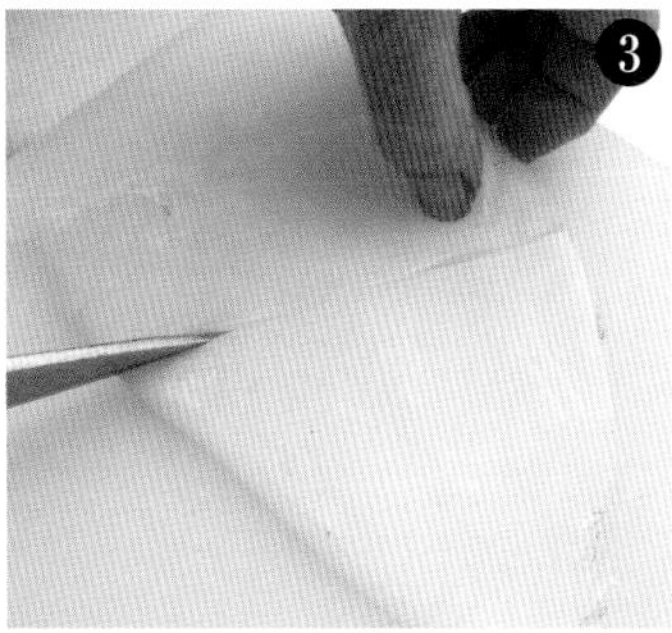

3

両面の水分をペーパータオルなどでよく拭き取り、横方向に数枚分に切り分ける。

✽ 身の大きさに応じて2〜4等分にし、ひと口で食べられるサイズにします。

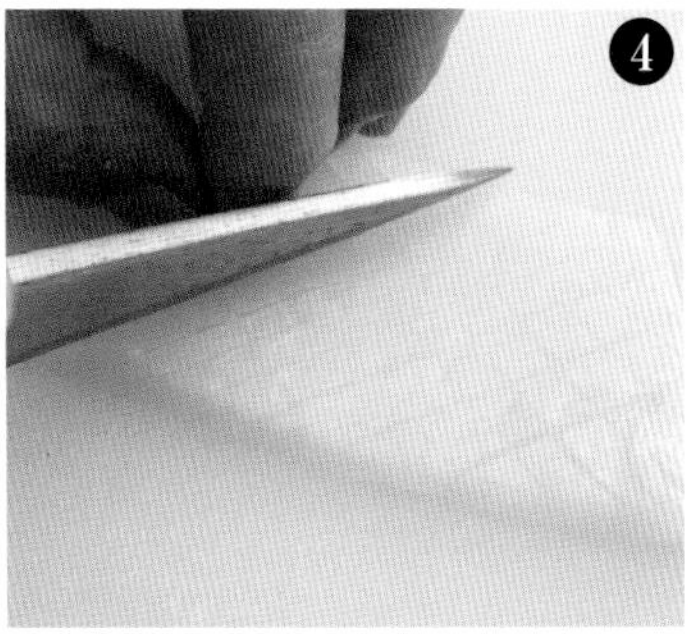

4

身の表の面に2mm間隔で格子状に切り目を入れる。深さは身の厚さの$1/3$くらい。裏の面はそれよりも浅く、同様に格子状の切り目を入れる。揚げ油を火にかけ、190℃に温める。

5

薄力粉をまぶし、箸でトントンとはたいて余分な粉を落とす。

✽ 箸で持つとすべりやすいので、手で直接持って粉ところもをつけ、油に入れましょう。

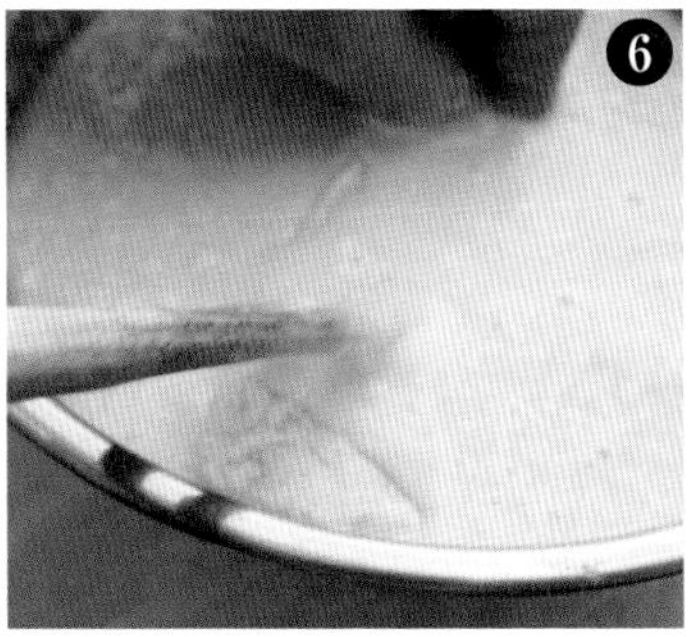

6

ころもにくぐらせる。

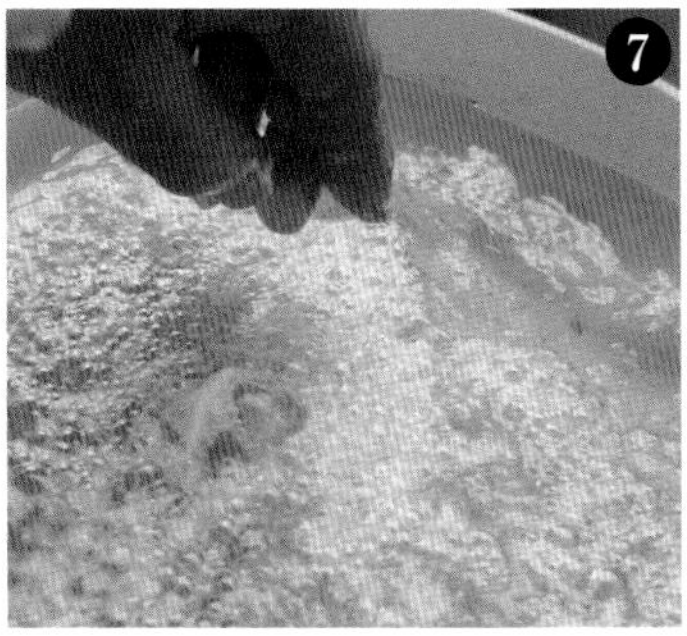

7

190℃に温めた揚げ油に入れる。

✽ どちらの面から揚げ始めても大丈夫です。水分が多いので、細かい泡が大量に立ち、パチパチと高い音で油がはねます。

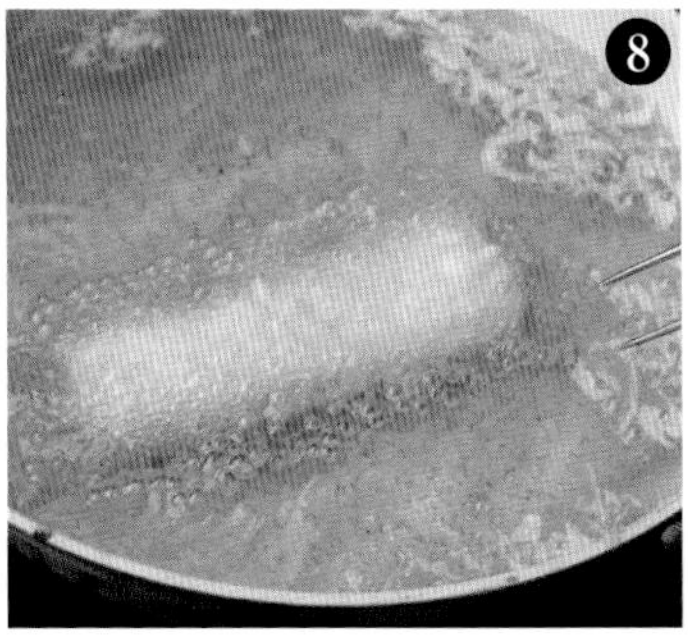

8

30秒で裏に返す。

9

さらに10秒ほどで揚げ上がり。取り出して紙にのせ、油をきる。目指す揚げ上がりは、身が縮まずにふっくらとし、中心は半生でねっとりした舌ざわりに。

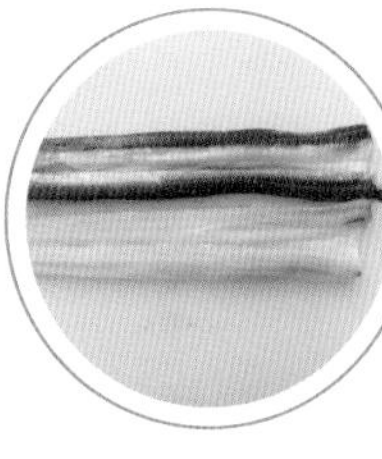

江戸前天ぷらの定番

穴子

旬

晩秋〜冬

揚げ油

200℃でスタート
▼
190℃をキープ

揚げ時間

中くらい

穴子は、江戸前天ぷらを象徴するたねのひとつ。関東では背開きにした身を一本揚げにするのが決まりです。一般に夏が旬といわれますが、私は脂ののってくる晩秋〜冬がいちばんの食べ頃だと思います。

１９０℃の高温の油で揚げるのも穴子の特徴です。何回か裏に返しながら外側のころもを香ばしくカリッと、内側の身は柔らかくホクホクした食感に揚がるよう、５分ほど、じっくりと時間をかけましょう。

材料

穴子（一枚に開いたもの）
薄力粉
ころも（→p.12〜15）
揚げ油
天つゆ（→p.76）、または塩

■ペーパータオル

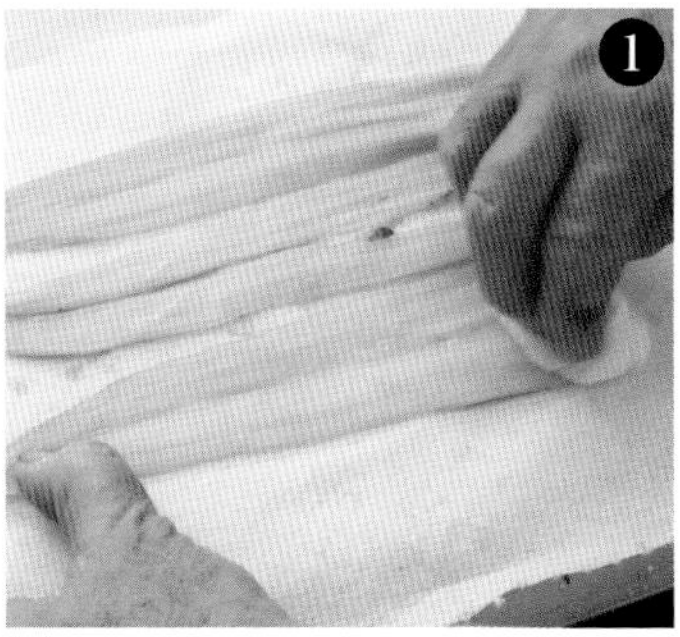

穴子の皮を下にしてペーパータオルに並べる。別のペーパータオルを少しぬらし、尾から頭に向かって拭いて水分を取る。

❖ 水洗いするとさらに水分を含んでしまうので、この方法がおすすめです。

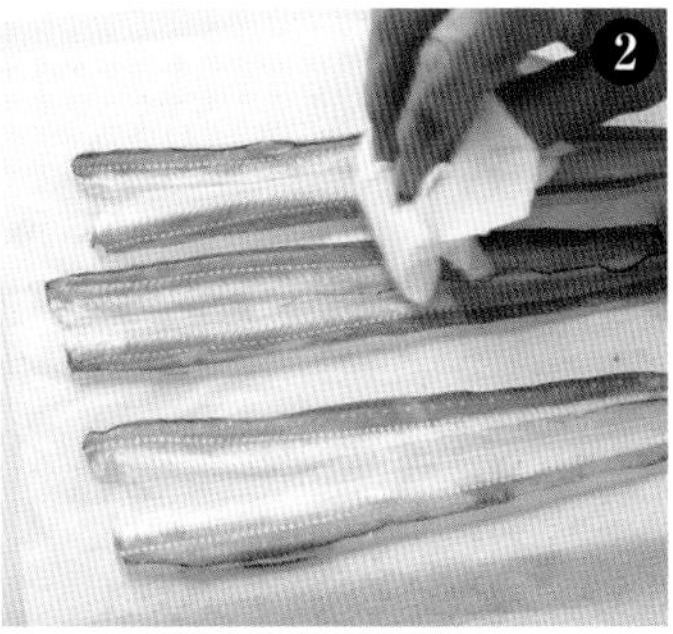

裏返して皮も同様に拭く。揚げ油を火にかけ、200℃に温める。

❖ 皮側はぬめりも一緒にきれいに取れます。

薄力粉をまぶし、箸でトントンとはたいて余分な粉を落とす。

ころもにくぐらせる。

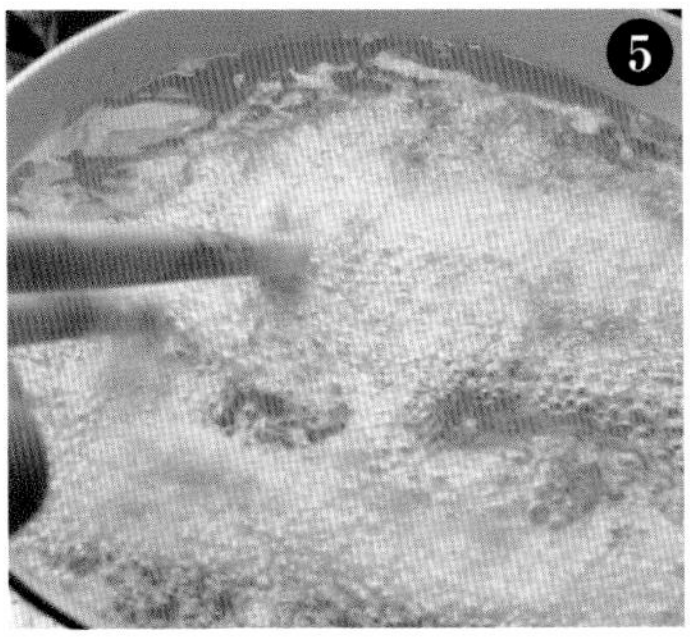

200℃に温めた揚げ油に、穴子の皮を下にしてまっすぐ伸ばして入れる。15秒ほど揚げて皮に火を入れる。

❖ 揚げ油はとても高温なので、穴子の水分がいっせいにはね、細かい泡が一面に広がります。

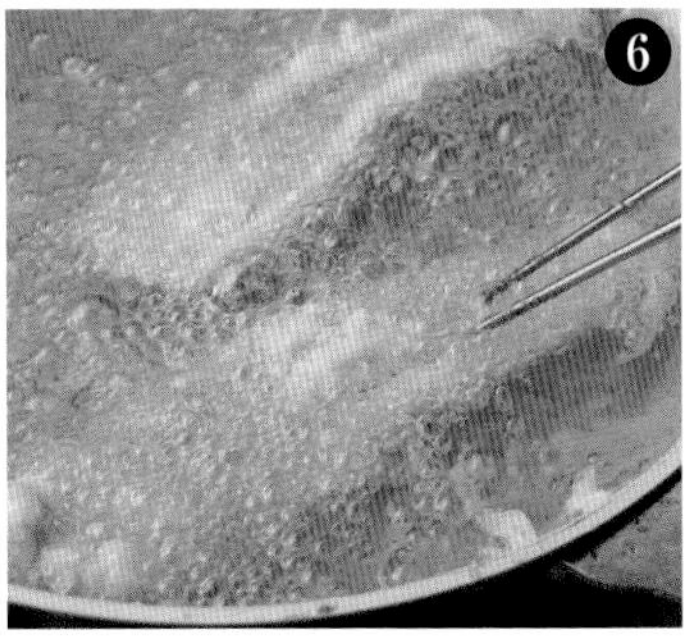

裏に返し、身側を1分ほどかけてしっかり火を入れる。

続けて、裏に返して両面を1分ずつ均一に揚げる。

❖ 泡は次第に落ち着いて少なくなり、油がはねる音も低くなってきます。

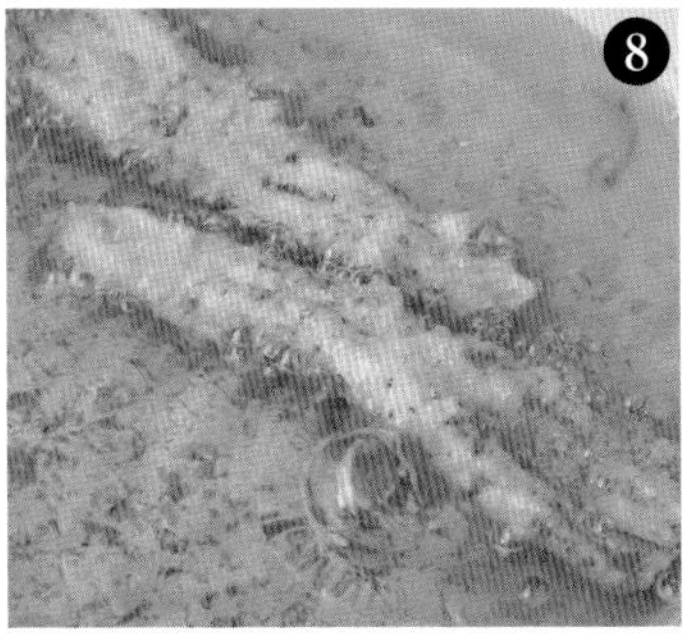

最後に皮を下にし、1分半ほど長めに揚げて皮にしっかり火を入れて取り出す。紙にのせて油をきる。

❖ ころもは茶色に色づき香ばしくなってきます。皮から出る最後の水分が「ビシャッ」と聞こえたら揚げ上がりのサインです。

◎目指す揚げ上がり

網にのせて真ん中を箸でポンと叩くように割ると、簡単にふたつに分かれるのがいい揚げ上がりです。皮はサクッと裂け、身がほろりとほぐれます。

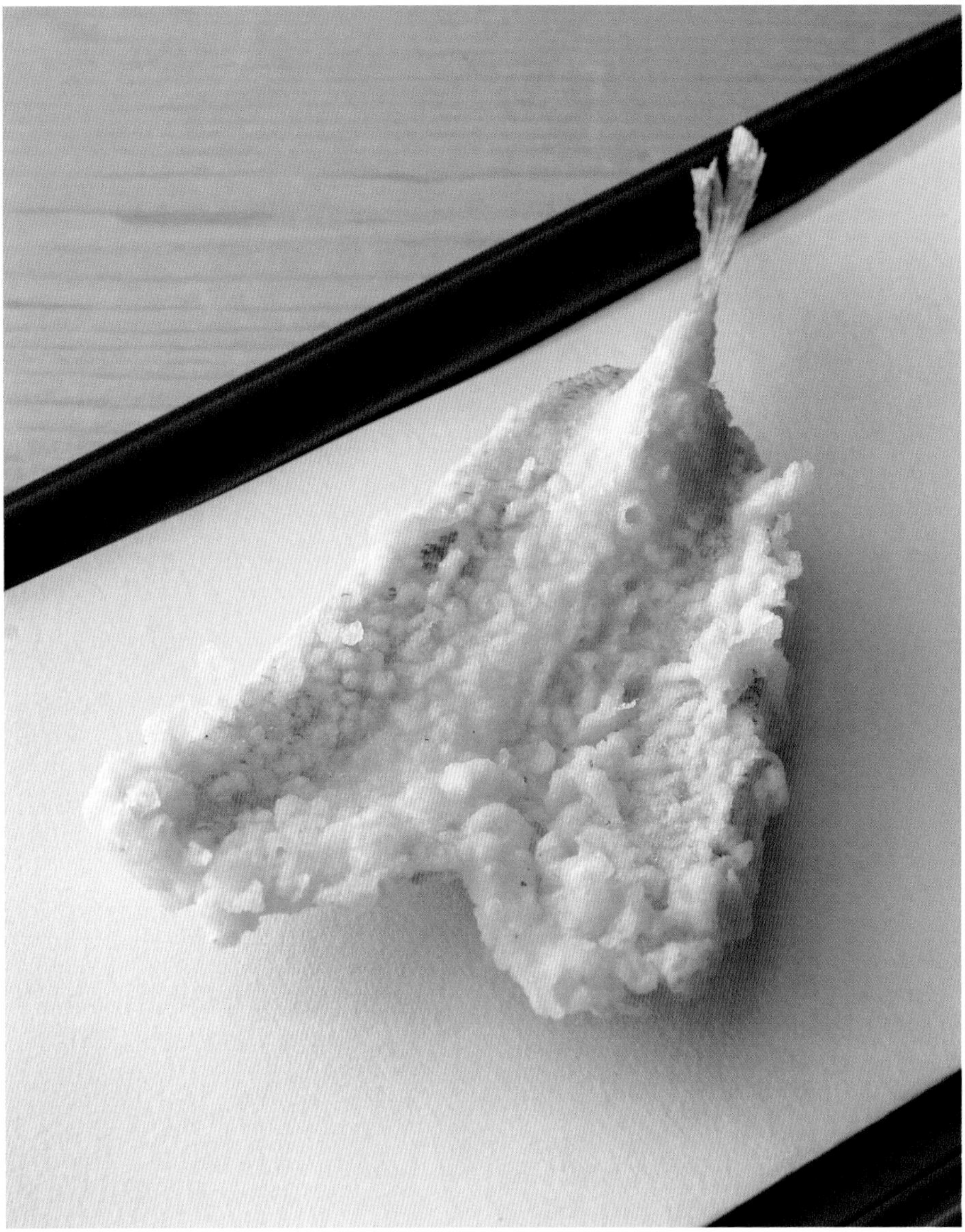

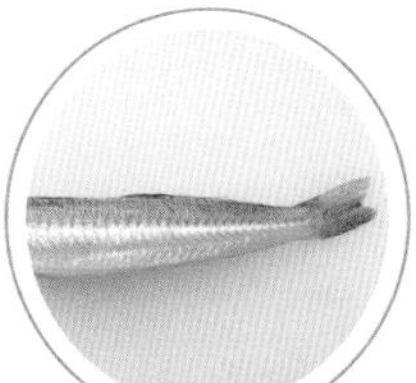

薄い揚げ色で上品に
きす

きすも江戸前天ぷらを代表するたね。穴子と同じく、江戸前の流儀で背から一枚に開いて揚げます。皮を上にして油に入れると頭側と尾が上向きに反ってくるので、その形を生かして裏に返さずに揚げます。皮目のくぼみに油がたまって皮目もきちんと揚がりますし、ピンと身の張った活きのよい魚を思わせる姿になります。高温で揚げるときすの風味や柔らかな食感が生きないので、火をつけたり消したりをくり返して、2分足らずでふんわり揚げます。

旬
夏

揚げ油
190℃でスタート
▼
175～180℃をキープ

揚げ時間
短い

材料

きす
薄力粉
ころも（→p.12～15）
揚げ油
天つゆ（→p.76）、または塩

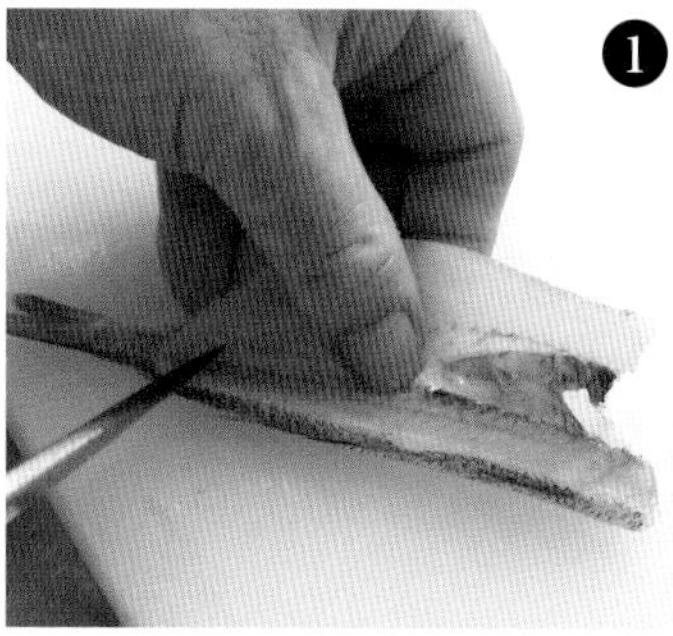

きすのうろこをかき、頭を落とす。背から切り目を入れ、中骨の上をすべらせながら開いていく。最後に、尾びれの手前で中骨に垂直に包丁を入れる（中骨と尾びれを切り離す）。

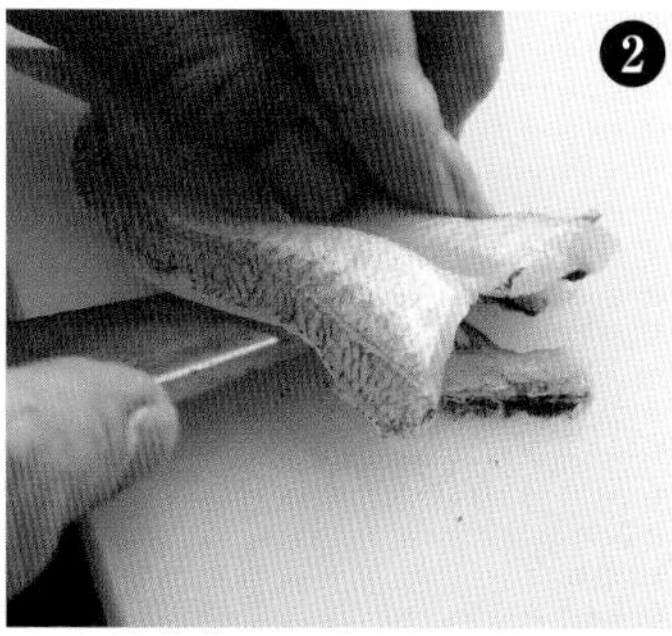

切り目から尾びれのつけ根方向に深く包丁を入れて身を切り開き、平らな一枚にする。皮を上にして置き、身と中骨の間に包丁をすべらせて中骨をはずす。

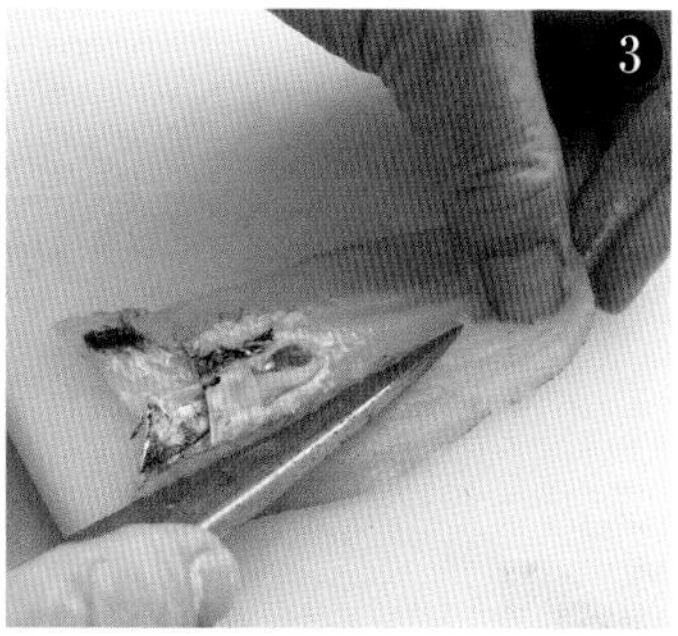

内臓膜の片側の縁に包丁を入れて腹骨を切る。次に包丁をねかせ、半身分の内臓膜と腹骨をこそげ取る。もう一方も同様に行う。

✽ ここまで処理したものが売られていますので、利用してもよいでしょう。

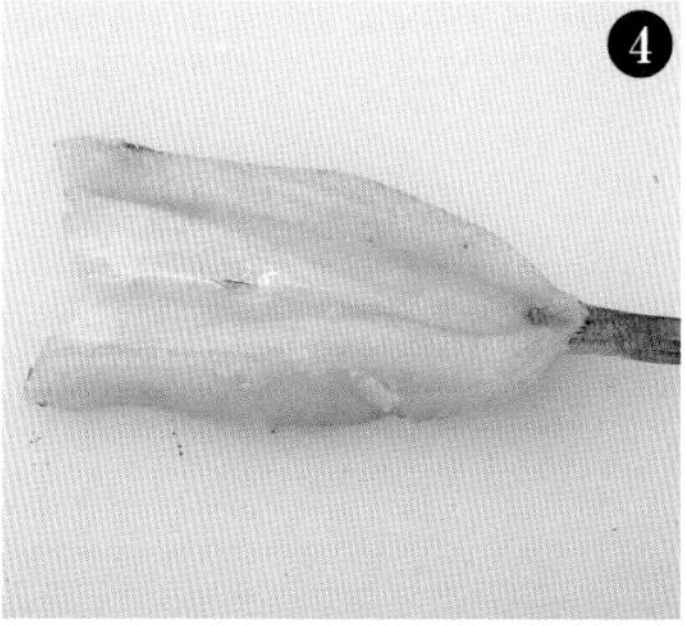

下ごしらえしたきす。揚げ油を火にかけ、190℃に温める。

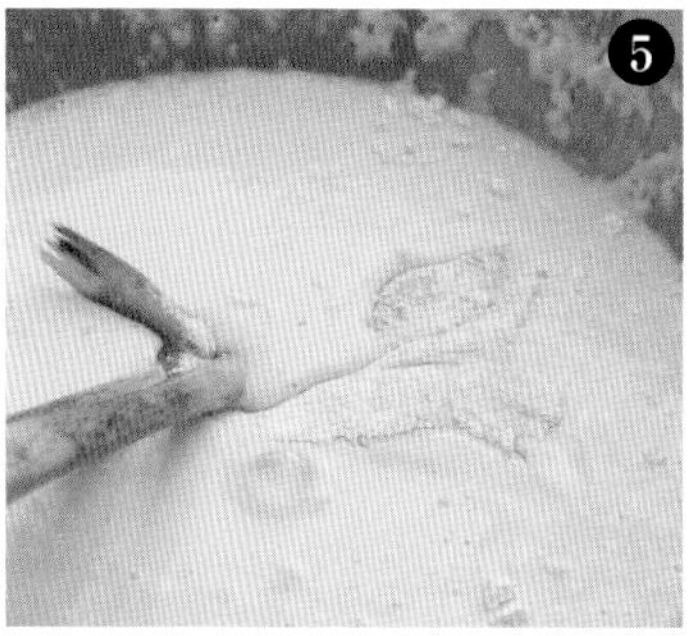

薄力粉をまぶし、箸でトントンとはたいて余分な粉を落としたのち、ころもにくぐらせる。

✽ 尾びれを持ってまぶし、尾びれには薄力粉ところもをつけないようにします。

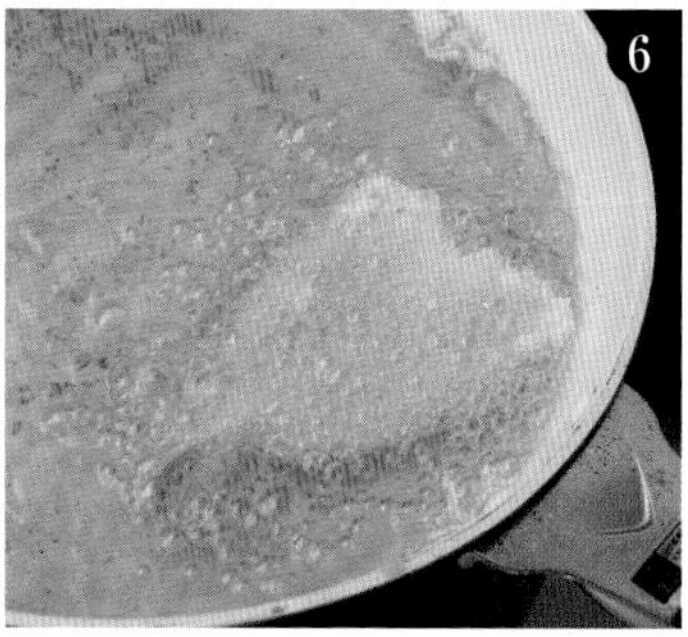

皮を上にして、190℃に温めた揚げ油に入れる。15秒ほどでいったん火を止めて温度が上がるのを抑え、1分近く静かに揚げる。

✽ 皮の上を油が覆っているので、裏に返さなくても両面揚がります。

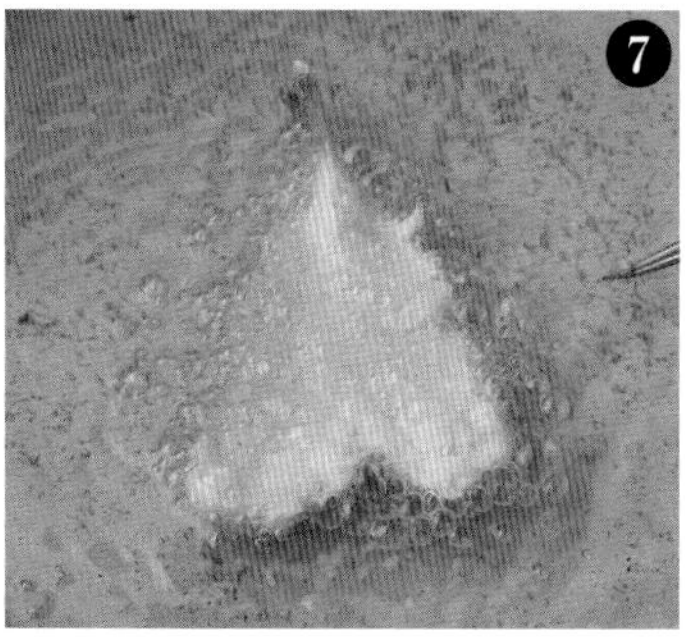

再び火をつけて30秒ほど揚げ、火を止めて10秒ほどおく。最後に強火にかけて10秒ほど揚げる。

✽ 火が入ってくると、きすが反って浮いてきます。泡の量も少なくなります。

合計2分弱で揚げ上がり。取り出して紙にのせ、油をきる。

◎目指す揚げ上がり

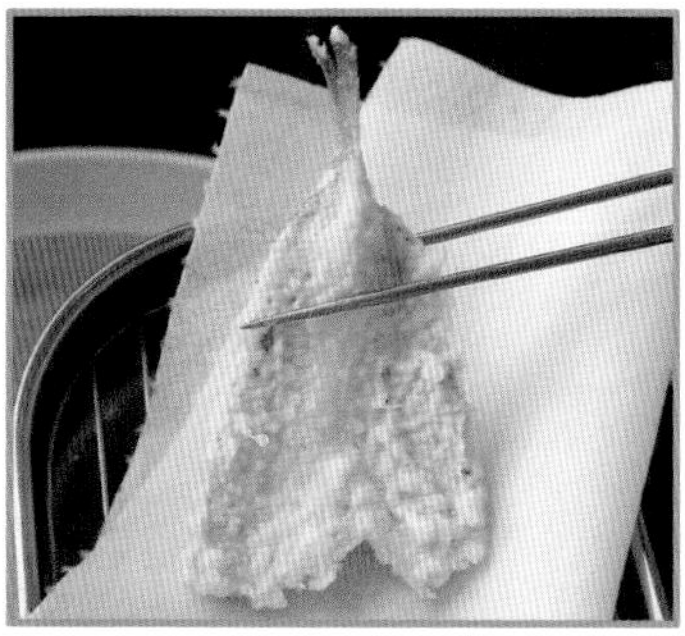

ゆるやかに反り上がった柔らかな身を、サックリしたころもがやさしく包んでいます。ころもは薄い揚げ色がちょうどよい加減。

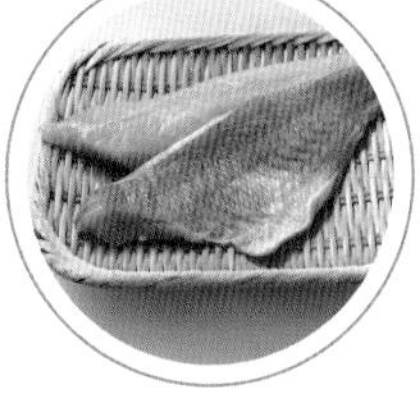

金目鯛

皮はパリパリ、身はしっとり

旬
夏、冬

揚げ油
190℃でスタート
▼
180℃
▼
175℃をキープ

揚げ時間
中くらい

金目鯛は、脂がのって身が柔らかく、何より赤い皮が魅力です。揚げすぎると身がパサつくので揚げすぎず、でもしっかり火を入れるのがポイント。途中で油温を下げてじっくり火を通し、さらにペーパータオルで包んで余熱でやさしく火を入れることで、全体に水分が回り、皮はパリパリのまま、身はふわっと柔らかくおいしくなります。ころもから透けて見える、皮の鮮やかな赤色も魅力です。おろしたてのわさびと塩で召し上がってください。

材料

金目鯛（三枚おろし）
薄力粉
ころも （→p.12～15）
揚げ油
わさび
塩

■ペーパータオル

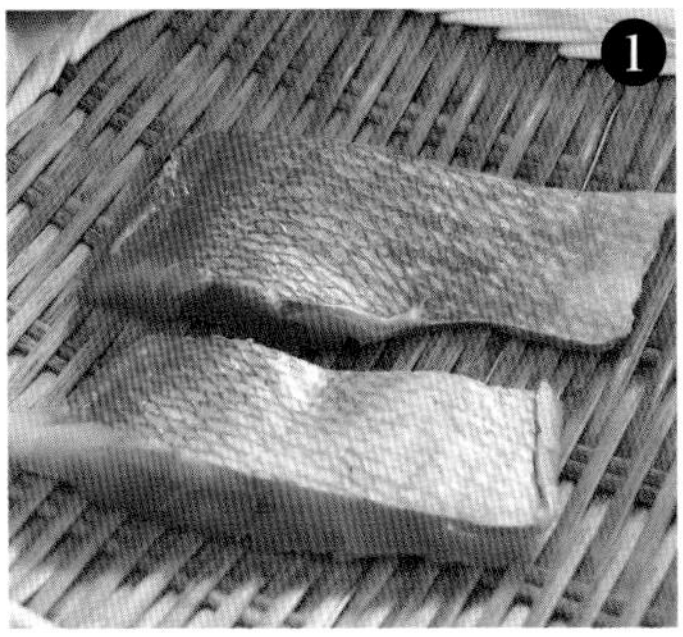

金目鯛を3cm幅に切る。揚げ油を190℃に温める。

✽ 甘鯛や黒むつなどでも同じ方法でおいしい天ぷらが作れます。

薄力粉をまぶし、箸でトントンとはたいて余分な粉を落とす。続けてころもにくぐらせる。

皮を上にして、190℃に温めた揚げ油に入れ、1分ほど揚げる。

✽ 最初、皮が縮んで丸まりますが、自然のなりゆきですので、気にしないでかまいません。

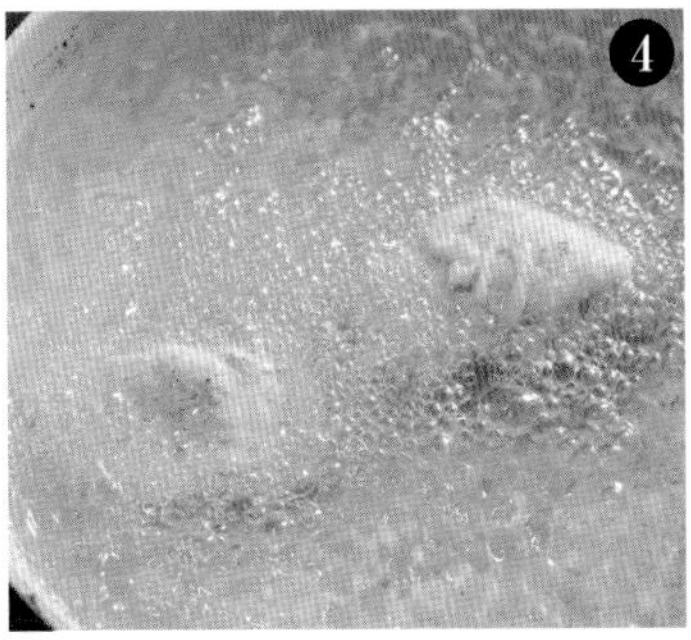

裏に返し、油温を175℃に下げ、30秒ほど揚げたら、再び裏に返す。

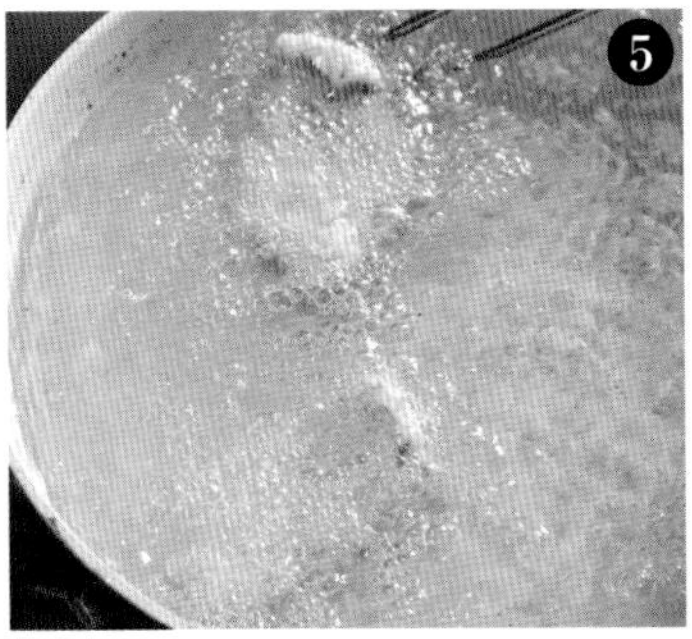

30秒くらいの間隔で裏に返しながら、2分ほどじっくりと揚げる。

✽ 金目鯛の身の厚さによって、揚げ時間は加減してください。今回は厚めのものを使いましたが、薄めなら、1分半ほどでよいでしょう。

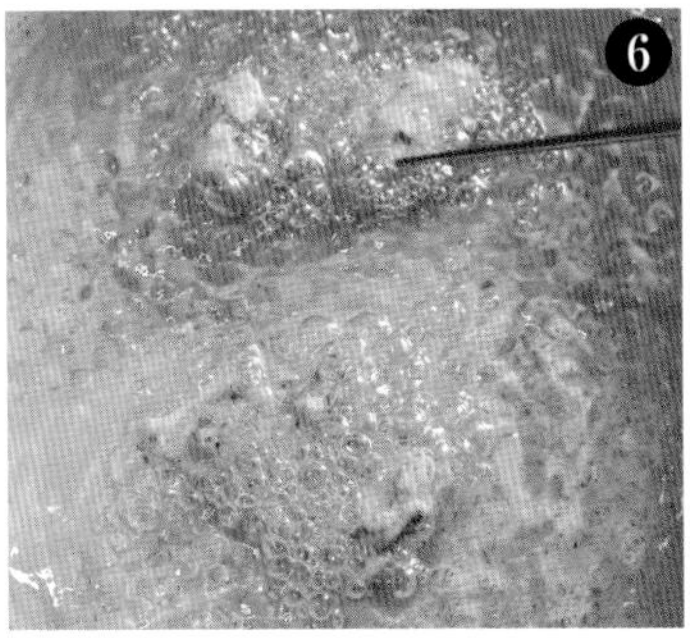

ころもの周りの泡が少なくなってくる。

揚げ上がり。取り出して紙にのせる。

ペーパータオルで包み、1分半ほど余熱で火を入れる。

◎目指す揚げ上がり

身がしっとりとして水分が滴り落ち、皮はパリパリした状態。金目鯛は身が柔らかく、火が入りすぎると硬くなるので、少し低めの油温でじっくり揚げて、仕上げに蒸らしましょう。

帆立

甘みと柔らかさを生かす半生で

旬
冬

揚げ油
190℃でスタート ▼ 180℃をキープ

揚げ時間
短い

帆立貝柱の天ぷらの醍醐味は、半生に仕上げた時の甘みと、ねっとりした柔らかさです。それには、生食用の帆立を使うことが条件。厚みのある大型の貝柱を丸ごと、頻繁に返しながら短時間で揚げて、真ん中に半生の層を残すと、火が入っているのにまるで刺身のよう。帆立は大型のほうが旨みも濃いので、奮発してぜひ大きいもので作ってください。わさびと塩で召し上がるのがおすすめで、濃い甘みがわさびの辛みで引き締まり、旨みも際立ちます。

材料

帆立貝柱（殻付き。生食用）

薄力粉

ころも（→p.12～15）

揚げ油

わさび

塩、または天つゆ（→p.76）

■ 帆立貝用の貝べら（先端が丸く、薄い金属製へら。バターナイフで代用してもよい）

帆立の殻の平らな面を下にして置き、貝べらを2枚の殻のすき間に差し込む。上の殻に沿って深く差し、左右にカシャカシャと動かして貝柱を殻からはがす。

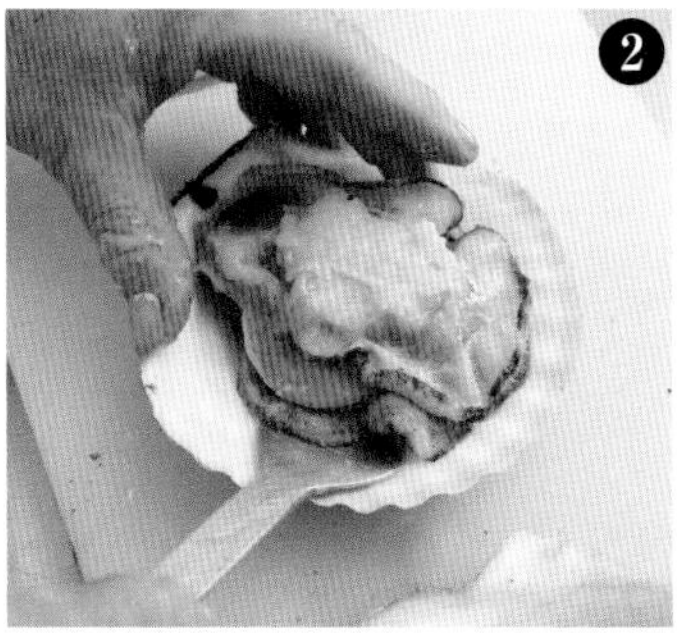

上の殻を開けてはずし、次に貝柱の下に貝べらを差し込んで殻からはがす。

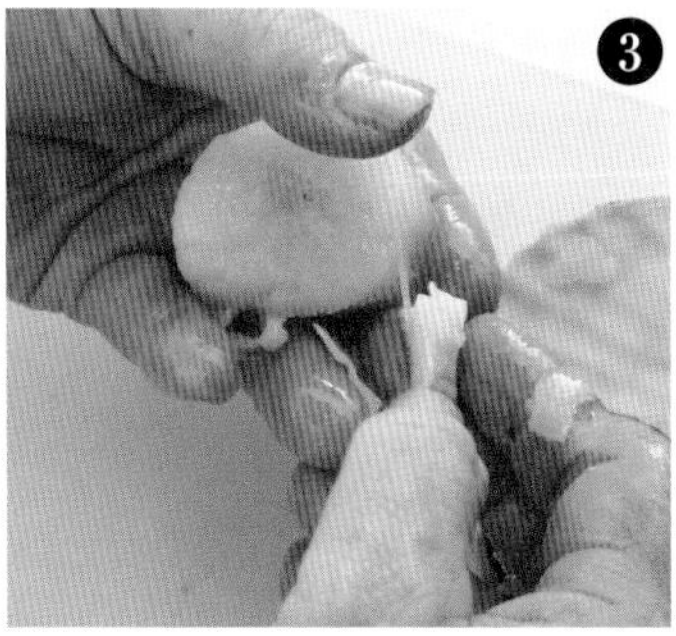

ヒモや内臓などをすべて取り除く。貝柱の隅にある乳白色の小さな硬いかたまり（「星」と呼ばれる部分）と薄膜を除く。

下ごしらえした帆立貝柱。揚げ油を火にかけ、190℃に温める。

薄力粉をまぶし、箸でトントンとはたいて余分な粉を落とす。続けてころもにくぐらせる。

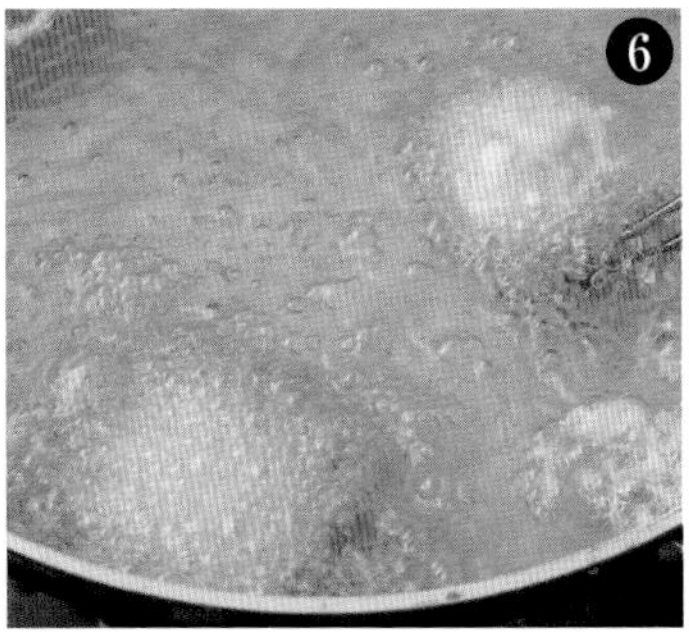

190℃に温めた揚げ油に入れ、30秒ほど揚げる。

❇ すべりやすいので箸で挟みません。箸の上にのせてもう一方の手を添えながら油へ。細かい泡がいっせいに立ちます。

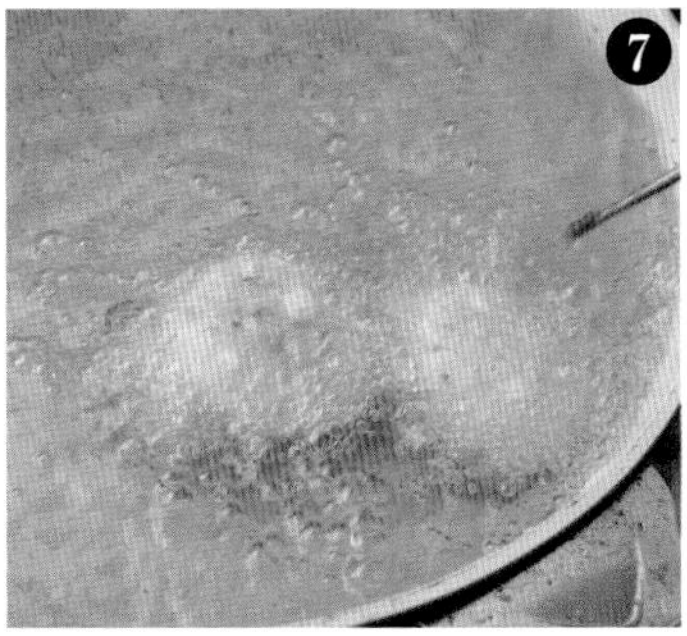

裏に返し、30秒くらいの間隔で2～3回裏に返しながら揚げる。

❇ 泡は次第に少なくなり、油がはねる音も小さくなってきます。

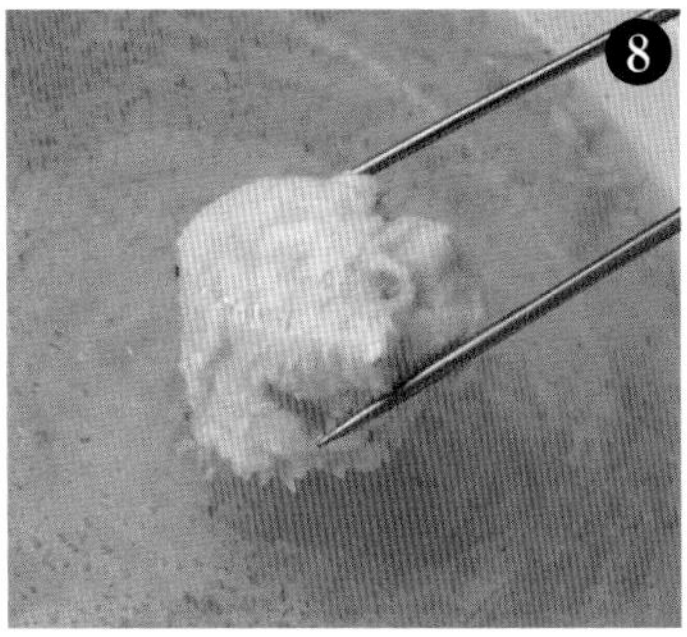

2分弱で揚げ上がり。取り出して紙にのせ、油をきる。

◎目指す揚げ上がり

短時間で揚げるので、ころもの揚げ色は薄くて充分。断面の半分以上が半生でねっとりした柔らかさが残っています。刺身のようでも、温かい仕上がりになるのが、天ぷらならでは。

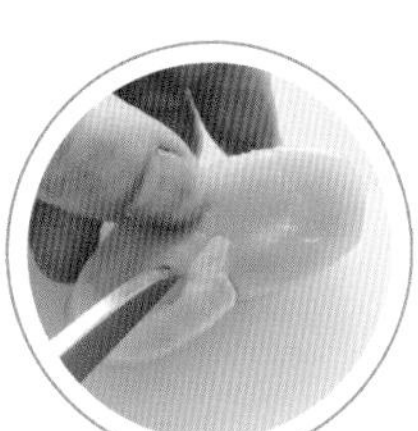

平貝

歯ごたえと旨みを生かす半生の火入れで

旬

冬～春

揚げ油

185℃でスタート

▼

175℃をキープ

揚げ時間

短い

「たいらぎ」とも呼ばれる平貝の、大きくて厚みのある貝柱を天ぷらにします。平貝の貝柱はしっかりとした歯ごたえが持ち味ですが、火が入りすぎると硬くなるため、海苔を巻いて、間接的にやさしく加熱していきます。また、旨みがとても強くおいしい貝ですが、少しクセがあるのが難点。出合いものの木の芽を一緒に巻いて、クセを抑えます。食べると、半生に揚げた平貝の旨み、木の芽の爽やかな香り、海苔の磯の香りが三位一体となって、専門店ならではの天ぷらが味わえます。

材料

- 平貝貝柱（むき身。生食用）
- 海苔（8つ切りの半分）
- 木の芽
- 薄力粉
- ころも（→p.12～15）
- 揚げ油
- わさび
- 塩、または天つゆ（→p.76）

平貝の貝柱の硬い部分を取り除く。まず、右側から斜めに包丁を入れ、左からも包丁を入れてはずす。

❉ 貝柱が残ったら、同様に包丁を入れて取り除きます。

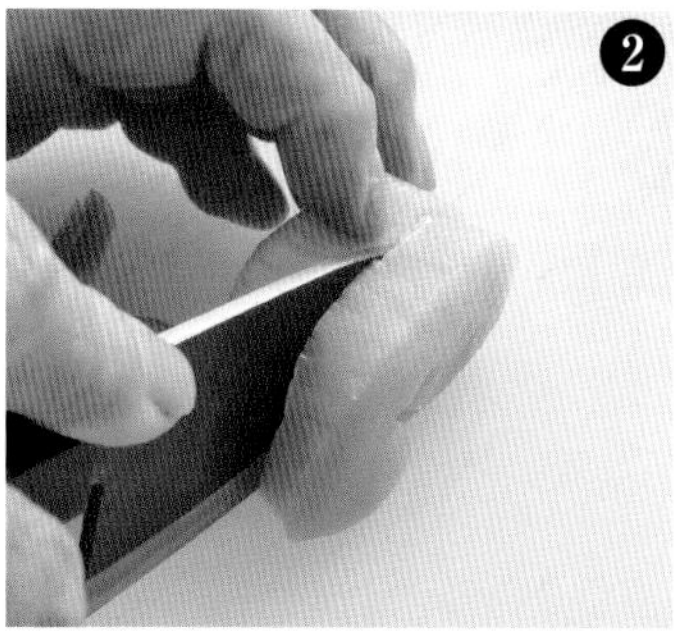

厚みを半分に切り分ける。

海苔を縦長に置き、❷の1切れをのせ、木の芽をたっぷりとのせる。

❉ 平貝は噛みごたえがあるので、海苔で巻いても素材が負けませんが、雲丹（→p.96）のような繊細な素材は海苔に負けてしまうため、デリケートな大葉を使います。

海苔、平貝、木の芽を押さえて巻く。最後に海苔に水をつけて留める。揚げ油を火にかけ、185℃に温める。

薄力粉をまぶし、箸でトントンとはたいて余分な粉を落とす。続いてころもにくぐらせる。

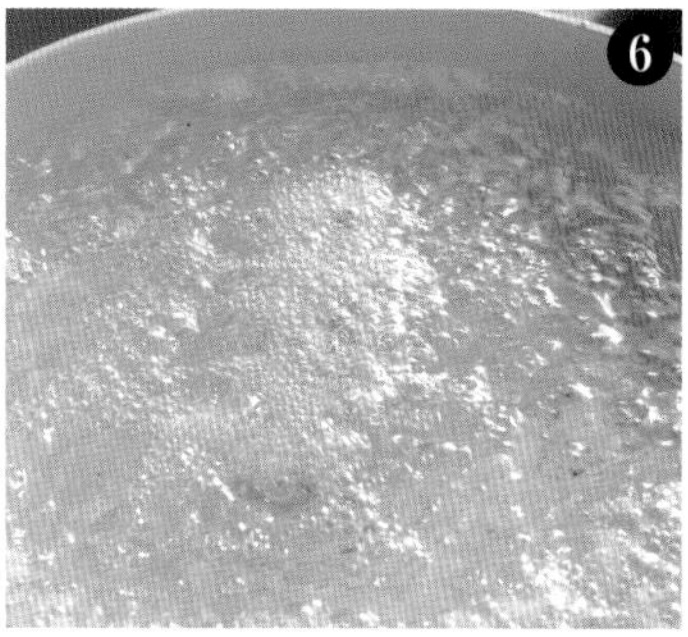

185℃に温めた揚げ油に入れる。

30秒ほど揚げたら箸でポンとすくって裏に返し、さらに1分ほど揚げる。

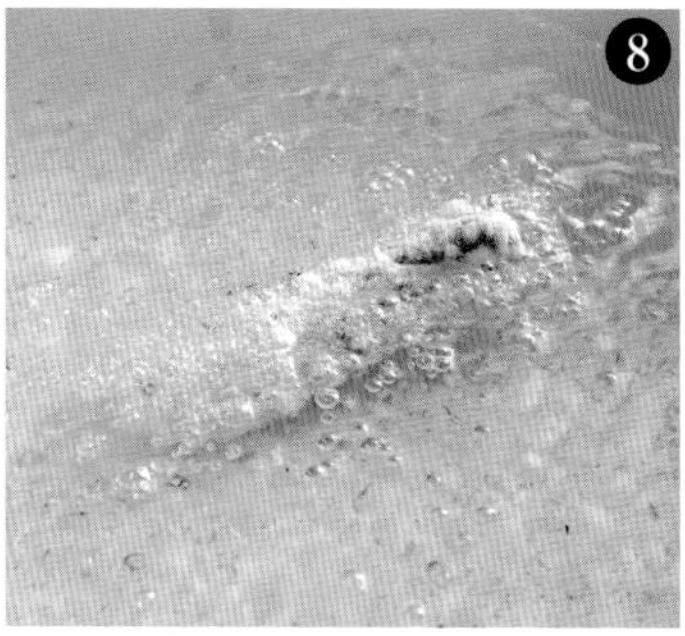

ころもから出る泡が少なくなり、はねる音が小さくなったら揚げ上がり。取り出して紙にのせ、油をきる。

◎目指す揚げ上がり

断面の半分以上が半生になっているのが理想。刺身のようでありながら、軽く火が通って、噛むごとに旨みが出てきます。

かき

揚げてなおフレッシュな味わい

旬
冬

揚げ油
180℃でスタート
▼
170℃をキープ

揚げ時間
短い

かきを贅沢に天ぷらにするなら、生食用の殻付きを使うのがおすすめ。むき身で流通しているものは身に水分を含みすぎているので、表面を拭いても油に入れると一気に油がはねます。殻から自分でむくか、購入する店でむいてもらいましょう。

高温で揚げると破裂しやすいので、魚介の中では低めの170℃で、2分強を目安に揚げます。火が入って温かいのに、生がきのようなミルキーな風味と、ねっとりした柔らかさが残り、天ぷらならではのおいしさです。

材料

かき*（殻付き。生食用）
薄力粉
ころも（→p.12～15）
揚げ油
天つゆ（→p.76）、または塩
すだち果汁

■ペーパータオル
■貝むき（金属製のバターナイフでも）

＊身が縮みにくい大型がベスト。

かきは、殻の膨らんだ面を下に、ちょうつがいを手前にしてまな板に置く。右側の真ん中にある殻のすき間に貝むきを強く差し込み、前後に動かして貝柱を上の殻からはがす。

❈ 貝柱は、上記のように置いた時、右寄りの中央にあります。

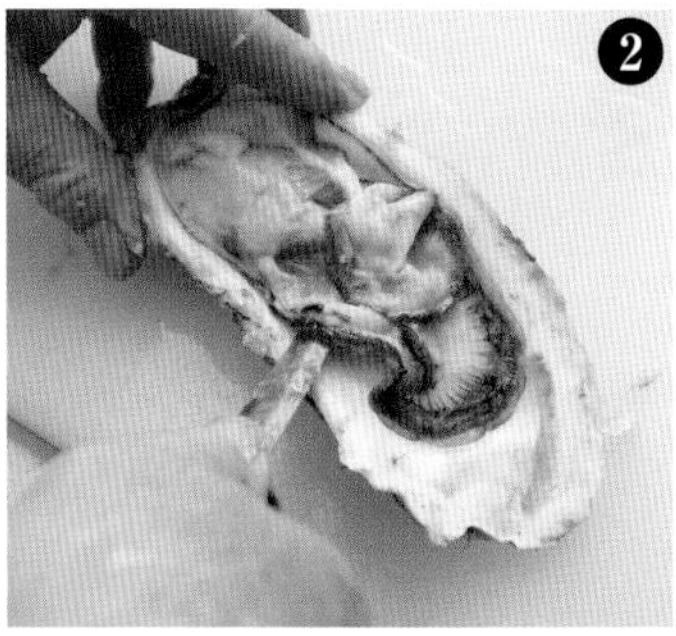

上の殻を強く押し上げて完全に開く。身の下に貝むきを差し入れ、すくい取るようにして貝柱を殻からはずす。

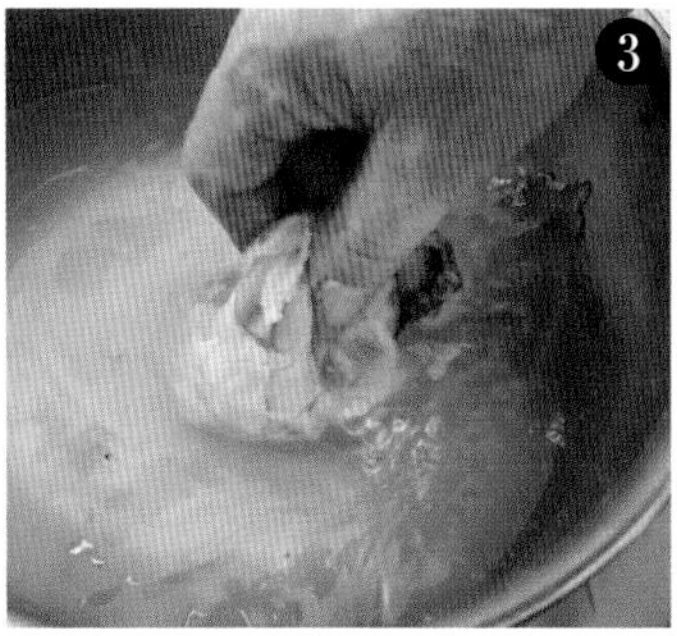

ボウルに水をため、むき身に水をかけて汚れをざっと落としてから、水の中でふり洗いする。

❈ 塩や大根おろしでもみ洗いする必要はありません。真水で洗うだけで大丈夫です。

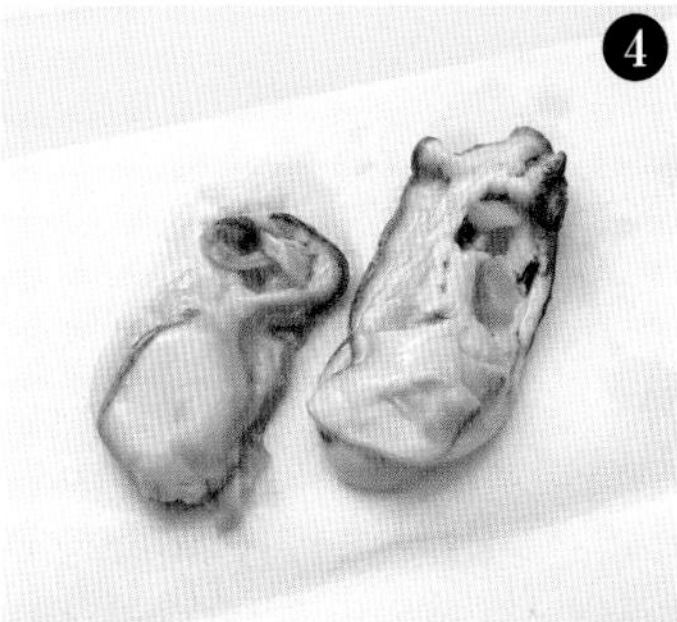

ペーパータオルで挟んで水分を拭き取り、表面が乾くまで4～5分おいて下ごしらえを終える。揚げ油を火にかけ、180℃に温める。

❈ 表面を乾かしておくと、ころもの内側がベタベタにならずサックリと揚がります。

薄力粉をまぶし、箸でトントンとはたいて余分な粉を落とす。

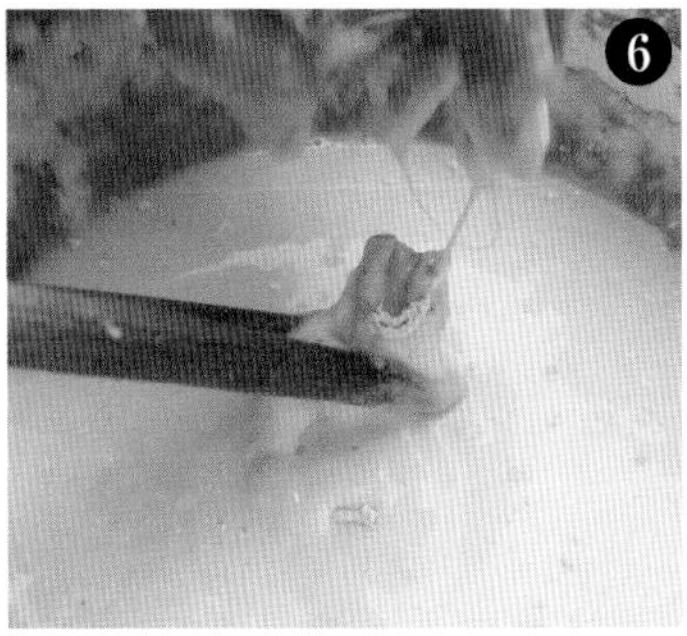

ころもにくぐらせる。

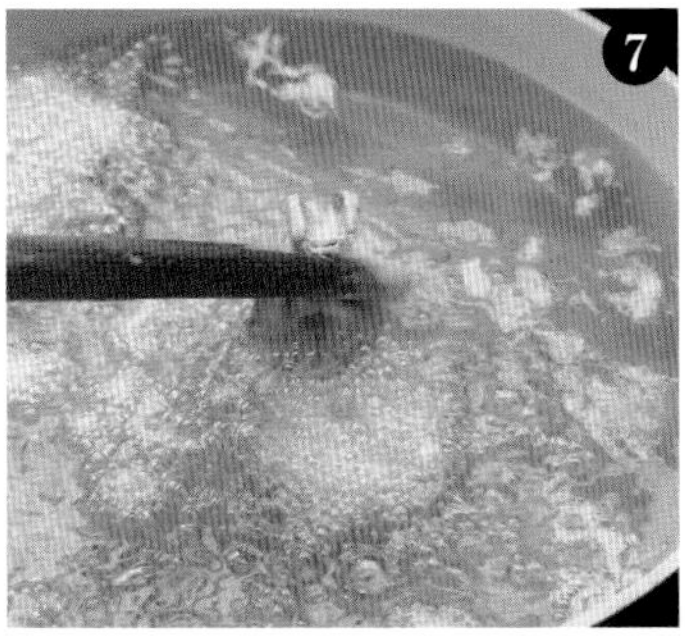

180℃に温めた揚げ油に入れ、1分近くじっくりと揚げる。

❈ 細かい泡が立ちますが、油がパチパチと大きくはねることはありません。

裏に返し、再び1分近く揚げる。再度裏に返して火力を少し強める。

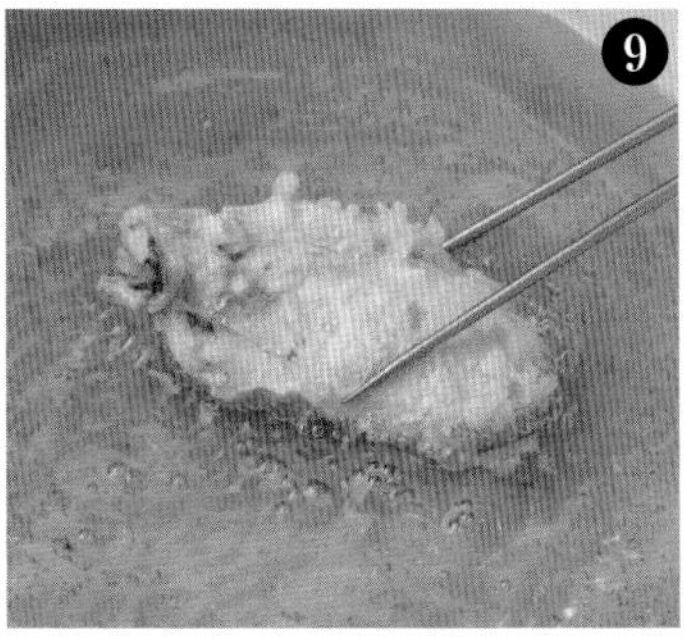

泡が大きくなり、かきが浮いてきたら揚げ上がり。取り出して紙にのせ、油をきる。目指すのは、ミルキーな風味と柔らかさにあふれた揚げ上がり。

❈ すだち果汁をひと搾りかけると爽やかに食べられます。

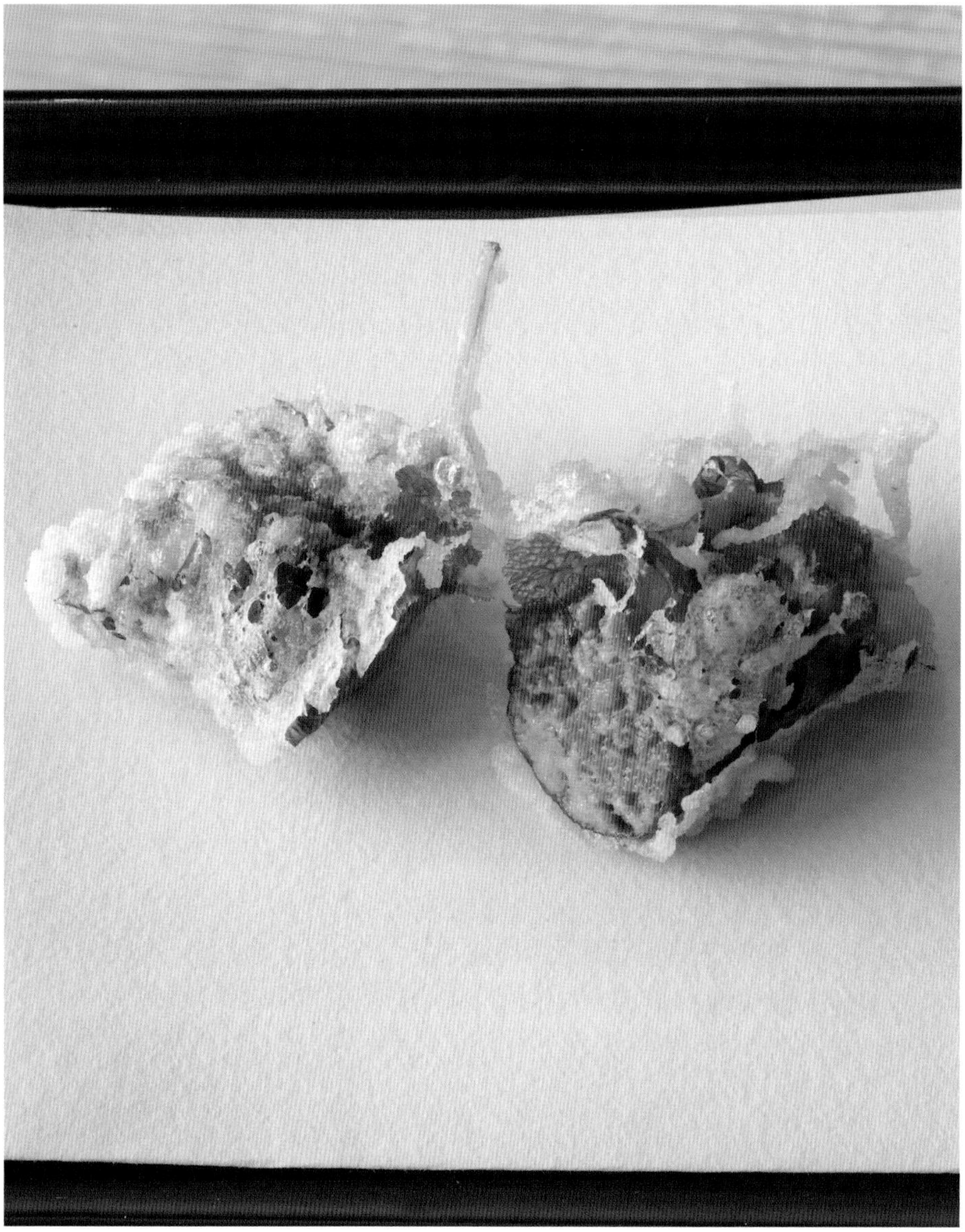

雲丹

きちんと火を入れてこそ、本性が出る

旬
夏

揚げ油
180℃でスタート
▼
170℃をキープ

揚げ時間
短い

天ぷらは、雲丹の〝本性〟を引き出す調理法だと思います。油で揚げることで独特の苦みが消えて、旨みだけが出てきて、生で食べるよりも甘くなる。だから、生雲丹が苦手な方も天ぷらならおいしくいただけます。油が雲丹に当たりすぎると水分がとんで香りが減ってしまうので、大葉で巻いて、ゆっくり、焦がさないように揚げていきます。雲丹を海苔で巻いて揚げる人もいますが、海苔が勝ってしまうように思い、繊細でかつ、雲丹と違う香りのする大葉をマッチさせています。

材料

雲丹
大葉
ころも (→p.12～15)
揚げ油
わさび
塩、または天つゆ (→p.76)

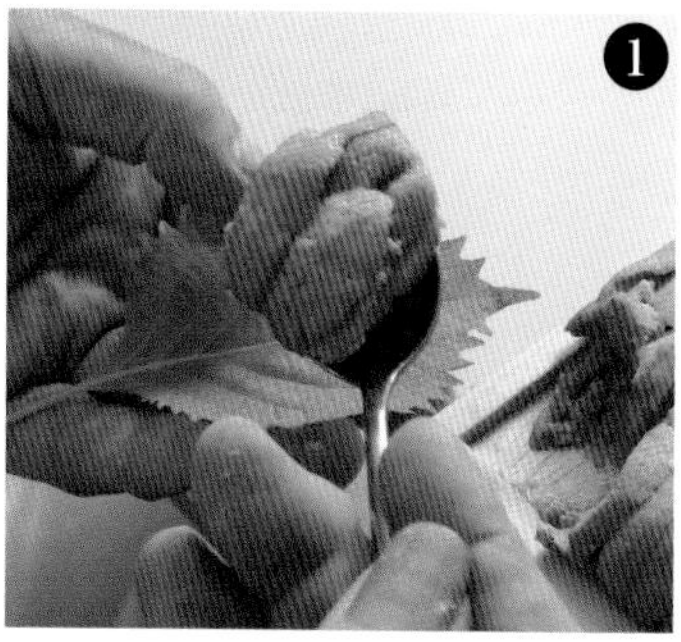

大葉1枚に、小さめのスプーンで雲丹を山盛りすくってのせる。

大葉で包み、合わせ目を指先でしっかりと押さえて留める。揚げ油を火にかけ、180℃に温める。

✽ 大葉で包むことで、雲丹の水分を逃さないようにします。開かないように、しっかりと留めるのがポイント。

大葉の軸を持って、ころもをたっぷりとつける。

✽ 薄力粉はつけません。粉をつけると雲丹の中に入ってしまい、味を損ねます。

180℃に温めた揚げ油に、そっとやさしく入れる。

✽ 大葉が開かないよう、油の近くでそっと入れましょう。

30秒ほど揚げる。

箸で裏返し、30秒ぐらいの間隔で2〜3回返しながらしっかりと揚げる。

✽ 雲丹のように丸まった形のものは、じっくりと揚げます。中が生っぽすぎるとおいしくありません。

3分弱で揚げ上がり。取り出して紙にのせ、油をきる。

◎目指す揚げ上がり

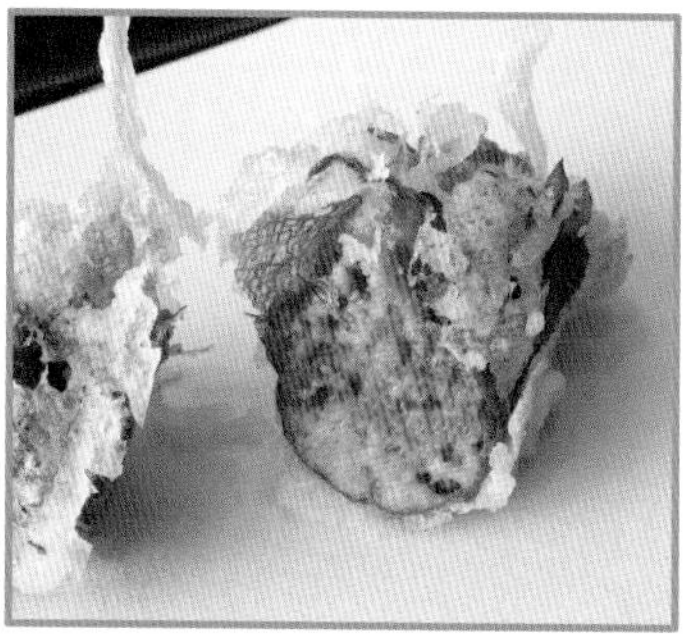

大葉ところもの膜を通して加熱しているので、芯まできちんと火が通りながら、水分をキープしています。

△失敗例

きちんと包めていなかったり大葉が開いたりすると、雲丹に油が直接当たって、周りは水分が抜けて香りも抜け、中は水っぽくなってしまいます。

この本で使うおもな天ぷらの道具

ご家庭で天ぷらを作るのに必須の道具、あると便利な道具をまとめました。
ほとんどがキッチンに普通にあるものです。
天ぷら上手に近づくために、うまく使いこなしてください。

フライパン

天ぷら専用鍋も市販されていますが、どの家庭にもあるフライパンが使いやすくておすすめです。油の深さが均一になるので揚げむらができず、油も少量ですみます。直径26～28cmが手頃ですね。写真はセラミック加工ですが、厚手であれば材質は問いません。

粉箸・盛り箸・菜箸

2種類の箸を使い分けます。薄力粉をまぶし、ころもをつけて油に入れるまでの作業は、木製の粉箸（別名・粉とき棒。写真右）を。油に入れてから、裏に返したり取り出したりする時は、写真ではステンレス製盛り箸（中央）を使っていますが、ご家庭なら通常の菜箸（左）がよいでしょう。

　粉箸は柄側が直径約1.4cmあり、通常の菜箸の2倍の太さです。太さがあることで、力を入れずにたねを持てます。強く握る必要がない分、たねを傷つけることがなく、ころもがたねに食い込んだり、形が崩れたりすることがないんです。

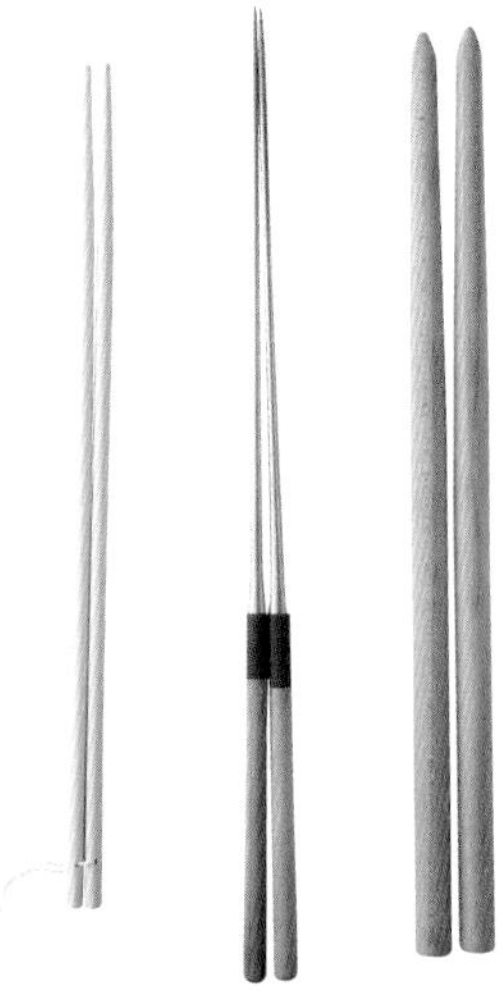

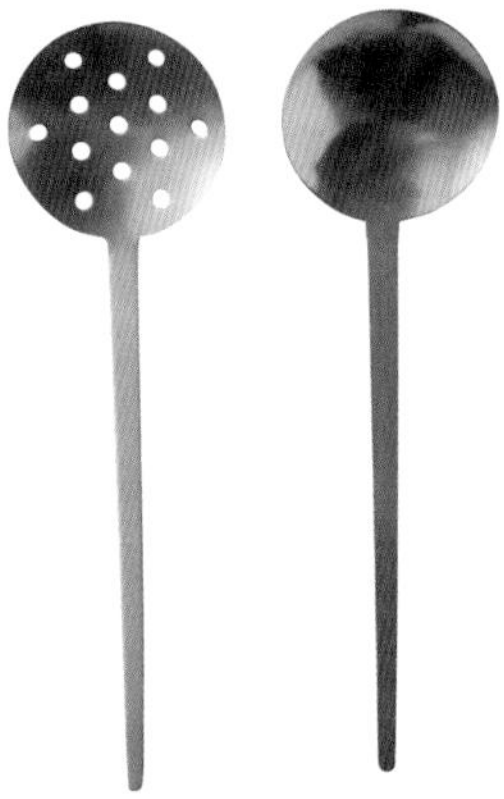

玉杓子・穴杓子

玉杓子（写真右）はころも作りで卵水に薄力粉を入れる時などに。一方の穴杓子（左）はかき揚げを作る際、たねを油に入れる時に使うと便利。たねがばらけにくく、穴から余分なころもが抜け落ちるので、ちょうどよい薄ごろもになります。ともに直径7.5cm前後が使いやすいです。

泡立て器

ころもを作る時に材料を混ぜるのに使います。菜箸を使うと全体を混ぜるのに時間がかかり、結局は混ぜすぎてグルテンが生成され、粘りのある重いころもになりがち。泡立て器ならすぐに混ざるので、混ぜすぎにならず、軽やかなころもができます。

油こし器

調理中は天かすを入れ、調理後は揚げ油をこすのに使います。

油きり容器

揚げた天ぷらを一時的に置く網付きのバットです。網の上にペーパータオルをのせ、その上に天ぷらを置いて余分な油をきります。

網杓子

揚げている途中で、油に散らばる天かすを取り除きます。天かすを残しておくと、たねについたり、油の劣化につながったりするので頻繁に取ってください。

第三章

かき揚げ

素材をまとめて揚げる
この天ぷらは、
口に入れた時に広がる
圧倒的な旨みのかたまりが
他にはない醍醐味。
野菜や魚介一種だけでなく、
組み合わせることもでき、
バリエーションも広がります。

小粒のもの、細いものをまとめて揚げたのがかき揚げです。小海老、にんじん、玉ねぎ、ごぼうが定番ですが、店では小柱やとうもろこし、そら豆もよく使います。

かき揚げのむずかしさは、油に入れた時にたねがばらけやすいこと。秘策は、小型の穴杓子ですくったたねを油の表面にそっとのせるように入れること。穴杓子は余分なころもが穴から落ちるのでころもが厚くならず、ひとすくいが手頃な大きさになるのも便利です。とうもろこしやそら豆は、火をいったん消してから入れるとばらけにくくなります。

また、ぼってりとした厚いころもにならないようにするには、ころもの濃度もカギ。基本のころもに卵水を加えて薄めにします。「ばらけやすくなるのでは?」と心配になるでしょうが、薄ごろもがつなぎ止めてくれるので大丈夫です。

箸で強くつかんだり刺したりすると形が崩れ、油が内側にしみ込んでしまいます。裏に返す時も取り出す時も、すくい上げるようにやさしく扱ってください。

かき揚げ作り 3つのコツ

一

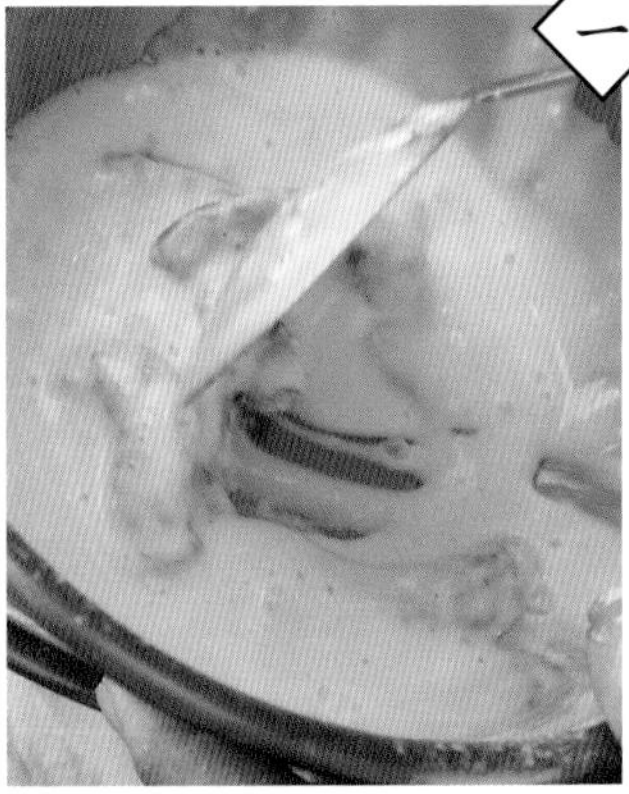

ころもはより薄く

変形の素材で作るかき揚げは、ころもで覆われる面積が多く、風味や食感が重くなりやすいので、ころもをさらに薄くします。基本のころも1カップに対し、卵水を大さじ3ほど加えるとちょうどよい薄さ。素材の表面に薄膜が張る程度で、「こんなに薄いの!?」と思われるかもしれませんが、これが素材を生かすのに大切な濃度です。

二

穴杓子が便利!

かき揚げでは、ころもを素材全体に、できるだけ薄くまとわせることが大切です。かき揚げというと「ころもを食べる」感覚の方もいるようですが、本当においしいかき揚げは違います。余分なころもを落として薄ごろもに仕上げたいので、すくう時に穴杓子を使うと便利。すくった形のまま油に入れることができるので、揚がった姿も自然でおいしそうに見えます。

三

できるだけさわらない!

「かき揚げのコツは、箸を差して穴を開けて油を通す」なんて記述を見ることがありますが、私にはNG。できるだけさわらず自然と揚がるのを見守る、これがコツです。ころもが薄いので自然と油が全体に通りますし、裏返す時も箸先でポンとひっくり返すだけ。取り出す時も、そっとやさしく挟みます。一つ一つ違う表情に揚がるのもかき揚げの醍醐味ですから、自然な形を生かしましょう。

美しい赤色が華やかな
海老のかき揚げ

旬
夏

揚げ油
190℃でスタート
▼
180℃をキープ

揚げ時間
短い

海老のかき揚げは、小型の海老を使って、6～8尾をまとめて揚げます。ここでは才巻海老を使いましたが、殻付きで10㎝以下であればどんな海老でもOK。小さな海老も、かき揚げにすれば大型の海老1本に負けないボリューム感が出て、口いっぱいに旨みが広がりますよ。

たねは2回に分け、時間差をつけて重ねて揚げます。厚みのある、形のよいかき揚げになり、中心にも火が入りやすくなります。ころもの濃度を薄くすることで、海老の香りが立ちやすく、鮮やかな赤色が透けて美しく揚がります。

材料

小海老（殻付き。才巻海老など）
薄力粉
ころも（→p.12～15。薄めに）
揚げ油
天つゆ（→p.76）、または塩

頭胸部の殻をちぎってはずし、つながっている背ワタを引き抜く。残りの殻をすべてむき取る。

❉ 尾びれの上の殻はむきにくいので、つけ根をつぶすようにつまんで中の身を押し出します。

下ごしらえした海老。かき揚げ1個分は、6～8尾。揚げ油を火にかけ、190℃に温める。

ボウルに個数分の海老を入れ、薄力粉をふってまぶす（写真は1個分）。

❉ 穴杓子ですくいながら1尾1尾に均一にまぶします。薄力粉は多く入れすぎず、ちょうどまぶせる量を加減してください。

❸のボウルにころもをたっぷり入れ、穴杓子で軽く混ぜる。

❉ 1尾1尾にまんべんなくころもがつくようにしましょう。

穴杓子で3～4尾分ずつすくって、190℃に温めた揚げ油に入れる。

❉ 余分なころもを落とすため、穴から自然に落ちる穴杓子を使います。穴杓子に盛った丸い形を生かすように静かに入れましょう。細かい泡が立ち、海老は重みで沈みます。

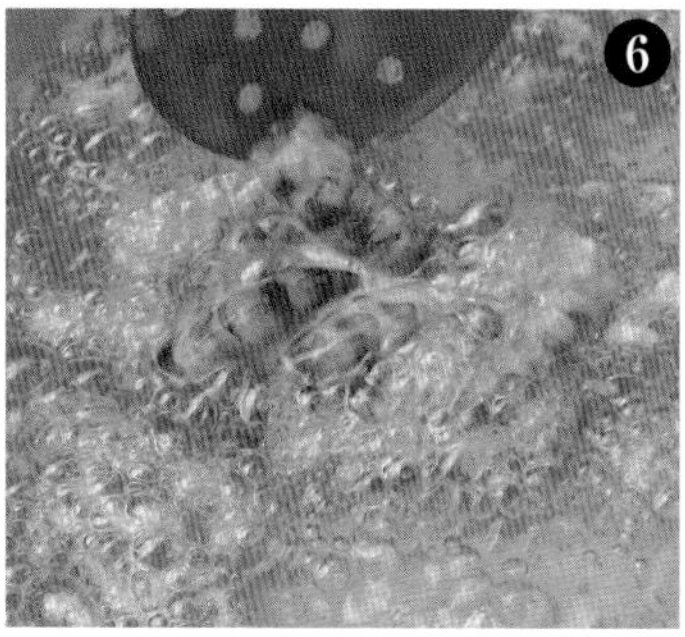

続けて、3～4尾分を穴杓子ですくい、❺の海老の上にのせる。

❉ 1杯目の海老が油に沈んでいる間にのせます。

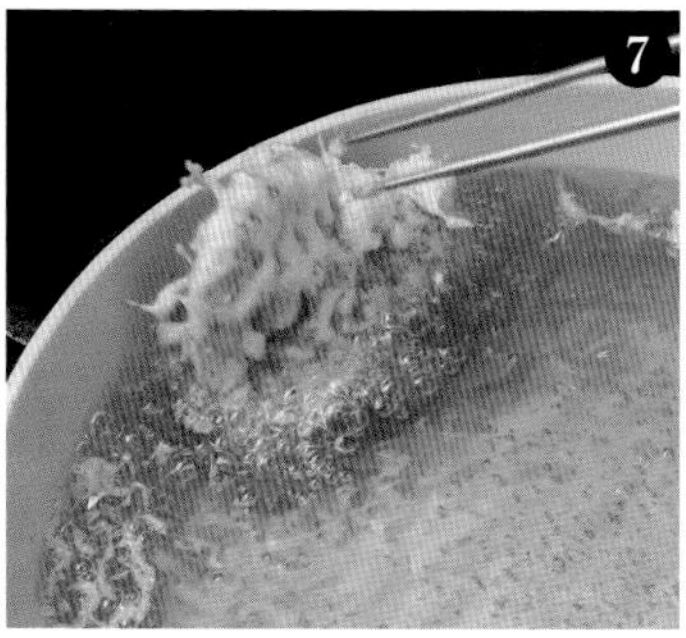

30秒ほど揚げてから、裏に返す。

❉ 最初は、返す時にばらけない程度に揚げ固めます。箸で刺したり、強く挟んだりするとダメージを与えるので、下からすくうようにやさしく返すことが大事ですよ。

さらに2回ほど裏に返しながら、2分ほど揚げる。

❉ 海老のかき揚げは厚みがあるので、途中でフライパンを少し傾け、油に深さを作ってよく浸かるようにすると効率的です。

泡が少なくなり、静かになってきたら揚げ上がり。取り出して紙にのせ、油をきる。目指す揚げ上がりは、海老の鮮やかな赤色が透け、立体的に形よくまとまっていること。

桜海老のかき揚げ

海老の旨みとねぎの甘みを口いっぱいに

旬
春と秋

揚げ油
190℃でスタート
▼
180℃をキープ

揚げ時間
短い

近年、産地の静岡県以外でも流通するようになったフレッシュの桜海老を、かき揚げにします。干し桜海老よりも柔らかく、もっちりした食感はフレッシュならではのおいしさ。長ねぎを混ぜると甘みが加わり、食感もやさしくなります。

海老が小さいので、〝油の中で散らないように〟と、ころもをたくさんつけがちですが、ぼってりと重くなっていけません。穴杓子で余分なころもを落とし、静かに油に入れれば散ることはありません。

材料

桜海老（生）*
長ねぎ*
薄力粉
ころも（→p.12～15。薄めに）
揚げ油
天つゆ（→p.76）、または塩

■ペーパータオル

＊桜海老 50g に対して長ねぎ 1 本分（白い部分）がちょうどよい割合。これでかき揚げ 2 個分。

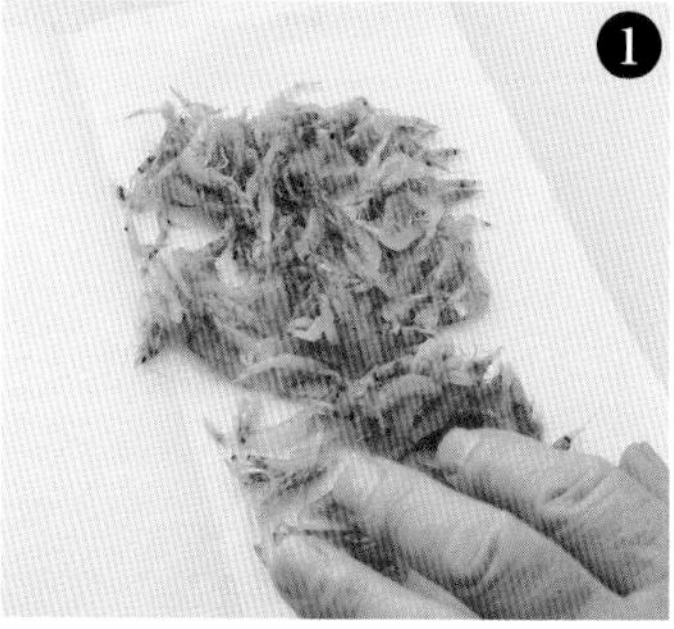

桜海老をボウルに入れてさっと水洗いする。ザルにあけて水分をきり、ペーパータオルで挟んでしっかり水気を拭き取る。個数分をボウルに入れる。

個数分の長ねぎを幅8mmくらいの小口切りにし、桜海老に混ぜる。揚げ油を火にかけ、190℃に温める。

❖ねぎを薄く切りすぎると桜海老の香りに負けるので、少し幅広に切ります。

薄力粉をふってまぶす。

❖ボウルの中で和えるようにして、桜海老の1尾1尾、ねぎの1片1片に均一に薄力粉をまぶします。粉は多く入れすぎないように注意を。

❸のボウルにころもをたっぷりと加え、穴杓子ですくいながら混ぜる。

❖ころもを入れたら粘りを出さないようにテンポよく混ぜましょう。ころもも、全体に回るようにします。

穴杓子1杯分のたねを、190℃に温めた揚げ油に静かに入れる。

❖余分なころもは、穴杓子の穴から自然に落とします。たねをそっと油に置く感じで入れれば、バラバラに広がりません。

続けて2杯目のたねを❺の桜海老の上にのせる。

❖2杯目のたねは1杯目より少なく。これでちょうどよい厚みが出ます。たね全体が細かい泡で覆われていますが、火が入れば浮かんで海老が姿を現してきます。

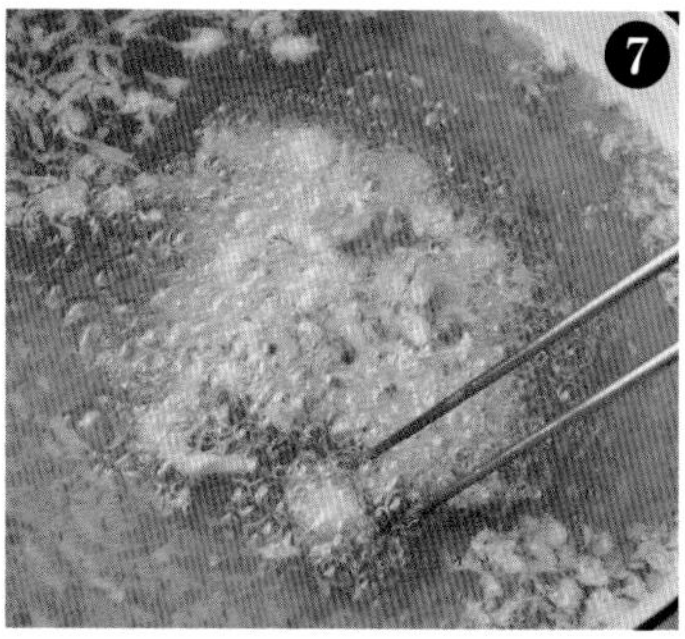

火加減を少し弱めて30秒ほど揚げたのち、裏に返す。

❖返す時は、箸でつかむとかき揚げが崩れやすいので、下からすくってポンと返してくださいね。

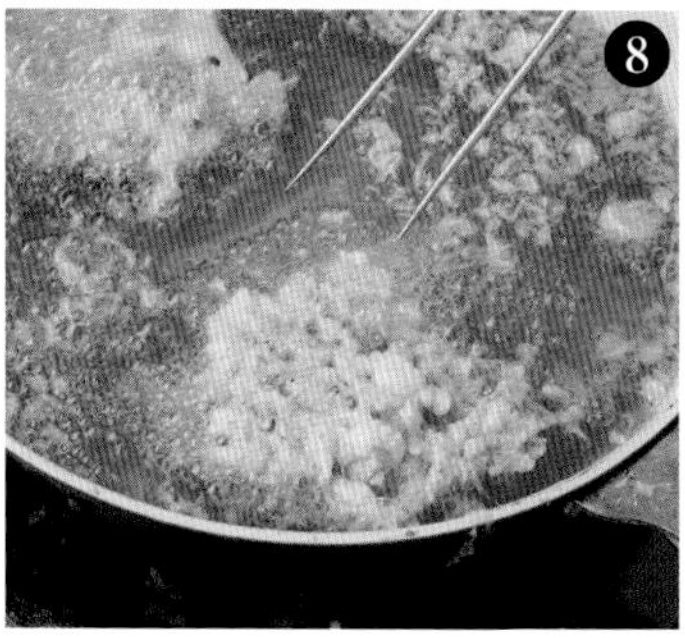

続けて30秒ほど揚げ、再び裏に返して1分ほどで揚げ上がり。かき揚げ全体が浮き、海老の香りが立ってきたら取り出し、紙にのせて油をきる。

◎目指す揚げ上がり

表面はサクサクと香ばしく、内側は適度な水分が残ったしっとりしたやさしい口当たり。切り口から甘い香りが立っています。

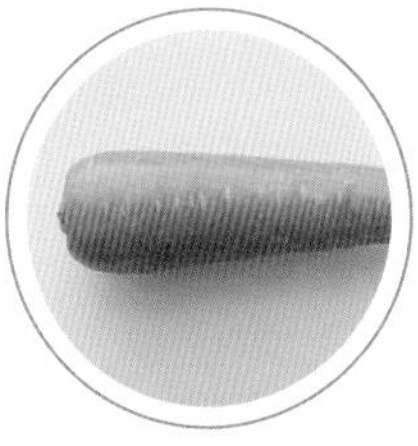

冬に甘みが増す根菜の定番

にんじんのかき揚げ

旬
冬

揚げ油
185℃でスタート
▼
175℃をキープ

揚げ時間
短い

にんじんのかき揚げは、にんじんを厚さ5㎜ほどの拍子木切りにして、噛みごたえがあり、香りと旨みが際立ったにんじんらしさの強い天ぷらにします。108ページの寄せ揚げは短時間で揚げるので、使うのは柔らかい外側に限られますが、こちらのかき揚げは切り方が厚い分、揚げる時間も長いので、硬い中心部でも柔らかくおいしく食べられます。形に厚みを出すため、時間差をつけて2段に重ね、形よく揚げてください。

材料

にんじん
薄力粉
ころも（→p.12～15。薄めに）
揚げ油
天つゆ（→p.76）、または塩

にんじんを長さ6cmに切り、厚さ5mmの薄切りにする。

✽皮の内側にある旨みを生かしたいので、かき揚げでは皮をむかずに揚げます。

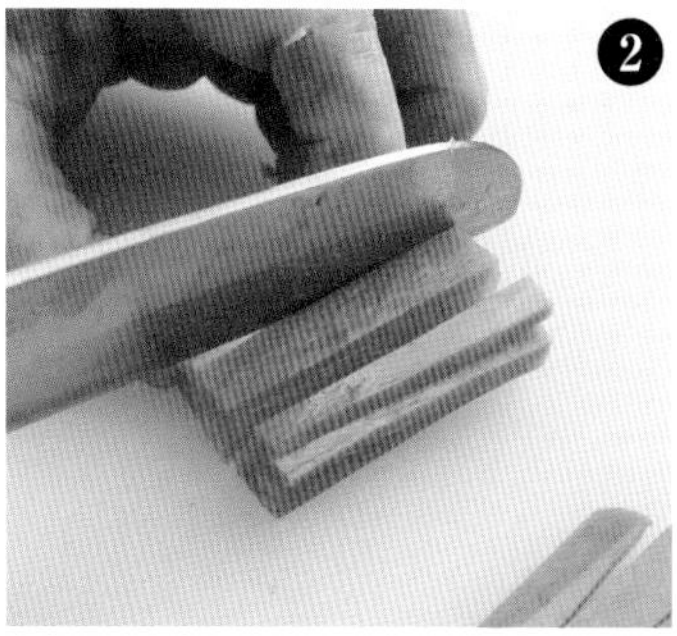

皮面は幅1cm強、内側は幅7mm〜1cmに切って拍子木にする。これがかき揚げ1個分。揚げ油を火にかけ、185℃に温める。

ボウルに個数分のにんじんを入れ、薄力粉をまぶす(写真は1個分)。

✽にんじんの1枚1枚に均一に粉をまぶします。

❸のボウルにころもをたっぷりと加え、穴杓子ですくいながらからめる。

✽ころもは、にんじんに薄い皮膜がつく程度の薄さ。このぐらいの濃度だと、軽い食感に揚がります。

穴杓子1杯分のにんじんをすくい、185℃に温めた揚げ油に入れる。

✽フライパンの側面にあててから静かに油にのせると、ばらけることなく、きれいな形にまとまります。

続けて、2杯目のたねをやや少なめにすくい、❺のにんじんにのせる。

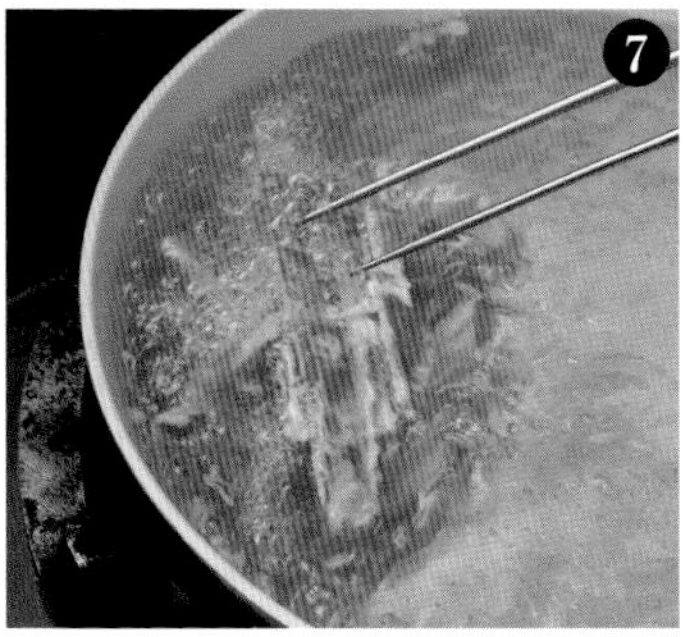

1分近く揚げて、上面のころもが完全に固まらないうちに裏に返す。

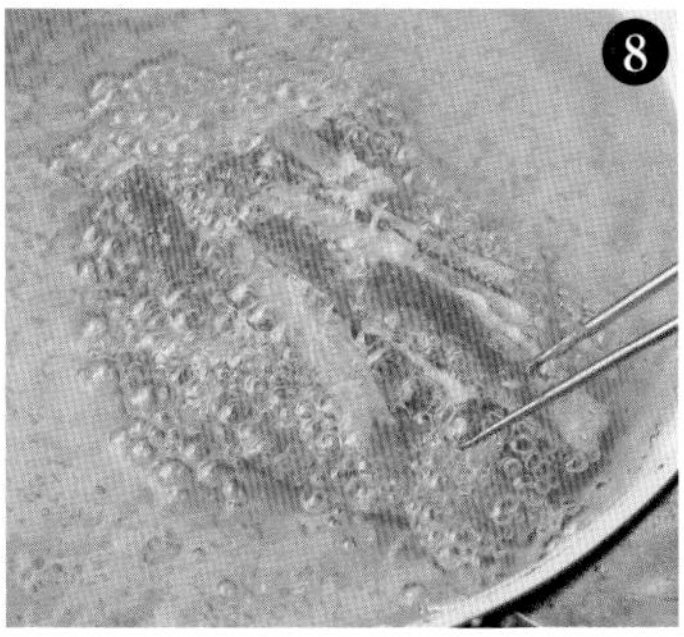

さらに3〜4回裏に返しながら、2分ほど揚げる。

✽1段目のほうをやや長めに下に向けて揚げます。泡はだんだん大きく、少なくなってきます。

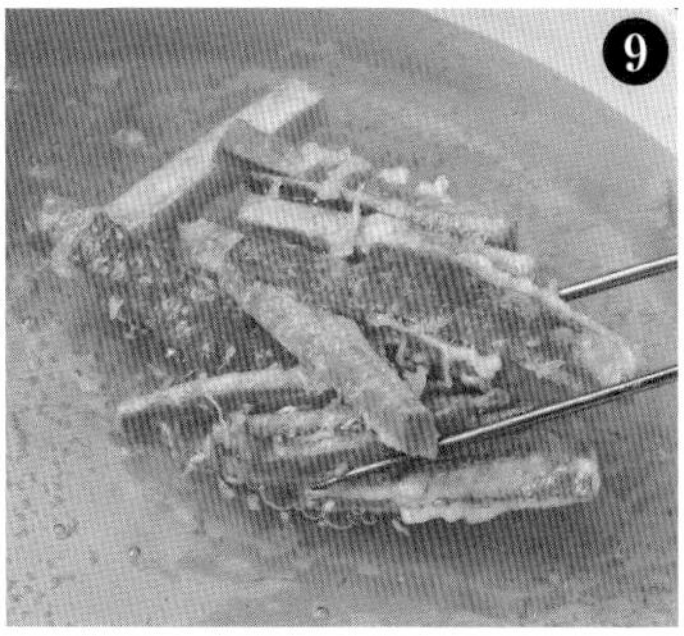

にんじんが浮いてくれば揚げ上がり。取り出して紙にのせ、油をきる。目指す揚げ上がりは、にんじんの甘みや旨みがしっかりと伝わるボリュームある形。

かき揚げとは違う！

てんぷら近藤オリジナル「にんじんの寄せ揚げ」

旬
冬

揚げ油
185℃でスタート
▼
175℃をキープ

揚げ時間
短い

極細に切ったにんじんを油一面に広げて瞬時に揚げ、箸で寄せてふわりと高さを出して盛るのが「寄せ揚げ」です。1本1本の細いにんじんがそれぞれ揚がっているので、水分がよく抜け、凝縮された甘みが口いっぱいに広がるのが醍醐味。口当たりはサクッと軽くてすぐに溶けるような感覚です。

細く切るほど甘みを感じやすいので、店では1㎜くらいの極細にしますが、家庭ならもう少し太くてもかまいません。ころもの柔らかさが残っているタイミングで素早く寄せるのがコツです。

材料

にんじん
薄力粉
ころも（→p.12～15。薄めに）
揚げ油
塩

にんじんを長さ6cmに切り、皮をむき、厚さ1.5〜2mmのかつらむきにする。3周分むく。残りはかき揚げ（→p.106）に使うとよい。

❋ 皮と芯部は硬いので、他の料理に利用を。皮に近い外側の柔らかく甘みが強い部分を使います。

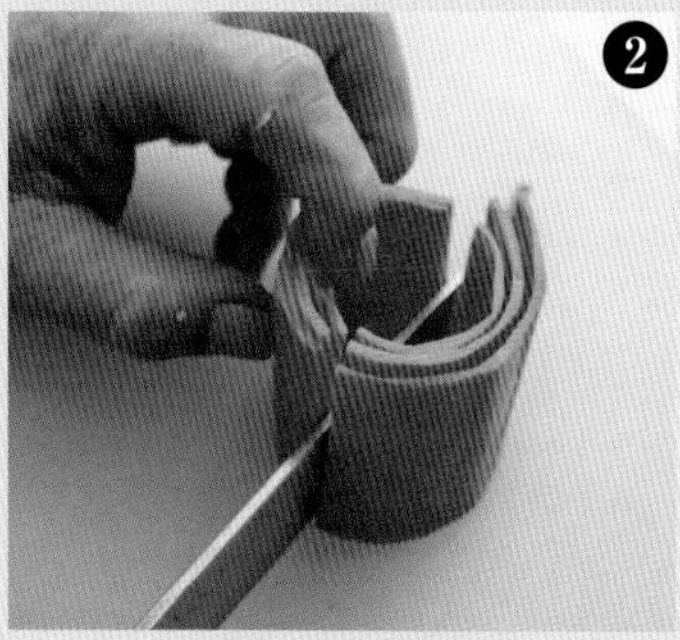

かつらむき3周分を丸めて縦半分に切り、薄切り状になったにんじんを幅1.5〜2mmのせん切りにする。これが寄せ揚げ1個分。

❋ かつらむきは少し技術が必要なので、薄切り→せん切りにしてもかまいません。

下ごしらえしたにんじん。揚げ油を火にかけ、185℃に温める。

ボウルに1個分のにんじんを入れ、薄力粉をまぶす。

❋ 手でにんじんをほぐすようにして、1本1本すべてに粉をまぶします。この天ぷらは、1個ずつ揚げてください。

別のボウルにころもを入れ、❹のにんじんを入れて穴杓子ですくいながらからめる。

❋ にんじんをすくい上げると、ころもの色がほとんど見えないくらいの薄さです。

穴杓子でにんじんを大盛りにすくって、185℃に温めた揚げ油に静かにのせるように入れる。

火力を少し弱め、一呼吸おいて、箸でシャカシャカと素早くほぐしてフライパンいっぱいに散らす。

❋ シャーッと高い音がして細かい泡も一面に広がります。

箸で軽くほぐしながら1分程度揚げる。上面のころもがまだわずかに柔らかいうちに、箸で1か所に寄せる。

❋ 1分の間に、泡は落ち着いて少なくなってきます。柔らかなころもも、集めているうちに火が入っていきます。

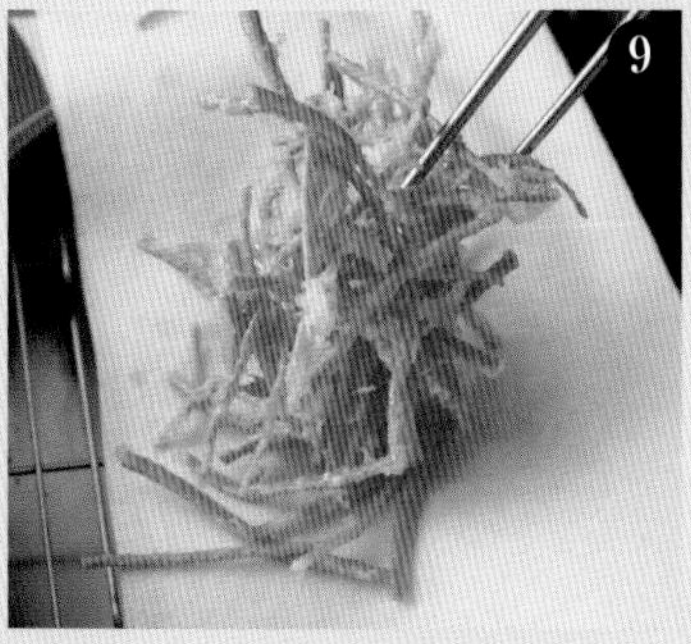

ふっくらした形にまとめて箸ですくい、紙にのせる。指先で軽く押さえて形を整える。

❋ 寄せ揚げは天つゆに浸すとすぐにへたってしまいます。ひと口大に割って塩をかけたほうがよりおいしく味わえます。

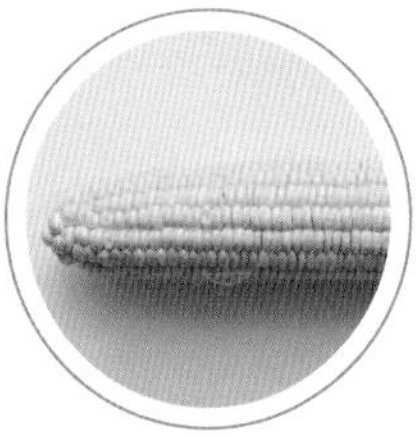

甘くてジューシー
とうもろこしのかき揚げ

旬
夏

揚げ油
180℃でスタート
▼
170℃をキープ

揚げ時間
中くらい

とうもろこしは、油で揚げると甘みが一気に増し、ジューシーに。粒が小さくすべりやすいので、油に入れるとバラバラになりがちですが、穴杓子ですくって静かに油に入れれば丸くまとまります。数粒散った程度なら、かたまりに戻してころもを数滴垂らせば大丈夫。きれいに整います。

ただ、油の温度が少しでも高いと、あっという間にばらけます。たねを入れる際はいったん火を消したほうが失敗は少ないです。高温は粒が破裂する原因にもなるので、注意しましょう。

材料

とうもろこし*
薄力粉
ころも（→p.12～15。薄めに）
揚げ油
天つゆ（→p.76）、または塩

＊写真の品種は「ゴールドラッシュ」。大粒のほうが天ぷら向き。

とうもろこしの両端を切り落として長さを半分に切る。縦の溝に1本、深く包丁を入れ、そこからかつらむきのように粒をむく。1粒ずつにばらしてボウルに入れる。とうもろこし1本でかき揚げ2個分になる。

揚げ油を火にかけ、180℃に温める。❶のとうもろこしに薄力粉をまぶす（写真は1個分）。

❉ ボウルの中で和えるようにして、とうもろこしの1粒1粒に均一に粉をまぶします。

❷のボウルにころもをたっぷりと加え、穴杓子ですくいながら混ぜる。

❉ ころもは、とうもろこしに薄い皮膜がつく程度の薄さです。思っているより、ずっと薄いですよ。

180℃に温めた揚げ油の火を止める。穴杓子1杯分のたねを入れてから、火をつける。

❉ 余分なころもは、穴杓子の穴から自然に落とします。たねを静かに油に置く感じで入れれば、ばらけにくいです。

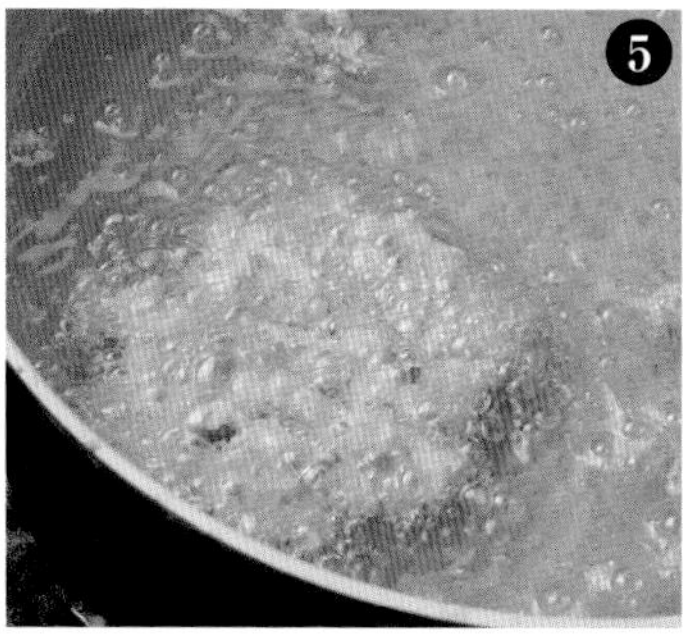

1分ほど静かに揚げる。

❉ 最初はとうもろこしが底に沈んで細かい泡が全体を覆っています。ころもがある程度固まるまで揚げます。

1杯目の分量の8割ほどのとうもろこしを穴杓子ですくい、❺に静かにのせる。さらに1分近く揚げる。

❉ 1杯目のとうもろこしが浮いて、粒が少し見え始めるころが2杯目を入れるタイミングです。

かたまりを崩さないように、箸ですくって裏に返す。さらに1分ほど揚げる。

❉ たねをフライパンの側面にあてると、崩すことなく、楽に裏に返せます。箸でつかんだり、つついたりしてはいけませんよ。

再び裏に返し、周りに散っているとうもろこしの粒があれば、すくってかたまりにのせる。ころもを5滴ほど垂らす。

❉ 5滴分のころもは、のせた粒のつなぎです。

さらに1分ほど揚げる。たねを持ち上げた時に軽さを感じれば揚げ上がり。紙にのせて油をきる。目指す揚げ上がりは、1粒1粒がくっきりと見え、間をころもがつないでいる状態。

1本1本で異なる自然な形も持ち味
さやいんげんのかき揚げ

旬
夏

揚げ油
180℃でスタート
▼
170℃をキープ

揚げ時間
短い

さやいんげんもかき揚げ向き。細いものなら、10本くらいをまとめて揚げると、甘みと香りのインパクトが増します。太くて長い場合は2本ほどにし、長さも半分にするとよいでしょう。太さも長さもほぼ揃えないと、揚げむらができます。

さやいんげんは火の通りが早いので、裏に返さず、片面のみを揚げるだけで充分。油に入れる時は、フライパンの側面に寄せるようにして油にそっとのせれば、バラバラにならずに形がまとまります。

材料

さやいんげん*

薄力粉

ころも（→p.12～15。薄めに）

揚げ油

天つゆ（→p.76）、または塩

＊太いものを使う場合は、長さを半分に切る。

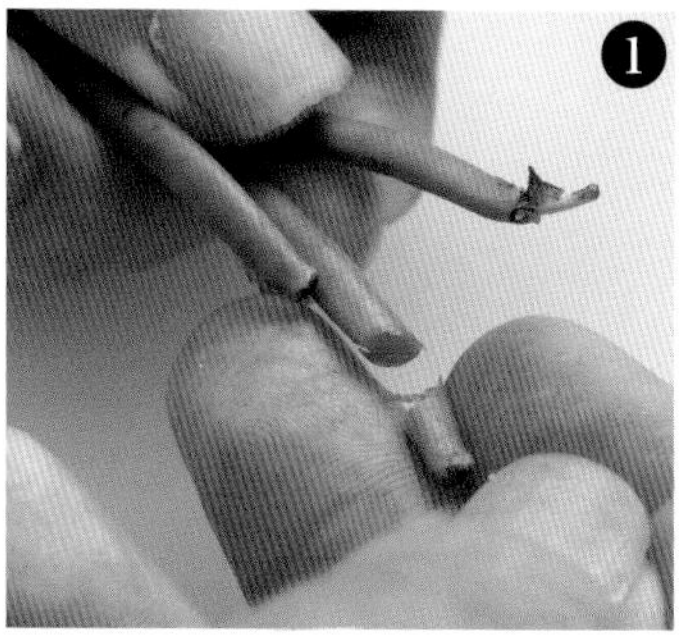

ヘタのある側を5mmほど折る。

✽ 折ることで、香りが立ちやすくなります。

下ごしらえしたさやいんげん。かき揚げ1個分は、写真のように細いものを使う場合は10本、太いものなら長さを半分に切って2本分（4切れ）。揚げ油を火にかけ、180℃に温める。

ボウルに個数分のさやいんげんを入れ、薄力粉をまぶす（写真は1個分）。

✽ ボウルの中で和えるようにして、1本1本に均一に粉をまぶします。

❸のボウルにころもをたっぷりと加え、穴杓子ですくいながらからめる。

✽ ころもは、さやいんげんに薄い皮膜がつく程度の薄さです。思ったより薄いでしょうが、口当たりが軽く、さやいんげんの風味も生きます。

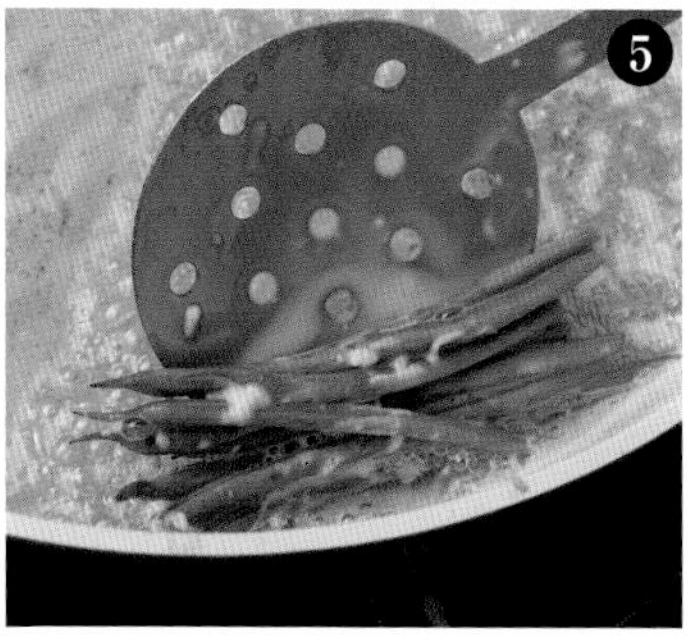

1個分ずつを穴杓子ですくい、180℃に温めた揚げ油に入れる。

✽ フライパンの側面にあてて、静かに入れると、ばらけることなく〝いかだ形〟にまとまります。

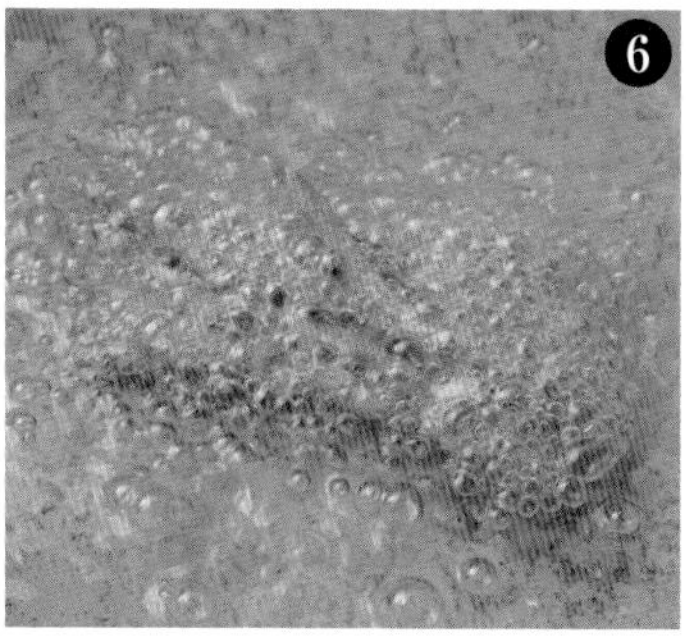

ころもが少し固まったら、箸でポンと押して、フライパンの真ん中へ移動させる。

裏に返さず、片面のみで1分30秒近く揚げる。泡の量が少なくなり、落ち着いてきたら揚げ上がり。

取り出して紙にのせ、油をきる。

✽ ころもが薄いので、バラバラにならないよう箸でやさしく持ちます。

◎目指す揚げ上がり

半分に切り分けると、芯まで柔らかく揚がっていて、しかもジューシー。ぎりぎりの量のころもでつながっているのがよい仕上がりです。

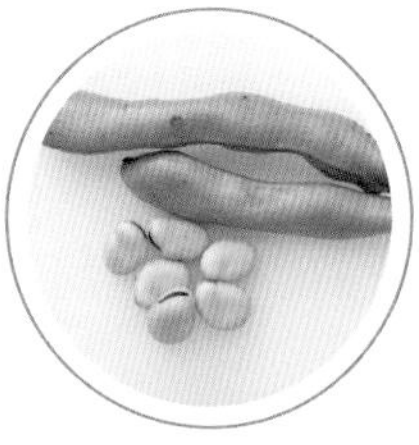

天ぷらだからこそおいしさ際立つ
そら豆のかき揚げ

旬
初春

揚げ油
180℃でスタート ▼ 170℃をキープ

揚げ時間
短い

一般にゆでて食べることの多いそら豆ですが、天ぷらにすると、甘み、旨み、香りが増して、おいしさ全開です。食感はホクホクとしっとりが同居した柔らかさで、これも天ぷらだからこそ味わえるものでしょう。きれいな薄緑色と香りをキープするために、油は１７０℃を超えないように揚げます。最初に油の温度が高いとばらけやすいので、たねを入れる際にいったん火を消すとよいでしょう。

材料

そら豆*
薄力粉
ころも（→p.12～15。薄めに）
揚げ油
天つゆ（→p.76）、または塩

＊頭頂部に「お歯黒」と呼ばれる黒い筋があるが、緑色であれば実が若い証拠で、より柔らかくおすすめ。

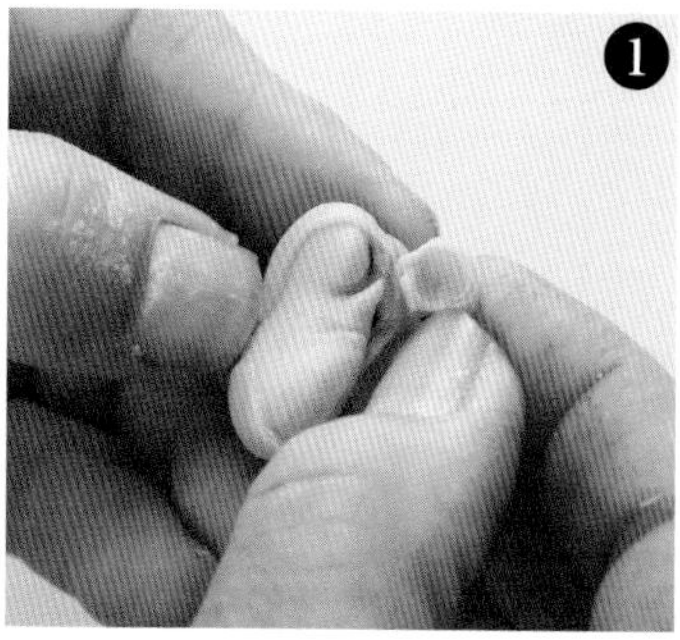

さやから実を取り出す。平らな面の皮を指先で破り、ぐるりと全体の皮をむく。

✽お歯黒からむくと実が欠けやすくなります。平らな面からなら、きれいにむけます。

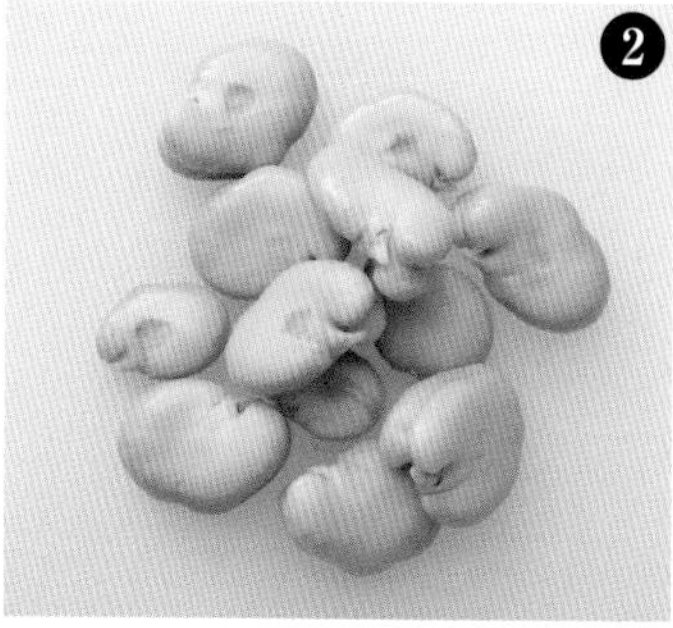

下ごしらえしたそら豆。かき揚げ1個分は約10粒。揚げ油を火にかけ、180℃に温める。

ボウルに個数分のそら豆を入れて薄力粉をまぶす。

✽ボウルの中で和えるようにして、そら豆1粒1粒に均一に薄力粉をまぶします。粉は入れすぎないように注意を。

❸のボウルにころもをたっぷり加え、穴杓子ですくいながらからめる。

✽ころもは、そら豆に薄い皮膜がつく程度の薄さです。思ったより薄いでしょうが、口当たりが軽く、そら豆の風味も生きます。

180℃に温めた揚げ油の火をいったん止めて、かき揚げ1個分のそら豆を入れる。

✽火を消したうえで、フライパンの側面にあてながら寄せるようにして油にそっとのせれば、バラバラに広がりません。

30秒後に火をつけ、170℃をキープして揚げ続ける。裏に返さず、2分近くじっくり火を入れる。

✽大粒の実が少量のころもでつながっているので、崩れやすい状態です。できるだけ動かさないよう、裏に返さずに揚げます。

泡が小さくなり、量が減ってきたら揚げ上がり。取り出して紙にのせ、油をきる。

◎目指す揚げ上がり

わずかなころもでそら豆がつながって、薄緑色がきれいに透け、実はほっくりとした柔らかさになっている状態。

専門店の味

天丼と天茶

天ぷらで作るご飯ものの代表が天丼と天茶。
魚介や野菜をかき揚げにして、
丼つゆや茶だしで味をつけます。

天丼

「てんぷら近藤」では、天ぷらをひと通り召し上がっていただいた後の締めのご飯に、天丼か天茶のどちらかを選ぶことができます。かき揚げを甘じょっぱい丼つゆに浸してご飯に盛った江戸っ子好みの天丼。かき揚げをのせたご飯に茶だし（ほうじ茶風味のだし）をかけるさっぱりした天茶。どちらも捨てがたいおいしさです。

店では、ともに小柱のかき揚げを使いますが、家庭なら手軽に手に入る海老で作るのがおすすめです。風味や食感、食べごたえの面でも向いています。ここでは芝海老のかき揚げを天丼に、芝海老に三つ葉を加えたかき揚げを天茶に使いました。

天茶

天丼は揚げたての天ぷらをどっぷりと丼つゆに浸すので、ころもがふやけやすくなります。そこで普通のかき揚げよりも少々濃いころもをカリッと香ばしく揚げて、崩れにくくするのがポイントです。一方、天茶はお茶漬けなので、サラサラッと軽く食べられるよう、薄ごろもにするのがコツ。一番だしでほうじ茶を煮出したものをかけるので、香りがよく爽やかです。

（いずれも作り方は118ページ）

天茶の食べ方

お好きな方法でかまいません。私流は、最初に天ぷらの一部に塩をつけてひと口。次に、たっぷりのわさびを天ぷらの中央にのせて茶だしを一気にかけ、お茶漬けのようにサラサラといただきます。

ほうじ茶風味のだしで
さっぱりいただく

天茶

材料

芝海老と三つ葉のかき揚げ

- 芝海老
- 三つ葉
- 薄力粉
- ころも（→p.12～15。薄めに）
- 揚げ油

○茶だし

- だし汁（作りやすい分量。400mℓ使用）
  - 水……1ℓ
  - 真昆布……1枚（5cm角）
  - 削り節……5g
- ほうじ茶の葉……大さじ2
- 塩……小さじ1
- 醤油……小さじ1

ご飯

塩、わさび

作り方

❶ 茶だし用のだし汁を作る。鍋に水と真昆布を入れて強火にかけ、鍋底から泡が浮いてきたら削り節を入れる。沸騰させ、泡が表面を覆ったら火を止めて、アクを取る。5分ほどおいてからこす。

❷ 鍋に❶のだし汁を400mℓ入れて火にかけ、塩と醤油を加える。ほうじ茶を加えて沸き立たせる。火を止め、すぐに茶こしでこして急須に入れる。

❸ 芝海老と三つ葉のかき揚げを作る（→p.102の「海老のかき揚げ」を参照。海老に三つ葉のざく切りを混ぜて揚げる）。

❹ 丼にご飯を盛り、揚げたてのかき揚げをのせる。小皿に塩とわさびを入れ、❷の茶だしとともに添える。

甘じょっぱい丼つゆで
旨みいっぱいの

天丼

材料

芝海老のかき揚げ

- 芝海老
- 薄力粉
- ころも（→p.12～15。少し薄めに）
- 揚げ油

○丼つゆ（作りやすい分量）

- 酒……250mℓ
- みりん……100mℓ
- 水……150mℓ
- 削り節……8g
- 醤油……150mℓ

ご飯

作り方

❶ 丼つゆを作る。鍋に酒とみりんを入れて強火にかけ、沸騰したら1分ほど煮立ててアルコール分をとばす。水と削り節を加え、沸騰するまで煮立てる。醤油を加えて再沸騰させ、アクを除いて火を止める。5分ほどおいてから、ペーパータオルでこす。常温においておく。

❷ 芝海老のかき揚げを作る（→p.102の「海老のかき揚げ」を参照）。

❸ 丼にご飯を盛る。揚げたてのかき揚げを丼つゆに充分に浸し、垂れるつゆごとご飯にのせる。

第四章

天ぷらにひと工夫

天ぷらは、それだけで
食べるだけではありません。
趣向を少し変えて、味をつけたり
他の素材と組み合わせたり、
ご飯ものにしたりすると、
バリエーションがぐっと広がります。
ワインのおつまみになる
新感覚の天ぷらもご紹介。
新しい味を楽しんでみてください。

天ぷらは、揚げたてに天つゆや塩をつけて食べるのが基本です。でも、たまには発想をがらりと変え、いろいろな食材や調味料と組み合わせ、「おかず天ぷら」という別料理にして味わうのもおいしいもの。自由に、こうでなくてはという垣根を取り払うと、これまで気づかなかった天ぷらの新しい味の発見があり、楽しいですよ。

私は天ぷらを揚げながら、食材を見ながら、どんなことができるかな、どんな味になるかなといつもイメージを膨らませています。そして「天ぷらって、じつはこんなふうにもアレンジできるんです！」と可能性の大きさを伝えていきたいのです。

ここでは、和えもの、蒸しもの、ご飯ものなどの和食から、パスタ料理や甘味に至るまで、ジャンルを超えて、この本のために考えた新作おかず天ぷら9品を紹介します。これをヒントに、みなさんそれぞれのおかず天ぷらを楽しんでみてください。

野菜天ぷらの黄身酢がけ

野菜の天ぷらを酢のもの仕立てに。天ぷらはいろいろな種類を盛り合わせると、見た目が華やかで味の変化も出ます。甘酸っぱい黄身酢ならころもがベタつかず、天ぷらがさっぱりと食べられますよ。

材料

グリーンアスパラガス（→p.26と同様に下ごしらえ。以下同）、にんじん２種（→p.106、108）、なす（→p.34）、れんこん（→p.40）、ゆり根（→p.44）、かぼちゃ（薄切り）、カリフラワー（ひと口大）

薄力粉、ころも（→p.12～15）、揚げ油

○黄身酢（作りやすい分量）

- 卵黄……２個（Lサイズ）
- 砂糖（上白糖）……20g
- 酢……80mℓ

作り方

❶ 黄身酢を作る。鍋に卵黄と砂糖を入れて木べらでかき混ぜる。弱火にかけて、ゆっくりと混ぜながら酢を少量ずつ加える。とろみがついたら火からおろし、粗熱をとって冷蔵庫で冷やす。

❷ 天ぷらを揚げる。

・揚げ油を175℃に温め、下ごしらえしたれんこんに薄力粉、ころもを順につけて入れる。165℃を保ちながら揚げ、ひと口大に切る。

・次に、揚げ油を180℃に上げ、グリーンアスパラガス、なす、ゆり根、かぼちゃ、カリフラワーに薄力粉、ころもの順につけて入れ、170℃を保ちながら揚げる。

・最後に、揚げ油を185℃に上げる。ボウルににんじんの拍子木切りを入れ、薄力粉をまぶし、ころもをつけて穴杓子で油に入れ、175℃を保ちながらかき揚げにする。同様にして、にんじんのせん切りを寄せ揚げにする。

❸ 器に天ぷらを盛り合わせ、黄身酢をかける。

白身魚の天ぷらのかぶら蒸し風

かぶのすりおろしを、葛あんとともに
白身魚や野菜にかけて蒸す「かぶら蒸し」が
ヒント。味わい濃厚な金目鯛と
青い香りのそら豆を天ぷらにして器に盛り、
熱い葛あんを張って
かぶのすりおろしをのせます。

材料

金目鯛（切り身）、そら豆（→p.114と同様に下ごしらえ）
薄力粉、ころも（→p.12〜15）、揚げ油
かぶのすりおろし
○葛あん（作りやすい分量）
- だし汁（→p.118）……360mℓ
- みりん……20mℓ
- 醤油……40mℓ
- 葛粉……40g
- 水……40mℓ

作り方

❶ 天ぷらを揚げる。

・揚げ油を180℃に温める。下ごしらえしたそら豆をボウルに入れて薄力粉をまぶし、ころもをつけ、穴杓子で油に入れ、170℃を保ちながらかき揚げにする。

・続いて揚げ油を190℃に上げ、金目鯛の切り身に薄力粉、ころもを順につけて入れ、175〜180℃を保ちながら揚げる。

❷ 葛あんを作る。葛粉を水で溶いておく。だし汁を中火にかけ、沸騰したらみりんと醤油を加えて煮立てる。水溶きの葛粉を少量ずつ加えながら混ぜ、とろみをつける。

❸ 器に天ぷらを盛り、葛あんを適量張って、中心にかぶのすりおろしをのせる。

白身魚と春野菜のあんかけ

シンプルに天ぷらに葛あんをかけます。
天ぷらは白身魚の金目鯛と山菜、
春野菜の盛り合わせ。天ぷらと葛あんは
味も食感も相性がよく、
なめらかでさっぱりといただけます。

材料

金目鯛（切り身）、
菜の花（→p.42と同様に下ごしらえ。以下同）、
たらの芽（→p.46）、つぼみ菜（→p.46「たらの芽」と同様）、
ふきのとう（→p.48）、こごみ
薄力粉、ころも（→p.12～15）、揚げ油
○ 葛あん（→p.122）

作り方

❶ こごみはぬれ布巾で拭いて汚れを取り、手のひらで軽く叩いて香りを出す。

❷ 天ぷらを揚げる。

・ 揚げ油を180℃に温める。下ごしらえしたこごみ、たらの芽、つぼみ菜に薄力粉、ころもを順につけて入れ、ふきのとうと菜の花にはころもだけをつけて入れる。170℃を保ちながら揚げる。

・ 続いて、揚げ油を190℃に上げ、金目鯛に薄力粉ところもをつけて入れ、175～180℃を保ちながら揚げる。3等分に切る。

❸ 葛あんを作る。

❹ 器に天ぷらを盛り、葛あんを適量かける。

鶏のヘルシー天丼

糖質を抑えながらもおいしい天丼を考えました。
ご飯の量を抑え、その分をレタスで補って
ボリュームと満腹感を出しています。
天ぷらはローカロリーのささ身で、素揚げの卵を
添えてトロトロの黄身を崩しながら食べます。

材料

鶏ささ身、プロセスチーズのスライス（溶けるタイプ）
薄力粉、ころも（→p.12〜15）、揚げ油
卵
丼つゆ（→p.118）
ご飯
レタス
太白ごま油

作り方

❶ レタスを幅広に切り、太白ごま油で和える。ご飯に混ぜて、丼に盛る。

✽レタスは温かいご飯に直接触れると緑色が褐変しますが、太白ごま油で和えておくと、緑色を保てます。

❷ 鶏ささ身を観音開きにしてプロセスチーズをのせ、もとの形に整える。揚げ油を180℃に温め、鶏ささ身に薄力粉、ころもを順につけて入れ、170〜175℃を保ちながら揚げる。

❸ 卵を小ボウルに割り、❷の揚げ油にそっと入れ、素揚げにする。白身が固まり、卵黄が柔らかいうちに取り出す。

❹ ❷の鶏ささ身の天ぷらを丼つゆに浸して❶のご飯に盛る。❸の揚げ卵をのせる。

天ぷらの五目ご飯

混ぜご飯や炊き込みご飯の発想で、
小ぶりに切った天ぷらをご飯に混ぜ込みます。
材料は魚介と野菜を数種類取り合わせ、
具だくさんの五目ご飯風に。
天ぷらとご飯を混ぜる時に、塩で味つけします。

材料

穴子（→p.84と同様に下ごしらえ。以下同）、
れんこん（→p.40）、ゆり根（→p.44）、
しいたけ（→p.58）、にんじん（→p.106）、
ごぼう（せん切り）
薄力粉、ころも（→p.12～15）、揚げ油
三つ葉（ざく切り）
ご飯
塩

作り方

❶ 天ぷらを揚げる。

- 揚げ油を175℃に温め、れんこんに薄力粉、ころもを順につけて入れ、165～170℃を保ちながら揚げる。
- 続いて、揚げ油を180℃に上げ、しいたけとゆり根に薄力粉、ころもを順につけて入れ、170℃を保ちながら揚げ、どちらも拍子木切りにする。
- 揚げ油を185℃に上げ、にんじんとごぼうをそれぞれボウルに入れ、薄力粉をまぶし、ころもをつけ、穴杓子で油に入れ、175℃を保ちながらかき揚げにする。
- 最後に揚げ油を200℃に上げ、穴子に薄力粉、ころもを順につけて入れ、190℃を保ちながら揚げる。

❷ ご飯に天ぷらを混ぜ、塩で味つけする。

❸ 丼に盛り、三つ葉をちらす。

天ぷらの卵とじご飯

かつ丼のイメージで、かき揚げ天ぷらを丼つゆと一緒に卵でとじ、ご飯の上に。
卵は半熟仕上げがよりおいしい。
かき揚げは野菜より、海老、小柱などの魚介で味の満足感アップ。

作り方

❶ 天ぷらを揚げる。

・ 揚げ油を190℃に温める。ボウルに芝海老、小柱、三つ葉を合わせ、薄力粉をまぶし、ころもをつけて油に入れ、180℃を保ちながらかき揚げにする。

❷ 小鍋に長ねぎと丼つゆを入れて煮て、火が通ったら溶き卵を流す。天ぷらをのせて蓋をし、卵が半熟に仕上がるよう軽く火を通す。

❸ 丼にご飯を盛り、❷をのせて三つ葉をちらす。

材料

芝海老（→p.102と同様に下ごしらえ）、
小柱、三つ葉（ざく切り）
薄力粉、ころも（→p.12～15）、揚げ油
長ねぎ（斜め薄切り）
丼つゆ（→p.118）
溶き卵
三つ葉（ざく切り）
ご飯

天ぷら雑炊

天茶の変化形です。
刻んだ野菜とご飯をだし汁で煮て雑炊にし、
きすの天ぷらをトップに盛りつけます。
煮汁にきすところもの旨みがしみ出し、
これがいいだしになります。

作り方

❶ 天ぷらを揚げる。

・ 揚げ油を190℃に温める。きすに薄力粉、ころもを順につけて入れ、175～180℃を保ちながら揚げる。

❷ だし汁を温め、塩で味をつけてしいたけ、大根を柔らかく煮る。ご飯を水洗いしてザルで水気をきり、三つ葉とともに入れてほぐしながら温める。

❸ ❷に天ぷらをのせる。

材料

きす（→p.86と同様に下ごしらえ）
薄力粉、ころも（→p.12～15）、揚げ油
しいたけ（細切り）
大根（拍子木切り）
三つ葉（ざく切り）
だし汁（→p.118）
塩
ご飯（冷たいものがよい）

野菜天ぷらのスパゲッティ

天ぷらをスパゲッティのソース代わりに。
スパゲッティはゆでてオイルで炒め、
上に野菜のかき揚げを崩しながら盛りつけます。
野菜はお好みでよいですが、ころもはできるだけ
薄くして、それぞれの色が浮かび上がるようにします。

材料

玉ねぎ（小さく切る）、なす（薄めに小さく切る）、
三つ葉（ざく切り）、しいたけ（薄切り）、
大葉（→p.50と同様に下ごしらえする）
薄力粉、ころも（→p.12〜15）、揚げ油
スパゲッティ
オリーブ油
塩、こしょう、にんにく

作り方

❶ 天ぷらを揚げる。

・ 揚げ油を190℃に温める。ボウルに玉ねぎ、なす、三つ葉、しいたけを入れて薄力粉をまぶし、ころもをつけ、穴杓子で油に入れる。180℃を保ちながらかき揚げにする。

・ 次に、大葉に薄力粉、ころもを順につけ、180℃の油に入れて170℃を保ちながら揚げる。

❷ スパゲッティを塩湯で歯ごたえの残る程度にゆでる。湯をきり、つぶしたにんにくとオリーブ油でさっと炒め、塩、こしょうで味をととのえる。

❸ ❶を少し崩して❷のスパゲッティに合わせ、軽く和える。器に盛り、大葉の天ぷらも少し崩してちらす。

さつまいもと黒豆のスイーツ

さつまいもの厚切り天ぷらをスイーツメニューに。
ホクホクに仕上げたさつまいもを丸くくりぬいて
黒豆の蜜煮と盛り合わせるだけ。
マロングラッセ風の黒豆のねっちりした
食感と豊かな風味がさつまいもとぴったりです。

作り方

❶ 揚げ油を180℃に温める。さつまいもに薄力粉、ころもを順につけて入れ、170℃を保ちながら30分ほどかけて揚げ、ペーパータオルに包んで10分おき、余熱で中心まで火を入れる。

❷ さつまいもの身を丸くくりぬき、黒豆とともに器に盛る。

材料

さつまいも（→p.68と同様に下ごしらえする）
薄力粉、ころも（→p.12～15）、揚げ油
黒豆蜜煮

ワインに合う天ぷらを考えてください、というリクエストに応えて考案したのが“ワインごろも”。口に入れるとほのかに広がるぶどうの香りとサクサクッとした食感は、変化球の味わいです。

きすの白ワイン天ぷら

旬
夏

揚げ油
190℃でスタート
▼
175〜180℃をキープ

揚げ時間
短い

ワインでころもを作ったら、新感覚の天ぷらができるのでは？そう考えて挑戦した「ワインごろも」。ここでは天ぷらの定番、きすの上品な持ち味を生かす白ワインのころもを使います。油に入れた時にアルコールが揮発するからか、サクッと軽い食感になり、きすのやわらかな食感のアクセントとなります。また、食べた後の余韻に白ワインの上品な香りが漂って、お酒がおいしくいただけます。

材料

きす
白ワインごろも
　白ワイン:ふるった薄力粉=1:1
薄力粉、揚げ油

白ワインごろもを作る。ボウルに白ワインを入れる。

薄力粉の⅔量を加え、泡立て器で8の字を描きながら6回ほど混ぜる。残りの薄力粉を加え、同様に混ぜる。

✽ 少しダマが残るぐらいで完成。

きすをp.87 ❶～❸と同様に下処理する。揚げ油を火にかけ、190℃に温める。

❸に薄力粉をまぶし、箸でトントンとはたいて余分な粉を落とす。

❷の白ワインごろもにくぐらせる。

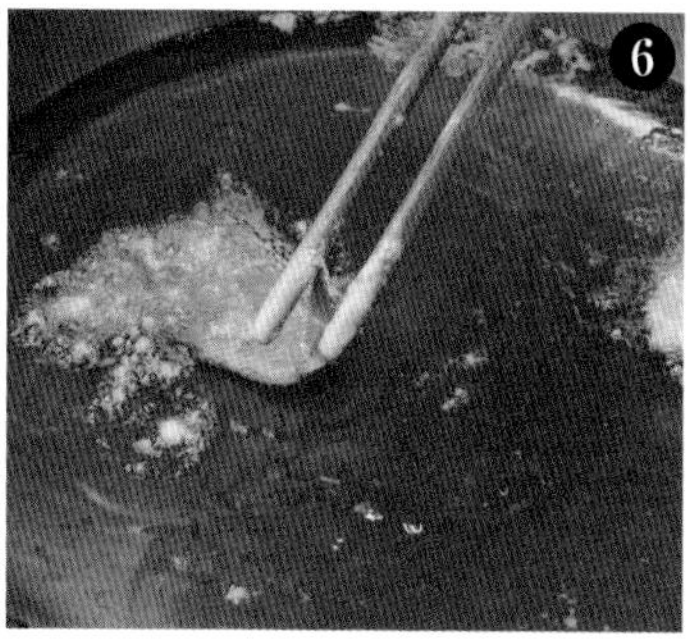

きすの皮を上にして、190℃に温めた揚げ油に入れる。15秒ほどでいったん火を止め、1分ほど静かに揚げる。

再び火をつけて30秒ほど揚げ、火を止めて10秒ほどおく。最後に強火にかけて10秒ほど揚げる。

きすがゆるやかに反ってきて、ころもから出る泡の量が少なくなったら揚げ上がり。揚げ時間は計2分ほど。

✽ きすは裏返さなくても、全体にきちんと火が入ります。

取り出して紙にのせ、1分ほど、油をきりながら余熱で火を入れる。

穴子の赤ワイン天ぷら

旬
晩秋〜冬

揚げ油
200℃でスタート
▼
185〜190℃をキープ

揚げ時間
中くらい

脂ののった穴子には、白ワインよりも香りも味も強い赤ワインごろもを使うと、さらに味わい深くなります。この天ぷらでぜひ楽しんでいただきたいのは、何といっても揚げ上がりの姿。じつに美しいピンク色のころもをまとった穴子は、ワインでおもてなしをするときにぴったり。演出のひとつとなって、盛り上がることでしょう。

材料

穴子（一枚に開いたもの）
赤ワインごろも
　赤ワイン：ふるった薄力粉＝1：1
薄力粉、揚げ油

■ペーパータオル

赤ワインごろもを作る。ボウルに赤ワインを入れる。

薄力粉の$\frac{2}{3}$量を加え、泡立て器で8の字を描きながら6回ほど混ぜる。残りの薄力粉を加え、同様に混ぜる。

❖ 少しダマが残るぐらいで完成。

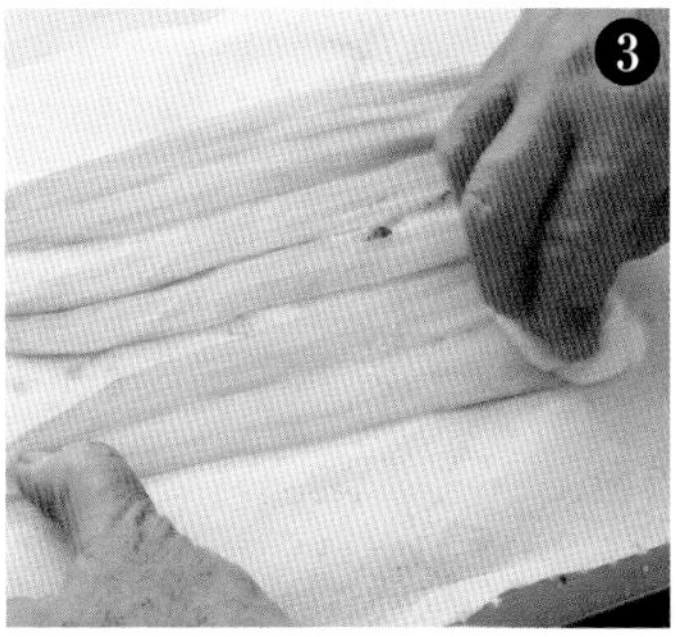

穴子の皮を下にしてペーパータオルに並べる。別のペーパータオルを少しぬらし、尾から頭に向かって拭いて水分を取る。

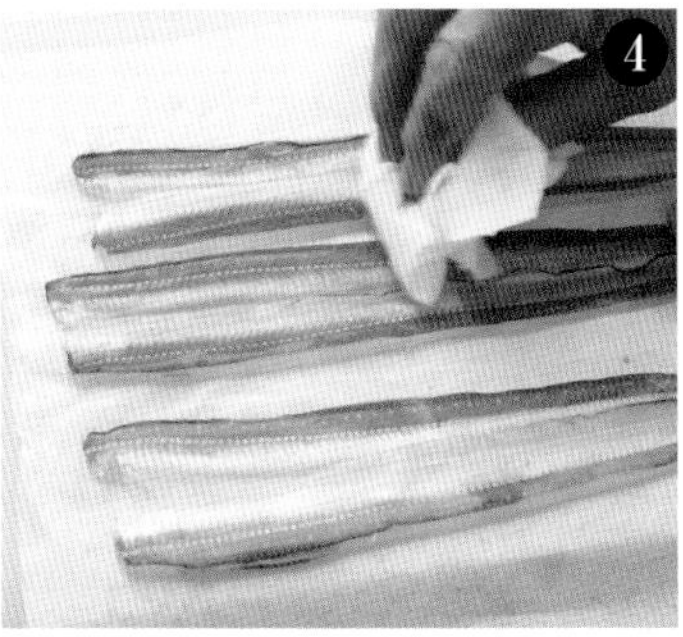

裏返して皮側も同様に拭く。揚げ油を火にかけ、200℃に温める。

❖ 穴子は水洗いせず、❸〜❹の方法で水っぽくならないようにします。

薄力粉をまぶし、箸でトントンとはたいて余分な粉を落とす。

❷の赤ワインごろもにくぐらせる。

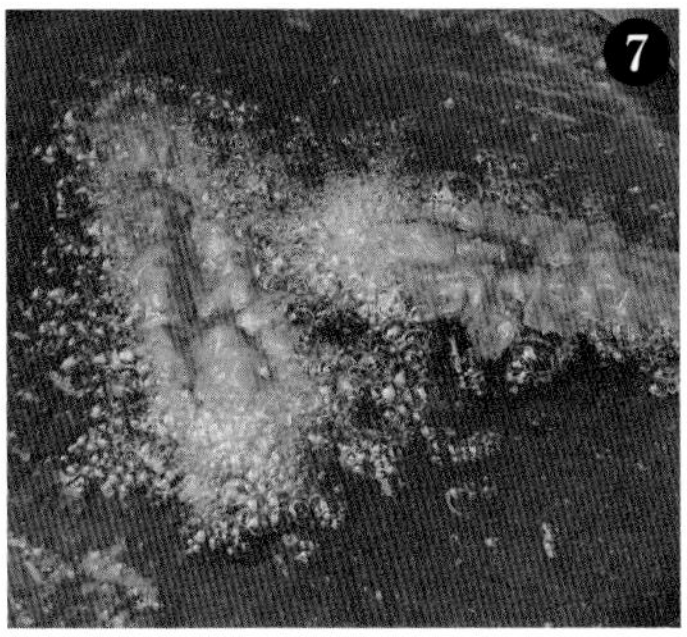

穴子の皮を下にして、200℃に温めた揚げ油にまっすぐ伸ばして入れる。15秒ほど揚げて皮に火を入れる。

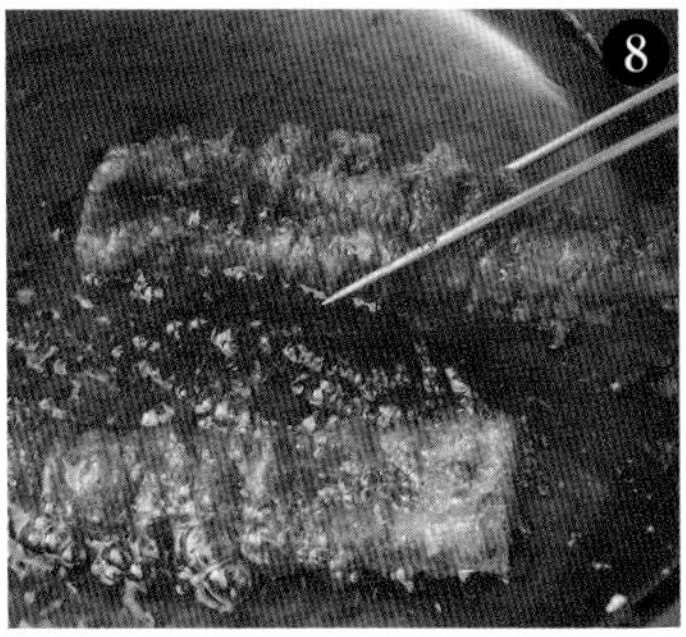

裏に返し、身側を1分ほどかけてしっかり火を入れる。さらに裏返して皮を1分、再び裏返して身を1分揚げる。最後に再び裏返し、皮を1分ほど揚げて皮にしっかり火を入れる。

取り出して紙にのせ、1〜2分、油をきりながら余熱で火を入れる。

まぐろ味噌漬けの天ぷら

旬
通年

揚げ油
190℃でスタート
▼
180℃をキープ

揚げ時間
短い

ワインの中でも、おだやかで果実味のある日本固有のぶどう品種、マスカット・ベーリーAに合うおつまみとして考えた、ごちそう感のあるおつまみ天ぷらです。まぐろの赤身に、味噌と油のコクが加わって、まるで牛肉のような味わいになります。海苔で巻いて揚げることで間接的に火が入り、周りは火が通って芯は半生、これが理想の揚げ上がりです。

材料

まぐろの味噌漬け（作りやすい分量）
- まぐろ赤身のさく……200g
- 信州味噌……300g
- 酒・みりん……各30mℓ

海苔（8つ切りの半分）
薄力粉
ころも（→p.12～15）
揚げ油
わさび

■バット　■ガーゼ　■ラップ

信州味噌を酒とみりんでのばして味噌床を作る。バットに半量弱をのばす。まぐろをガーゼに包んでのせ、上から残りの味噌床をぬり、ラップをして冷蔵庫で1日半～2日漬ける。漬け終わったら取り出す。

❶を海苔で巻き、最後に海苔に軽く水をぬって留める。揚げ油を火にかけ、190℃に温める。

※ 海苔で巻くことで、まぐろにゆっくりと火が入ります。

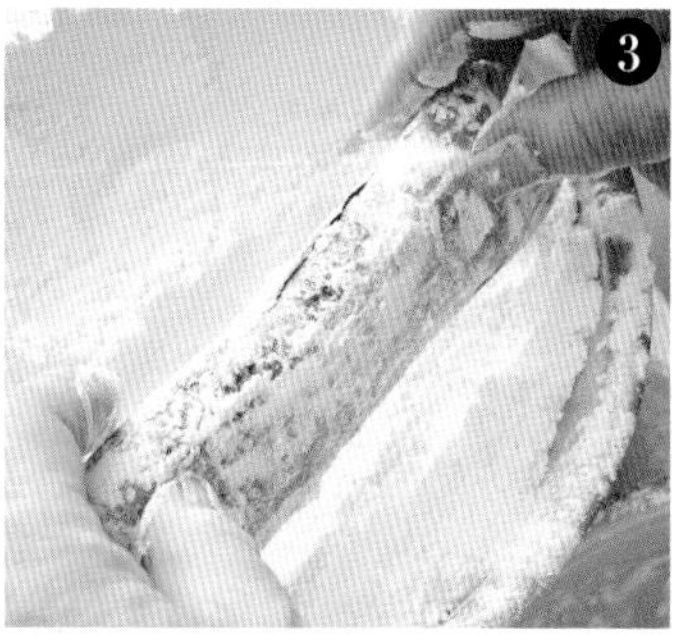

薄力粉をまぶし、箸でトントンとはたいて余分な粉を落とす。

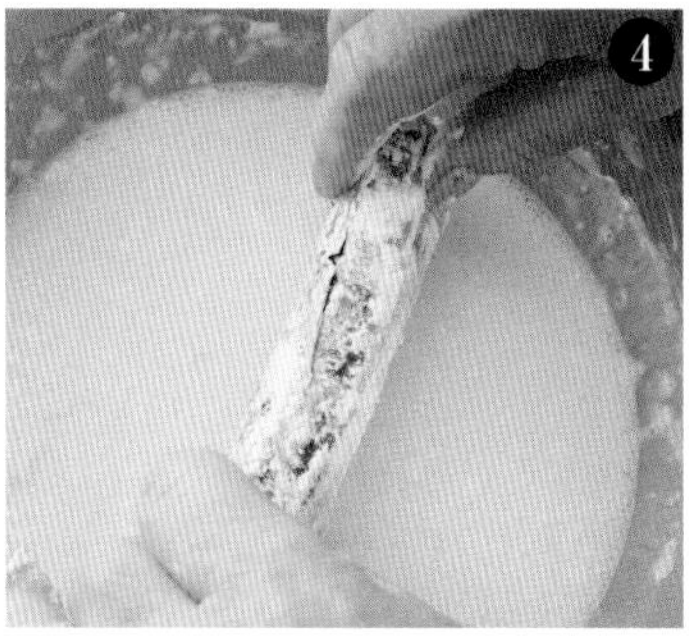

ころもにくぐらせる。

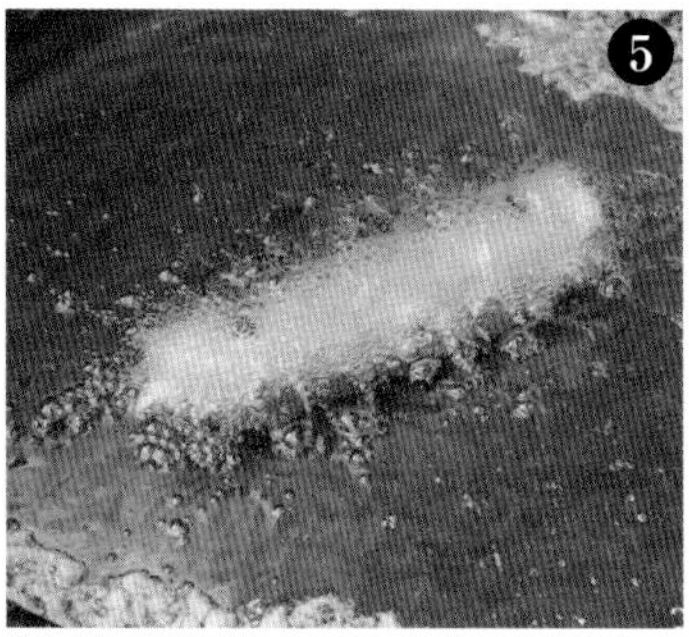

190℃に温めた揚げ油に入れ、そのまま1分揚げる。

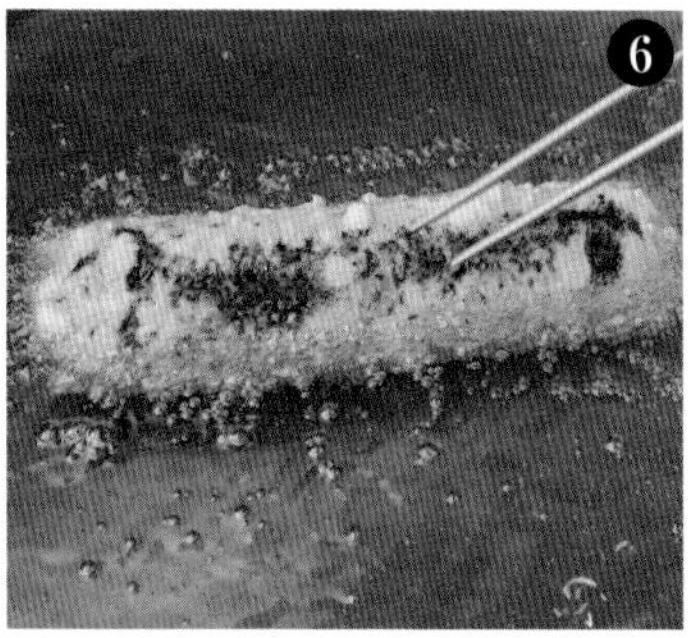

裏返し、さらに1分ほど揚げる。2回ほど裏返しながら30秒ほど揚げる。

取り出して紙にのせ、1～2分、油をきりながら余熱で火を入れる。ひと口大に切り分け、器に盛ってわさびを添える。

桃の赤ワイン天ぷら

旬
夏

揚げ油
180℃でスタート
▼
170℃をキープ

揚げ時間
中ぐらい

日本ワインの発祥、山梨の名産である桃を、赤ワインごろもで天ぷらに。半個ごと揚げてから、余熱で中まで火を入れると、桃の口当たりがトロリとなります。さらに桃の甘みと油が相まって、まるでスイーツのような味わいに。初めてのおいしさを味わっていただけると思います。桃は柔らかすぎるものよりも、少し硬めのものを選ぶとよいでしょう。

材料

桃
赤ワインごろも（→p.132）
薄力粉、揚げ油

桃の筋に包丁を入れてぐるりと１周させ、手で軽くねじって２つに割る。種の周りに包丁の刃先を入れ、種を取り除き、皮をむく。

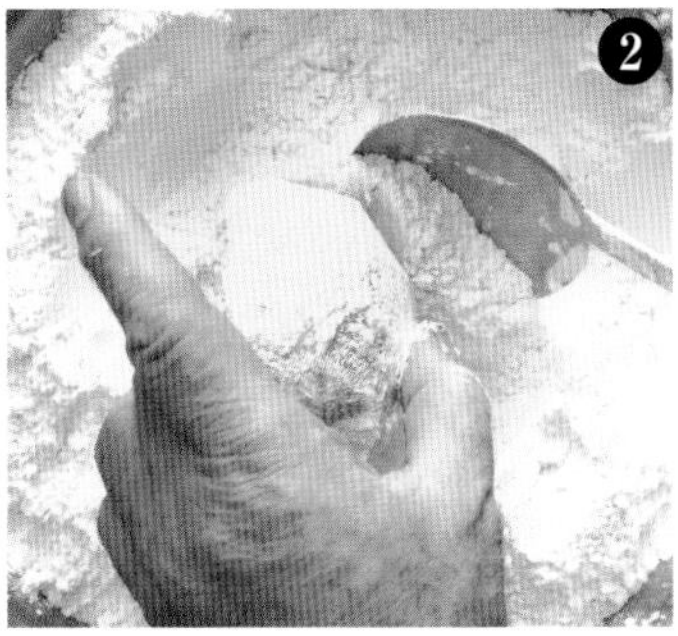

揚げ油を火にかけ、180℃に温める。桃に薄力粉をまぶし、トントンとはたいて余分な粉を落とす。

赤ワインごろもにくぐらせる。

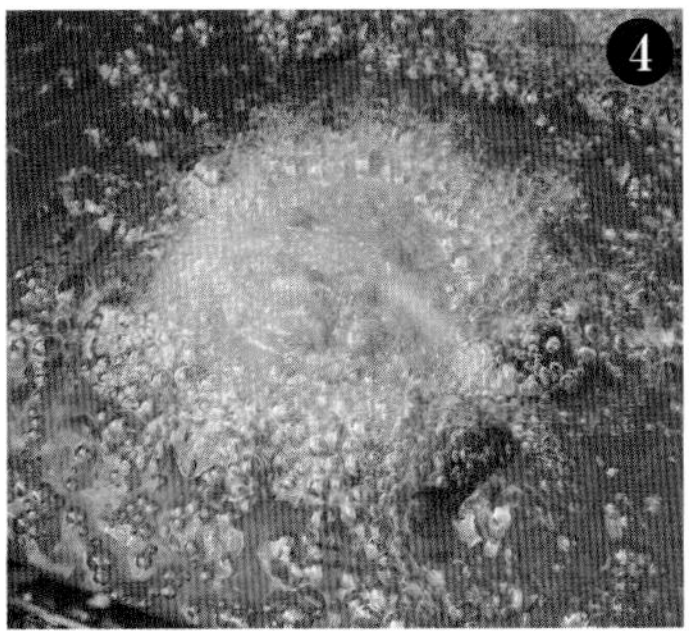

180℃に温めた揚げ油にそっと入れる。あまりさわらず、１分ほど揚げる。

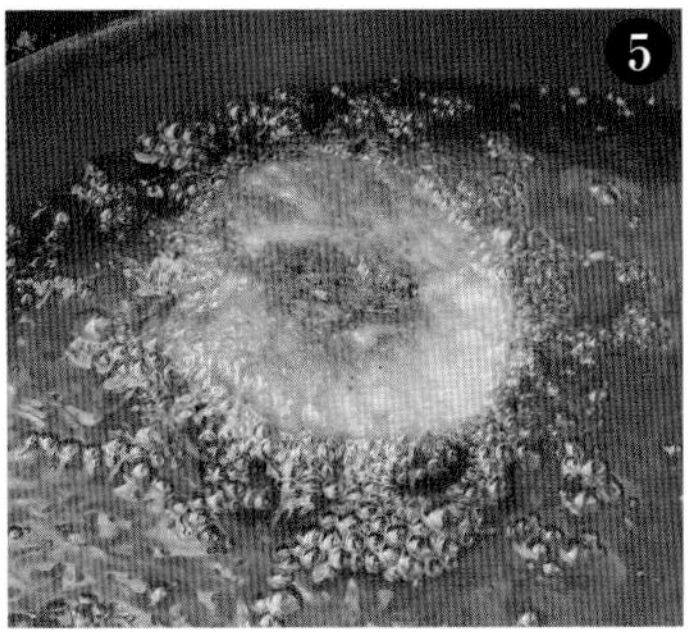

裏返して１分ほど揚げる。

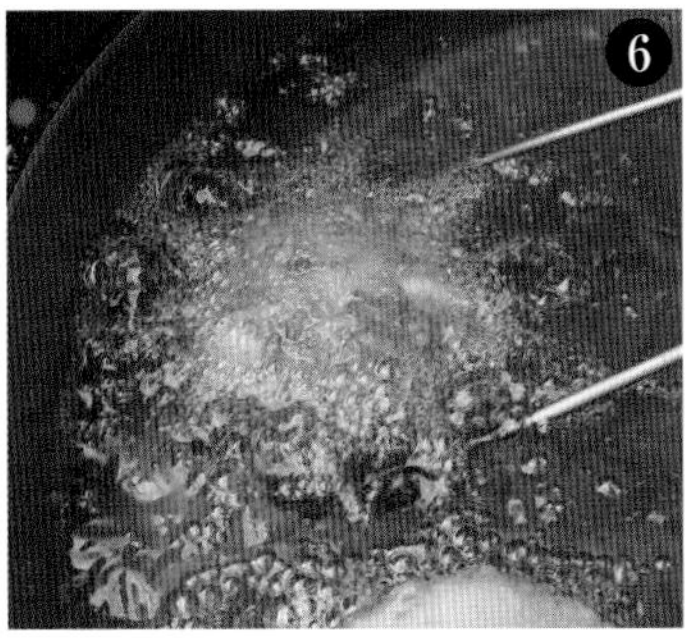

再び裏返し、１分ほど揚げる。ころもから出る油が少なくなり、はねる音が低くなったら取り出す。

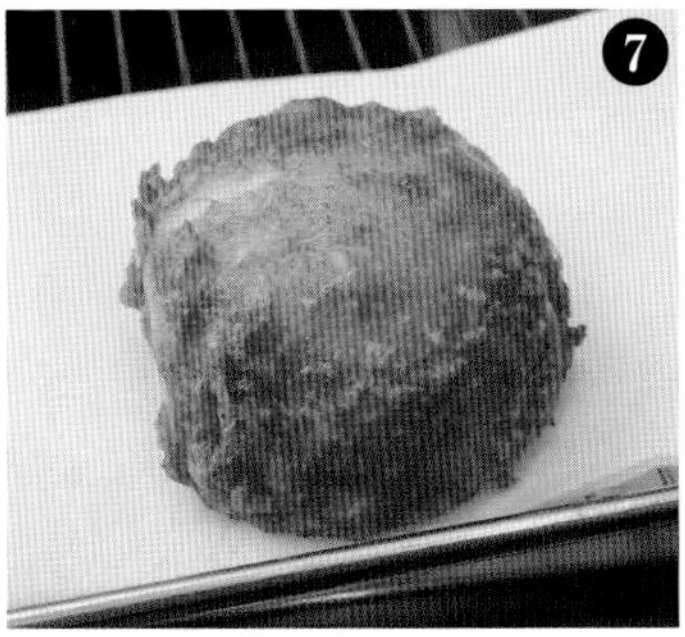

紙にのせ、１～２分、油をきりながら余熱で火を入れる。切り分けて器に盛る。

段取り上手になる

天ぷらの盛り合わせ

家庭で天ぷらを作る時は、5〜6種類のたねを盛り合わせにすることが多いでしょう。天ぷらをおいしく味わうには、味、香り、食感などあらゆる点で変化をつけることが大事。野菜、きのこ、魚介からバランスよく選んで、色彩のコントラストもつけて見た目の美しい食欲をそそる盛り合わせに仕立てましょう。近藤流の天ぷらは薄ごろもですから、素材の色が生き生きと映える天ぷらができますよ。

天ぷら作りでいちばん気をつかうのは、調理の段取り。天ぷらは冷めてしまっては台無しなので、すべてのたねを温かいうちに食べたいものです。ここでは5種類の素材を例に、おいしく、効率的に揚げるための段取りをお話しします。

「冷ましてはいけない」との思いから、ついついあわててしまう方が多いようですが、私からのいちばんのアドバイスは「あわてないこと」。気が急いては、かえってポイントを見失ったり、段取りが悪くなったりで、いいことはありませんよ。順序よく、落ち着いて仕事を進めることが、おいしい天ぷらへの道のりです。

天ぷら作りの段取り

❶天つゆを作る。

天ぷらは常温の天つゆをつけるのがよいので、まず最初に作っておけば揚がる頃にちょうど適温になります。

↓

❷卵水を作る。

卵水は少し余るぐらいの量を作り、ころもの濃度調整に使います。

↓

❸材料を下ごしらえする。

揚げる材料はすべて、下ごしらえをすませ、ころもをつける直前まで準備します。

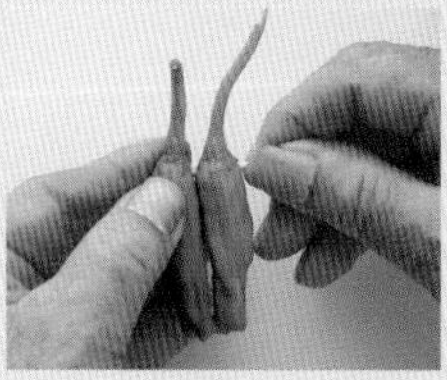

↓

❹揚げ油を火にかける。

揚げ油を各素材の適温より10℃高い温度まで温めます。ころもを落として温度を確認。

❺材料に粉ところもをつける。

卵水と薄力粉を混ぜてころもを作り、材料に薄力粉、ころもの順につけます。粉は最初にまとめてつけません。

↓

❻油に入れて揚げる。

たねを入れたら、ころもや泡の状態を見ながら、適宜火力を強めたり、弱めたり調整して揚げます。

↓

❼盛りつける。

通常の料理と同様に、山高に美しく盛って。しし唐のような緑色のたねを手前に盛ると全体が引き締まり、美しく見えます。天つゆと大根おろしを添えて完成。

盛り合わせの揚げ順

野菜と魚介の盛り合わせの場合、〈野菜（&きのこ）→魚介〉の順に揚げるのが基本です。今回はかき揚げを入れていませんが、入れるなら〈野菜→かき揚げ（野菜→魚介）→魚介〉の順。

一般に野菜天ぷらのほうが、適温が低く油が傷みにくいので前半に。魚介は高温が適しているほか、水分が多く出たり、においの強いものは油に移ったりすることなどから、後半で揚げるほうがよいのです。野菜の中では、揚げ時間の長くかかるものから始めます。揚げる数が少なければ、1種類ごとに区切らず、時間差をつけて同時に揚げていきましょう。余熱で蒸す時間を長くとる厚切りのさつまいもやかぼちゃの場合も、いちばん最初に油に入れ、あいている空間で他の素材を揚げていきます。今回の例では、〈しいたけ→なす→れんこん→しし唐〉の順ですが、はじめの3種は使う品種や大きさにもよるので、順番が入れ変わっても大丈夫です。

ここでは魚介は海老だけなので、最後に揚げて締めくくります。もし、魚介が複数ある場合は、身が柔らかく早く火が入るものや、適温が低いものから。第二章で紹介したおもな6種類の魚介なら、〈きす→海老→いか→帆立→穴子→かき〉が順当でしょう。穴子がもっとも高温ですが、かきは水分が多く油が汚れやすいので、この中では最後が向いています。

❶

ここでは、野菜3種（なす、れんこん、しし唐）、きのこ1種（しいたけ）、魚介1種（海老）の計5種を2人分で盛り合わせに。揚げ油は180℃に温める。

2

丸ごとのしいたけに薄力粉ところもをつけ、180℃の油に入れる。今回の野菜&きのこの中では、いちばん時間のかかる素材。170℃をキープする。

3

続けてなす（縦に2等分し、先端に切り目を入れたもの）を入れる。しいたけもなすも、ころもに火が入ってきたら裏返しにする。散ったころもは随時、取り除いて油をきれいに保つ。

輪切りのれんこんを入れ、3種類を同時に揚げる。

それぞれを適宜、裏に返しながら火を入れていく。

なす、れんこんを取り出す。

しいたけを残したまま、しし唐（2本ずつ楊枝で刺したもの）を入れる。

しいたけもしし唐も裏に返しながら揚げ、ほぼ同時に油から取り出す。

揚げ油を190℃に上げて、海老を入れる。

180℃をキープして揚げる。

海老が揚がったら取り出す。計5種を器に盛り合わせる。

◎盛り合わせの完成！

近藤文夫さんが考案した「野菜天ぷら」

新しい天ぷらを考案するのは〝自分への挑戦〟という近藤さん。「てんぷら近藤」名物、さつまいもの天ぷらも完成までに2～3年かかったという。

私が東京・神田駿河台「山の上ホテル」で天ぷら職人の道に進んだのは、半世紀余り前。

その頃は「天ぷらといえば魚介」で、野菜は添えもの的に、しいたけ、しし唐、れんこんくらいがある程度でした。この日本に豊かにある野菜をもっととり入れれば味の広がりが出て、美しい四季の移ろいも表現できる、野菜を充実させてこそ天ぷらが料理として確立する――そんな思いでした。

23歳で料理長に就いたのを機に、そんな思いをぶつけるように、次々と野菜天ぷらを世に送り出しました。最初は、お客さまに「天ぷらを食べに来たんだ」とおしかりを受けることも。「たねが野菜では、専門店の天ぷらではない」ということですね。それでも、ふきのとう、アスパラガス、ゆり根、みょうがなど、天ぷらのイメージからほど遠い野菜に、こんなおいしさがあったのか、という新たな発見を天ぷらによって得てもらえるようになりました。

ただ、普通に揚げているだけでは、心にも舌の記憶にも残る天ぷらはできません。特大のホクホクのさつまいも天ぷらや、甘みが口いっぱいに広がる極細にんじんの寄せ揚げなど、天ぷらの常識を覆すような技法をとり入れながら新作を生み出してきました。意識を変えなければ料理は変わらない――その精神で、日々、新たな天ぷらのアイデアを練っています。

「てんぷら近藤」のご紹介

近藤文夫（こんどう・ふみお）

東京・銀座「てんぷら近藤」店主。東京生まれ。高校卒業後、東京・神田駿河台「山の上ホテル」に入り、和食・天ぷらの部門に配属。23歳で「てんぷらと和食 山の上」の料理長に抜擢、以後21年間務めた。1991年に独立し、「てんぷら近藤」を開店。薄ごろもで揚げる手法や野菜天ぷらなど、斬新な発想で、独自の天ぷらを提案し続けている。

近藤文夫さんが店主を務める「てんぷら近藤」があるのは、東京・銀座の並木通り。ビルの九階でエレベーターを降りると、池波正太郎氏筆の「てんぷら近藤」が染め抜かれた暖簾が、お客さまを出迎えます。

暖簾をくぐると、木を基調とした店内の中央に据えられた無垢の木曽ひのきのカウンターが、温かみがありながら品格をかもし出しています。カウンター内ではお客さまの目の前で天ぷらが揚げられ、絶妙なタイミングで供されます。その天ぷらは、軽やかながら素材の持ち味を存分に味わえる、他にはない新しい味。四季折々の素材を楽しむことができます。また奥には、ひっそりとした客間があり、個室的に使うこともできます。

住所	東京都中央区銀座5-5-13 坂口ビル9階
電話	03-5568-0923
営業時間	昼12時〜、13時30分〜 夜17時〜、18時〜、19時〜、20時〜 （土曜は17時〜、19時〜）
コース	昼8,000円（税抜き）〜 夜13,000円（税抜き）〜
定休日	日曜日、祝日の月曜日

staff

撮影／日置武晴
　　　ローラン麻奈

アートディレクター／大薮胤美（フレーズ）

デザイン／尾崎利佳（フレーズ）

スタイリング／岡田万喜代（第四章）

取材・構成／河合寛子（新規レシピを除く）

校正／株式会社円水社

DTP製作／株式会社明昌堂

編集／原田敬子

完全版

「てんぷら近藤」主人の やさしく教える天ぷらのきほん

発行日　2024年2月20日　初版第1刷発行

著者　近藤文夫

発行者　竹間 勉

発行　株式会社世界文化ブックス

発行・発売　株式会社世界文化社

〒102-8195　東京都千代田区九段北4-2-29

電話　03-3262-5118（編集部）

　　　03-3262-5115（販売部）

印刷・製本　株式会社リーブルテック

ISBN 978-4-418-23311-3

＊本書は、『「てんぷら近藤」主人のやさしく教える天ぷらのきほん』（2017年小社刊）に新たに9レシピを加え、再構成したものです。

次世代の「てんぷら近藤」を担う、長男の近藤雅彦さんと。

本書の第一章から第三章でご紹介した天ぷらについて、揚げ油の温度と揚げ時間をまとめています。油の温度は、一度にいくつも揚げる時は一気に下がりやすいので、スタート時はこの温度よりも約10℃高くしておきます。それから、表示の温度をキープしながら揚げましょう。また、揚げ時間については、3分以内を「短い」、3～5分を「中くらい」、5分以上を「長い」と3段階に分けています。実際には状態を見ながら揚げ終わりを見極めますが、イメージとして頭に入れておくとよいでしょう。

190℃	185℃	180℃	175℃
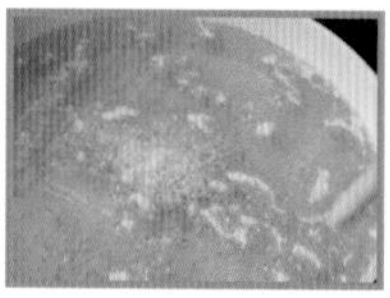		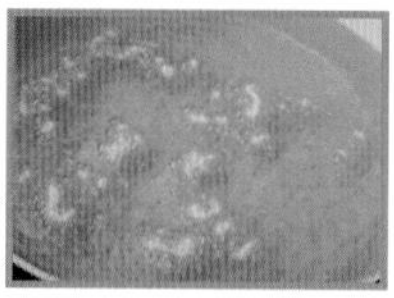	
		・車海老 ・才巻海老などの小海老（かき揚げ） ・桜海老（かき揚げ） ・芝海老（天丼、天茶） ・するめいか ・帆立 ・まぐろ味噌漬け 	・アスパラガス ・にんじん（かき揚げ） ・にんじん（寄せ揚げ） ・平貝 ・きす 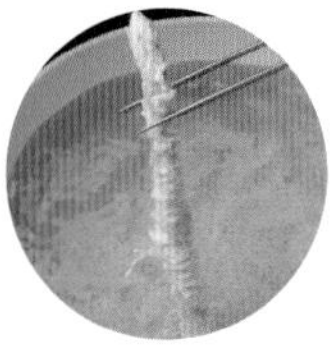 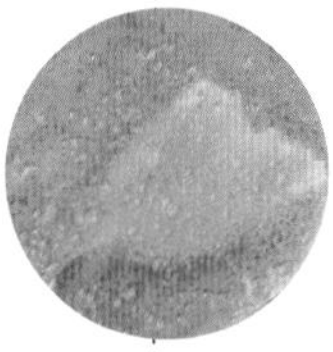
・穴子 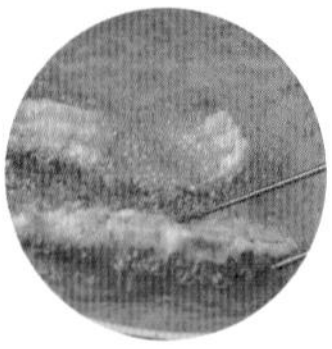			・金目鯛 【揚げた後、余熱調理】 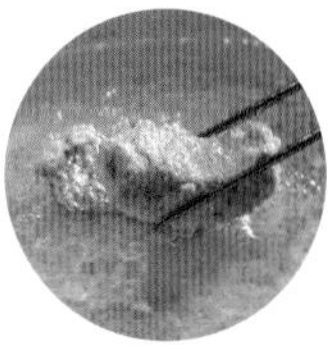

素材別
揚げ油の温度&揚げ時間 早見表

	170℃	165℃
短い	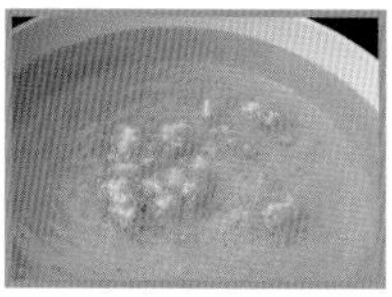 ・雲丹 ・大葉 ・オクラ ・ぎんなん ・さやいんげん（かき揚げ） ・しし唐 ・しめじ ・そら豆（かき揚げ） ・玉ねぎ ・たらの芽 ・菜の花 ・葉しょうが ・ピーマン ・ふきのとう ・まいたけ ・まつたけ ・三つ葉 ・みょうが ・ゆり根 ・かき 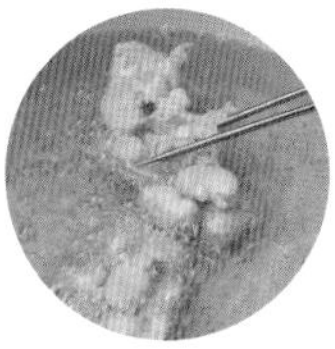 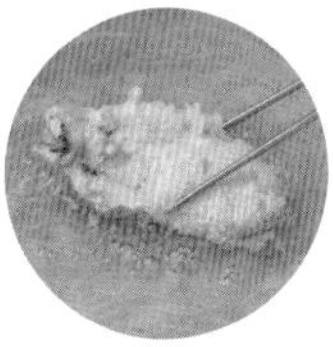	
中くらい	・とうもろこし（かき揚げ） ・なす ・桃  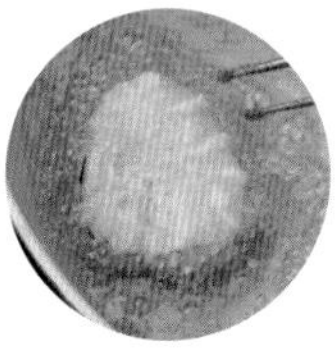	・れんこん 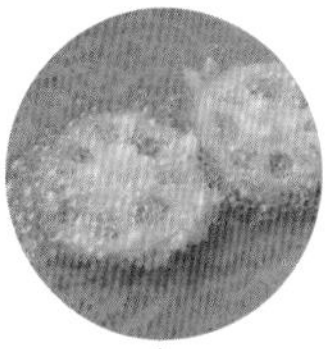
長い	・かぼちゃ【揚げた後、余熱調理】 ・栗【揚げた後、余熱調理】 ・小玉ねぎ ・さつまいも【揚げた後、余熱調理】 ・しいたけ ・じゃがいも【揚げた後、余熱調理】 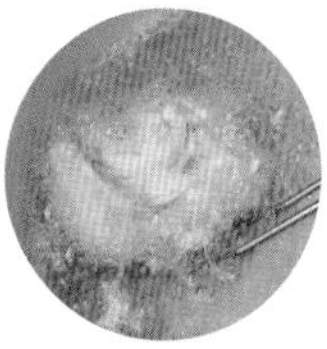 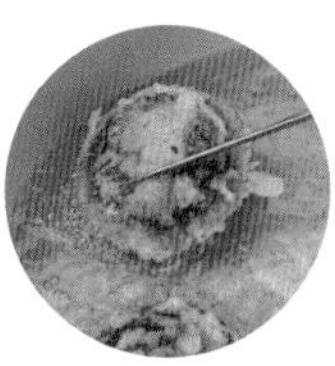	

「てんぷら近藤」のスタッフの皆さんと。近藤文夫さんの左は長男の雅彦さん、
右は奥様の晴美さん、晴美さんの右は次男の貴彦さん。